ein Ullstein Buch

D1722829

Wollust im Paradies

Erotisches Lesebuch

ein Ullstein Buch

ein Ullstein Buch
Nr. 22287
im Verlag Ullstein GmbH,
Frankfurt/M – Berlin

Die Auswahl wurde eigens
fur diese Taschenbuchausgabe
zusammengestellt

Umschlagentwurf:
Theodor Bayer-Eynck
Foto: Frank R. Weiß
Alle Rechte vorbehalten
Mit freundlicher Genehmigung der
Verlagsgesellschaft mbH, Frankfurt/Main
© by Verlagsgesellschaft mbH,
Frankfurt/Main
Printed in Germany 1990
Gesamtherstellung:
Clausen & Bosse, Leck
ISBN 3 548 22287 0

Juni 1990

CIP-Titelaufnahme
der Deutschen Bibliothek

Wollust im Paradies: erotisches Lesebuch. –
Frankfurt/M;
Berlin: Ullstein, 1990
   (Ullstein-Buch; Nr. 22287)
   ISBN 3-548-22287-0
NE: GT

Inhalt

CLARA TURNER
Das goldene Geheimnis
7

JOHNNY L. HABERT
Paul und Carol
79

RICK T. BOWLER
Henry kommt in Fahrt
145

CLARA TURNER

Das goldene Geheimnis

Vorwort

Gesellschaftliche Sitten haben in der Vergangenheit die Sexualität zum Mysterium gemacht. Die vielen Probleme, die aus dieser Einstellung entstehen können, haben bei vielen, vielen Menschen Qualen und Mißverständnisse hervorgerufen.

Mindestens zwei dieser Probleme – Jungfräulichkeit einerseits und sexuelle Ausschweifung andererseits – waren die Ursache für eine gehörige Portion sozialer Überheblichkeit und moralischer Verurteilung.

Aber in dem Maße, wie sich das gesellschaftliche Bewußtsein bei der zunehmenden sexuellen Freiheit heutzutage ständig erweitert, gewinnen diese Probleme mit der durch sie hervorgerufenen Vereinsamung und Verwirrung ein immer größeres Interesse für jedermann. Manchmal ist das Interesse persönlicher Art, aber häufiger besteht das Interesse einfach darin, wissen zu wollen, wie es anderen Menschen ergeht. Wie betrachtet ein junges, heiratsfähiges Mädchen ihre Jungfräulichkeit, und welche Ängste sind tief in ihrem Herzen verborgen, wenn es schließlich soweit ist? Und wie findet ein Mann, bereits jeder Form des Sex überdrüssig, obwohl erst Mitte Dreißig, ein neues und gesundes Interesse an der Sexualität anderer und damit am Leben selbst?

Der Wunsch nach sexuellem Kontakt ist für alle Menschen, für die von heute und die von gestern, ein grundlegendes Element. Heute ist jedoch die Idee, die offene Darstellung der Sexualität zu verbieten, zunehmend unpopulär. Aber wie steht es mit jenen, denen ihr ganzes Leben lang gesagt wurde, daß sexuelle Darstellungen verboten werden sollten? Und wie, wenn sie in den Strudel der Arbeit und des Wettbewerbs geraten, in das Spiel um Geld und Macht, in das Leben um Liebe und Haß, wie benutzen solche Menschen den Sex, um ihre Ziele zu erreichen, wenn sie ihn im Grunde fürchten und hassen?

In diesem Buch hat der Autor viele dieser künstlichen und falschen Situationen erhellt, unter denen die zunehmende sexuelle Freiheit heutzutage zu leiden hat und die die sexuelle Gesundheit in die düsteren Grenzen der Vergangenheit einzusperren drohen. Trotzdem hat der Autor nicht die beinahe völlige Erniedrigung, Demütigung und sexuelle Zügellosigkeit befürwortet, die in diesem Buche vorkommen. Diese Formen der Erniedrigung, Demütigung und Zügellosigkeit gibt es bereits in der Wirklichkeit, wie man an der zunehmenden Zahl der Scheidungen, der gelockerten Moral und der frühen Desillusionierung der Jugend am Sex ablesen kann. Indem er seine Charaktere durch ihre sexuellen Probleme begleitet und zum Auffinden wirklicher Lösungen leitet, schafft der Autor für den Leser einen Blickwinkel, der ihm helfen kann, im wirklichen Leben nicht nur die Qual, das Mißverständnis und die Dunkelheit zu erkennen, mit der das sexuelle Bewußtsein umgeben ist. Er zeigt auch die Lust und die Erfüllung, die aus sexuellen Beziehungen entstehen können, wenn Menschen die Vereinigung im Sex wünschen und finden können, im Gegensatz zu Macht, Konkurrenz und Unterdrückung, die Ergebnisse eines unerfüllten Sexuallebens. Wir glauben, daß dieses Werk ein notwendiger Beitrag zum Verständnis dessen ist, was in dem perlenumkränzten Mysterium, von dem die Jungfräulichkeit umgeben wird, und der arroganten Langeweile der Ausschweifung geschieht. Beide Situationen sind bedeutsam, wobei die erstere früher oder später für jeden existiert und die letztere für viele besteht, wenn die Verlockung und die Erregung der ersten Erfahrung einmal vorüber sind.

Daher wird dieses Buch von allen wirklich am Sex interessierten Menschen mit großem Interesse gelesen und erinnert werden.

Die Herausgeber
New York

1

Die junge Greta von Ess langweilte sich. Sie verzog ihre roten Lippen zu einer Schnute. Sie fühlte tief in ihrem Innern neue, unbekannte Bedürfnisse sich immer stärker geltend machen.

Eine prickelnde Hitze lief über ihren schlanken Körper, schoß in ihre Armhöhlen, rief ein seltsames Gefühl hervor. Sie schloß ihre Augen, überließ sich diesen Gefühlen, die sich so seltsam an der Kehle, den Wangen und... anderen Teilen bemerkbar machten.

Sie blinzelte mit ihren blauen Augen und schluckte. Der gelangweilte Zug um ihre Lippen schwand dahin. Sie wußte, daß sie hungrig war, aber nicht auf Essen. Sie wußte nicht, worauf sie hungrig war.

Die Nachmittagssonne schien durch die Fenster, und ein kalter Frühlingswind wimmerte in den Ulmen, an denen gerade ein zartes Grün zu knospen begonnen hatte. Sie dachte an ihre Hoffnungen, die sie als Kind gehegt hatte, wenn sie Märchen und Abenteuergeschichten las, an die Träume, daß eines Tages irgendwie ein richtiger Prinz in einer Rüstung auftauchen würde, um sie aus dem Leben fortzuführen, das damals schon einsam war.

Aber schon lange waren die Jahre vorbei, als sie ein Mädchen mit blonden Zöpfen und blauen, funkelnden Augen war, das sich vom Himmel einen wunderschönen, starken und liebevollen Mann gewünscht hatte. Nachts, vor dem Einschlafen, stellte sie sich einen Mann nach dem anderen vor, um ihr Ideal zu finden. Aber da sie nur die Männer aus ihrem Haushalt und die jungen Lümmel aus der Schule ihres Bruders kannte, glückte ihr das niemals richtig.

Greta seufzte. Die Sonne schimmerte durch die knospenden Bäume. Schauder jagten durch ihren Körper.

Im Haus hörte sie die üblichen Geräusche. Es war seltsam, daß sich in dem Haus, in dem überall dicke Teppiche lagen, dennoch Geräusche in die Ruhe des einsamen Nachmittags schlichen. Die Teppiche waren schön und weich. Einige waren teure Stücke aus dem Fernen Osten, andere waren jahrhundertealte Perser. Ihr liebster Teppich, ein riesiges Rechteck aus leuchtenden Farben, lag in dem großen Salon. Er war besonders weich und üppig; ein königlicher Teppich von auserlesener Qualität.

Es war ein medaillonähnliches Stück, das man sonst nur in den schönsten Palästen der Türkei oder des Iran fand, manchmal auch in Ägypten. Eine längst verstorbene Tante hatte erzählt, daß es ein Ergänzungsstück zu dem berühmten königlichen Ardebil-Teppich wäre, der im Albert Museum in London ausgestellt sei. Aber aus dem Getuschel der Bediensteten wußte Greta, daß ihr Großvater ihn gestohlen hatte, als er zu Hitlers Zeiten in Ägypten eine politische Größe war.

Ihr war ferner erzählt worden, daß ihr Großvater auch gehofft hatte, die Ergänzungsstücke aus London zu erwerben, wenn die Nazis diese ruhmreiche und alte Stadt besetzen würden.

Aber England wurde nicht von Deutschland erobert, und so wurde die große Ecke in Großvaters Salon in seiner Villa in Österreich, die dafür reserviert worden war, mit weniger wertvollen Teppichen ausgefüllt.

Auf diesen schönen Teppichen hatte Greta gelegen, wenn sie die Bücher von Liebe, Eroberung und Abenteuern las und sich dann, mit vor Erregung pochendem Herzen, auf den Rücken legte, um in die wundervollen, bemalten Tiefen der Deckenfresken zu blicken.

Auf einem großen Perserteppich hatte Greta auch zum erstenmal die empfindlichen Teile ihres jungen, vibrierenden Körpers entdeckt. Sie hatte sich nicht schneller als üblich entwickelt, es schien nur so. Sie war eine Knospe, kurz vor dem Aufbrechen. Alle Bediensteten konnten es sehen. Die männlichen Diener lächelten, und ihre Augen wurden schmal. Die Augen der weiblichen Diener wurden schmal, und sie runzelten die Stirn.

Greta lag in der Intimität der Fresken still und verträumt auf dem schönen Teppich und fuhr mit den Fingern sanft und leicht über die Innenseiten ihrer jungen Beine, bis ihre Fingernägel sich in Feuerzungen zu verwandeln schienen, wenn sie sie in das weiche Fleisch am Rande ihres Höschens preßte. Unter ihrer Bluse sprossen die Knospen ihrer Nippel, noch nicht in das weiche Rund eines Büstenhalters gepreßt, wurden ganz steif, versuchten durch die Baumwollbluse zu stoßen.

Ihre Finger schienen sich mit eigenem Leben zu füllen. Sie begannen unter den Rand zu wandern, vorzudringen in den Bereich des weichen Fleisches und der Feuchtigkeit, den Bereich der Empfindun-

12

gen, von wo die Schauder ausgingen, die über ihre Seiten und die Beine hinunterliefen.

Ihre Finger fanden den Weg in das Büschel blassen, blonden Haares, das sich auf dem kleinen Hügel bildete. Es war seiden und zerfloß wie Wasser, als ihre Finger durchstrichen. Eine Hand flatterte zu ihrer Brust, zu ihrem heftig schlagenden Herzen unter ihrer noch nicht ganz ausgebildeten Titte. Ihre Finger öffneten schnell die Knöpfe ihrer Bluse und fuhren sanft über die rosigen Knospen. Ihr junger Körper auf dem Boden wurde geschüttelt, ihre Beine öffneten sich ein wenig mehr, als ihre zweite Hand den Muschelmund unter ihrem Höschen zu erforschen begann. Die Finger schlüpften tiefer, in die Geschlossenheit ihrer beiden jungfräulichen äußeren Lippen, hinein in das heiße Innere, drangen in die feuchte Weichheit hinein, hinein in das enge Loch, das anfing naß zu werden.

Wenn Greta gewußt hätte, daß ein männlicher Bediensteter, der für die großen Zimmer der Villa verantwortlich war, sie von der dunklen Türe her beobachtete, hätte sie sich nicht darum gekümmert. Diener waren einfach Diener, und viele der Männer hatten sie nackt gesehen, als sie ein Baby war, und auch später noch. Aber Greta wußte es nicht, und ihre Finger rieben fester und drangen tiefer in ihre kindliche Weiblichkeit ein.

Der Mann im Schatten, noch nicht zu alt, um sich zu vergnügen, öffnete seine Hose und streichelte seine Männlichkeit. Greta fühlte sich heiß und wild. Sie zog ihr Höschen aus und schleuderte es von sich. Ihre Beine öffneten sich jetzt der Nachmittagssonne, die warmen Strahlen drangen in sie, in das zarte Fleisch zwischen ihren Beinen.

Sie konnte die Finger nicht zu tief in ihre weibliche Öffnung drücken. Dann schmerzte es und machte keinen Spaß mehr. Aber sie konnte die Finger über die äußeren Teile gleiten lassen, die sanften Lippen streicheln und reiben. Jetzt floß ein süßer, frischer Saft und befeuchtete ihre Hände. Ihre Nippel waren jetzt ganz steif und heiß und hart wie Würfel.

Im Schatten der Türe zog der Mann an der Rute, die aus seiner Hose ragte. Elektrische Stöße schossen in die enorme, rote Eichel an ihrem Ende. Er spreizte die Beine ein wenig, und sein Hintern preßte sich vor Erregung zusammen. Während er mit einer Hand eifrig die lange Rute rieb, zog er mit der anderen die schweren Dingdongs heraus. Es bedurfte seines ganzen Willens, um nicht quer durch den Raum zu dem Perserteppich zu gehen und seinen glühenden Stab in diese enge, rote Blume zu stoßen, die, im Augenblick jedenfalls, eine Einladung für einen Bilderbuchprinzen war.

Greta bog ihren Körper, hob ihr Becken vom weichen Teppich. Der rosarote Schlitz, von dem jungen Wald blonder Haare umrandet, sah wie eine Blume aus, die gepflückt werden wollte. Ihre Finger streiften an den Rändern ihrer Lippen entlang, die sich öffneten, um sie durchzulassen. Ihr junger, geschmeidiger Körper schien zu einem weiblichen Versprechen verschmolzen. Sie wußte, was sie wollte, aber sie wußte nicht, von wo es kommen sollte. Wenn man ihr gesagt hätte, ihren Wunsch auszusprechen, wäre sie sehr verwirrt gewesen.

Aber der Mann unter der Türe wußte, was sie wollte. Und er konnte das Zittern nicht mehr aufhalten, das tief in seinen Lenden begann, wellenförmig hochstieg in seine massive, männliche Rute, und das erst nachließ, als der dicke, weiße Saft auf den marmornen Fußboden der Eingangshalle tropfte. Er mußte minutenlang den Atem anhalten, damit ihn das junge Mädchen nicht hörte. Dann bückte er sich, um den Boden mit seinem Taschentuch aufzuwischen.

Aber Greta hätte ihn überhaupt nicht beachtet, wenn sie gewußt hätte, daß sie beobachtet würde. Ihre adelige Erhabenheit hätte nur bewirkt, daß sich der Diener in ein Nichts aufgelöst hätte. Er war ohne jede Bedeutung, und sie wußte, daß er nicht gewagt hätte, sie zu berühren.

Sie hatte jetzt vor geschlossenen Augen eine Vision, die Vision eines Mannes, der langsam seine prinzliche Rüstung ablegte, seine Weste und sein seidenes Hemd. Seine männliche Brust erschien ihr wie ein Gebirge in der Ferne. Ihre Finger stellten ihr neugieriges Spiel ein. Der Prinz streifte seine Hose ab und stand stolz, muskulös und zitternd vor ihr. Ihr Körper sank zusammen. Der Mann beugte sich nieder und legte sich neben sie, den Arm unter ihrem Kopf als Kissen für die Jungfrau. Und sie schlief auf dem Perserteppich ein, von der Nachmittagssonne erwärmt.

Während die Diener in dem riesigen Haus alt geworden, verwitwet oder gestorben waren, wuchs Greta heran. Als sie elf Jahre alt wurde, hatte sie ihre Zöpfe abgeschnitten, zum Schrecken ihrer Dienerinnen, und hatte ihre Haare für einige Jahre offen getragen. Sie mochte das Gefühl, das der Wind in den Haaren hervorrief, ein Gefühl der Freiheit, wenn er durch ihre zerzausten Locken fuhr.

Als sie dreizehn wurde, waren ihre jungenhaften Nippel größer ge-

14

worden, und kleine Hügel süßen Fleisches waren beinahe über Nacht entstanden. Ihr kurzgeschnittenes Haar schien irgendwie nicht zu dieser neuen Gegebenheit zu passen, also ließ sie es wieder wachsen. Sie wollte keine Zöpfe mehr, sondern ließ die langen, goldenen Strähnen locker und frei hängen.

An ihrem fünfzehnten Geburtstag war eine neue Erzieherin in das Haus gekommen. Greta brauchte nicht lange, um herauszubekommen, daß diese Frau sie in sexuellen Dingen unterrichten sollte, denn solch eine persönliche und delikate Angelegenheit konnte man schlecht den Dienern aus ihrer Kindheit überlassen.

Die Ideen der neuen Erzieherin bezüglich der Beziehungen zwischen Mann und Frau stimmten überhaupt nicht mit den Ideen überein, die Greta so lange gehegt hatte, weshalb die Kommunikation zwischen Lehrerin und Schülerin schnell zusammenbrach. Greta bevorzugte sehr bald die Weisheit und Klugheit der Köchin, einer Frau, die schon im Hause war, so lange sie denken konnte.

»Ach«, besänftigte sie die dralle, mollige Frau, »beachte sie einfach nicht.«

»Ich wünschte, sie wäre tot«, beklagte sich Greta und nahm sich von dem Apfelstrudel direkt aus dem heißen Ofen.

»Leuten den Tod an den Hals zu wünschen ist zwecklos. Sie versucht nur, ihren Job zu tun.«

»Aber aus ihrem Mund hört sich Sex so häßlich an«, stellte die junge Greta entschieden fest.

»Für eine Menge Leute ist es häßlich. Und paß du nur auf dich auf. Für eine Frau wie dich, mit all dem Geld und den Titeln, kann Sex sehr, sehr häßlich werden.« Sie probierte den frisch gebackenen Apfelkuchen selbst. Er war gerade recht.

»Aber wieso ich und mein Vermögen? Wieso kann dadurch Sex häßlich sein?«

»Mein Kind«, beschwichtigte sie die Köchin, »du wirst viel erben. Du wirst gefragt sein und sicher betrogen werden. Es wird dir guttun, zu lernen, was diese Frau dich lehren kann.«

»Ich werde auf meinen Prinz warten und niemand anderen nehmen!« rief Greta aus.

Aber dennoch hörte sie ihrer Sex-Erzieherin zu. Gleichwohl blieben deren Gedanken über Gretas Zukunft in Dingen der Liebe, Ehe und Sex ihr nach wie vor fremd, aber sie paßte immerhin auf, um zu lernen, was man von ihr erwartete.

Und als sie sechzehn war, konnte sie stundenlang nackt vor dem Spiegel im Bad stehen und ihr Bild tausendfach von den Spiegelwänden reflektieren sehen – Spiegel, die aus einem französischen Schloß gestohlen worden waren, als die deutschen Truppen Frankreich besetzten. Es war die Widerspiegelung einer schönen, wohlgeformten Frau, groß, schlank und mit goldenen Haaren.

Gegen ihre blasse, weiße Haut nahmen sich die rosigen Spitzen ihrer kleinen Brüste wie zwei kleine Blüten aus, die im Mondlicht auf einem See schwammen.

Österreich ist ein wunderschönes Land. Im Osten liegt das berühmte Wien mit seinen Walzern, seinen Torten und Donaulegenden. Im Westen, nicht weit von München, liegt das noch schönere Salzburg, umgeben von blauen Seen und stolzen Bergen. Die Jahrhunderte haben hier eine Lebensweise geschaffen, die langsam, anmutig und zugleich erdverbunden ist.

Auch die modernen Zeiten haben diese Lebensweise kaum berühren können. Die Kultur ist fest in der Vergangenheit verwurzelt, und die Frauen und Männer der Gegenwart, auch wenn sie sich die modernen Fortschritte nutzbar machen, scheinen sie dennoch nur zu tolerieren. Die österreichische Geschichte scheint überall dem modernen Leben einen Anstrich der Vergangenheit zu verleihen.

Als die Nachmittagssonne auf den knospenden Ulmen schimmerte, waren drei Augenpaare auf die hohen, elegant geschwungenen Mauern des alten Wohnsitzes der Barone von Ess gerichtet. Das Schloß erhob sich über die Ulmen und Fichten, seine Türme glitzerten in der untergehenden Sonne und spiegelten sich in den tiefen, blauen Wassern des Traunsees wider. Trotz der Kälte des Wassers war der See schon mit teuren Motorbooten und mutigen Wasserskifahrern bedeckt. Im Hintergrund erhob sich der berühmte Berg, der Feuerkogel.

»Ist alles bereit?« fragte einer der Männer.

»Alles bereit. Unsere Kontaktperson da drinnen ist seit einem Jahr die Erzieherin des Kindes. Sie ist eine Vertrauensperson. Sie wird das Ihre dazu beitragen.«

»Gut. Wann fangen wir an?«

»Wir werden gleich soweit sein. Wir müssen nur noch ein Zeichen in das Schloß senden, und dann können wir die Botschaft dem Bruder, dem jungen Baron, übermitteln.«

»Gut. Wo ist er?«

»Er ist im Mittelmeer auf der Jacht. Gewöhnlich unterhält er die italienische Gesellschaft unten bei Neapel.«

»Neapel? Wieso dort? Das ist doch niederes Volk...«

»Wer weiß? Er ist seltsam, weißt du. Er lädt immer junge, attraktive Jungen und Mädchen auf die Jacht ein. Auch Männer und Frauen, vorausgesetzt, daß sie ›dabei‹ sind.«

»›Dabei‹...?«

»Du weißt, swingen... Gruppensex.«

»Ach so, ich verstehe! Und wo ist das Objekt?«

»Das Objekt befindet sich im Besitz des Mädchens. Die Statue, zu dem es gehört, ist auf der Jacht.«

»Und die Frau auf dem Schloß wird das Objekt mitbringen...?«

»Ja.«

»Dann gib den Befehl. Das Mädchen muß wie eine Prinzessin behandelt werden. Ihr darf nicht das geringste passieren, klar?«

»Klar«, seufzte die Stimme. Das Bild der jungfräulichen Zartheit des jungen Mädchens flog durch seine Gedanken. Er mußte sich an die Bedingungen halten... wenigstens jetzt. Aber es würde noch viele Tage geben, und Bedingungen können sich ändern.

2

Weit weg von Österreich strebten die Türme Manhattans in die Nachmittagssonne, deren Glanz und Strahlen von Schichten Kohlenmonoxyds und anderer Gase verdeckt wurden. Aber selbst in der schlimmsten Verfassung beeindruckt New York all diejenigen, die einen Blick für die Majestät, den Stolz und das einnehmende Wesen dieser Großstadt haben.

Während das junge Mädchen die Einladung ihrer Erzieherin zu einem Musikabend in Salzburg angenommen hatte, verlor ein Mann in New York, kaum dreißig Jahre alt, beinahe seinen Verstand wegen seinem langweiligen, tödlichen Job, seinem ganzen Leben, seinem Dasein. Er saß da und ließ sein Leben vor seinem inneren Auge vorüberziehen. Ein Leben voller Erfolg in jeder Beziehung. Erfolg beim Geldverdienen, zum Beispiel. Dennoch hatte ihm das Geld keine Befriedigung gegeben. Er ging großzügig damit um und hatte alles, was er dafür kaufen konnte. Erlesene Möbel, erlesenes Essen, ein Haus in der Stadt, auf dem Land und in der Karibischen See.

Sein Geld und sein Erfolg führten ihm Frauen aus allen Gesellschaftsschichten zu, von denen jede meist mit allem einverstanden war, was er vorschlug. Aber Frauen, die sich so leicht hingaben, langweilten ihn. Sicher war es großartig, seine Hitze und Geilheit so oft wie möglich abreagieren zu können, aber die Idee, daß Sex einfach Sex wäre, erschien ihm nicht besonders anziehend. Er kam sich in Wirklichkeit als Opfer der Bedürfnisse vor, die das Organ zwischen seinen Beinen hatte.

Alles und jedes hatte er ausprobiert. Aber er blieb gelangweilt.

Der Plüsch seines New Yorker Büros irritierte ihn. Die Tapeten in Chrom und Beige. Teure Bücher an den Wänden und noch kostbarere Gemälde. Mürrisch saß er vor seinem großen Schreibtisch, sein starkes, kantiges Kinn auf die Hand gestützt.

Seine dunklen, braunen Augen blickten über sein New Yorker Reich. Dann schaute er auf seinen Block mit den Verabredungen. Eine Einladung zur Oper mit anschließendem Essen mit dem Opernstar. Seine Lippen verzogen sich verächtlich.

Er rülpste und streckte seinen starken, muskulösen Körper. Was er nötig hatte, das war frische Luft, frisches Wasser und ein frischer Ozean, in dem er schwimmen konnte. Er fühlte sich eher dazu aufgelegt, in der heißen Sonne zu liegen und Rum aus einer Kokosnuß zu trinken, als in der überfüllten Oper zu sitzen und darauf zu warten, wie eine Sopranistin hastig ihre Schwierigkeiten umschippert. Er rülpste nochmals. Dann beschloß er: Er würde zu seinem Haus in der Karibischen See fahren.

Er schaltete das Intercom ein. Die singende Stimme seiner Lieblingssekretärin antwortete.

»Ja, Travers, was gibt es?«

»Eclipse, meine Süße, scheiß auf die Oper. Wir fahren in die Karibische See.«

»Oh, Travers, das wäre prima! Wir waren beinahe ein Jahr lang nicht dort.«

»Also einverstanden.«

»Gut. Ich werde sofort Flugkarten bestellen.«

»Nein, laß uns ein Linienschiff nehmen. Wir wollen die Reise genießen. Ich habe es satt, immer zu hetzen.«

»O. K., ich werde sehen, wann und wo eines abgeht. Was soll ich mit deinen Verabredungen machen?«

»Zum Teufel jagen.«

»Gut, ich werde sie absagen. Da werden eine Menge gut bezahlter Jobs über Bord gehen...«

»Eclipse, ich habe genug Geld. Und außerdem hab ich es satt, in der Scheiße anderer Leute zu wühlen.«

»In Ordnung«, gab die Sekretärin zur Antwort und griff nach zwei Telefonen gleichzeitig.

Drei Tage später kratzte Travers Coogan gerade seinen Sack, als er die im New Yorker Smog verschwindende Skyline Manhattans beobachtete. Die Luke des Luxusdampfers, der gerade den Hafen verließ, war aus Chrom. Die Lichter der Stadt spiegelten sich schwach in dem polierten, teuren Metall und dem gefärbten Glas.

Das Einatmen der Seeluft reinigte seine Lungen. Ein Zittern der Entspannung lief durch seinen drahtigen Körper. Kleine Schauder zuckten über seine blasse, samtene Haut, und seine empfindlichen Brustwarzen wurden steif. Auch sein Schoß erwachte zum Leben, und sein dicker, gesunder Liebling füllte sich mit heißem, abenteuerlustigem Blut.

Als er auf die smogverhüllte Silhouette der Stadt schaute, streifte hinter ihm auf dem Bett Eclipse Donan ihre seidenen Höschen über ihre Schenkel und flippte sie auf den schweren Teppich. Sie betrachtete den breiten Rücken und muskulösen Hintern ihres Partners, des berühmten Travers Coogan, Privatdetektiv, internationaler Spion für Forschungsgeheimnisse, Stardealer illegalen Devisenschmuggels, zu allem bereit, was ihm und ihr Profit bringen könnte.

Sie wußte, daß Travers New York liebte, und obwohl ihr schon zwischen den Beinen heiß wurde, ihre Begierde anschwoll, daß ihr die Kehle trocknete, wußte sie, daß sie warten müßte, bis er genug gesehen hätte. Es war gut, von dieser Stadt wegzukommen, weg von dem dunklen Geschäft mit Intrigen, weg von den gräßlichen Machenschaften der Industriespionage, die ihre Beschäftigung darstellte.

Eclipse hielt ihre sexuelle Begierde noch eine Weile zurück. Sie würde ihn einen ganzen Monat lang ganz allein besitzen, sie würden die Vergnügen der warmen karibischen Sonne, der teuren Hotels, luxuriöser Parties, schöner Kleider, köstlicher Cocktails und des Nichtstuns genießen.

Eclipse, schön, schlank, klug, drehte sich so, daß Travers, wenn er sich umdrehte, als erstes die Blume der Vagina, die auf ihn wartete, sehen würde. Sie senkte etwas die Wimpern, so daß sie die rosaroten

Nippel sah, die in das sanfte Licht der Kabine ragten. Sie öffnete ein wenig die Beine.

Einen ganzen Monat konnte sie das halblegale Kaufen und Verkaufen von Grundstücken vergessen, die legalen Erpressungen vergessen, den unverhüllten Diebstahl, das Verkaufen von industriellen Erfindungen, Experimenten und Forschungen. Für dreißig Tage würden sie unerreichbar sein.

Travers seufzte, als der Luxusdampfer die Meerenge passierte und auf den offenen Atlantik steuerte. Er streckte seinen noch jungen Körper. Seine Muskeln spannten sich unter seiner zarten, blassen Haut. Sein massiver Körper schien zu schweben, als er seine müden Augen in das Innere der Kabine wandte. Der Anblick dessen, was ihn auf dem Bett erwartete, gefiel ihm. Eclipse kannte ihn so gut, wußte, was er brauchte. Seine dunkelbraunen, feurigen Augen zogen sich zusammen. Seine harten Lippen schoben sich etwas an den Zähnen hoch. Auf seinem Bauch spannte sich die Haut, und lautlos entfernte er sich von der kleinen, runden Luke. Er hatte ein angenehmes, wohlbekanntes Gefühl im Travi. Er wurde dick und hart und erhöhte die Sexualität seiner Bewegungen.

Mit einer beinahe achtlosen Bewegung zog er den Vorhang vor die Luke. Er war aus blauem Samt mit silbernen Borten.

In diesen ersten Momenten der Entspannung schien die Zeit stillzustehen. Als Travers jetzt Eclipse anschaute, lobte er von neuem seine Klugheit, daß er sie noch am selben Tag angestellt hatte, als sie in sein Büro kam, um sich für die Stelle als Sekretärin vorzustellen.

Sein hochentwickelter sechster Sinn, der ihn in seinem Beruf so weit gebracht hatte, hatte ihm sofort gesagt, daß sie eine Frau mit außerordentlichen Fähigkeiten wäre. Und er hatte sich nicht getäuscht. Eclipse führte für ihn alles, was sie in Angriff nahm, mit außerordentlicher Perfektion durch. Selbst jetzt hatte sie ihre Muschel auf die genaue Linie seiner Wünsche gebracht, wie sie so verführerisch auf ihn wartete. Sie hatte sich nicht bewegt, als er sich umdrehte, nur ihre Sexualität war irgendwie noch stärker geworden. Ihre Titten lagen flach an ihrer Brust, ihre Beine waren einladend geöffnet. Ihre grünen Augen blickten durch fast geschlossene dicke Wimpern, forderten ihn heraus, wie es nur eine Frau verstand, die das Abenteuer über das Vergnügen stellte. Travers mußte schlucken. Lautlos schritt er quer durch den Raum auf sie zu, trat über seinen teuren Anzug, den er achtlos beiseite geworfen hatte, bevor er auf Manhattan schaute.

Ihr wundervolles braunes, seidiges Haar fiel wellenförmig von ihrem Scheitel auf die hellblauen seidenen Bettücher ihrer Kabine erster Klasse. Irgendwie erinnerte das Travers an die Bugwelle des Schiffes, das jetzt den Atlantik pflügte. Den Lippenstift hatte sie von ihren Lippen entfernt, denn sie wußte, daß er es haßte, ihr Make-up zu schmekken, wenn er sie liebte. Ihr Körper, rosa-weiß und lieblich, sank auf das Bett zurück, und ihre dichtbehaarte Möse glitzerte vor Erwartung.

Als er sich dem Bett näherte, schaute Travers auf den rosaroten Schlitz, der in dem dunkelbraunen Haar verborgen lag. Dort, zwischen den weichen Mösenlippen, befand sich die kleine, nußgroße Öffnung.

Mit dem Elan, den nur er, der gewaltige Travers Coogan, entfalten konnte, kippte er seinen Martini hinunter und war dann über ihr.

Seine starken, behaarten Schenkel drängten ihre Beine weit auseinander. Die Lippen öffneten sich etwas. Die nußgroße Öffnung wurde um einige Millimeter größer, und auf ihr glänzten einige Tropfen ihrer erwartungsvollen Begierde.

Die Spitze seines dicken, kräftigen Zepters, angeschwollen von der Hitze seines Blutes, stieß gegen das Döschen. Unter dem Druck öffnete sich das feuchte Möschen etwas. Die inneren Lippen umfaßten die purpurne Spitze, als er langsam eindrang.

Nicht, daß Travers Eclipse liebte, oder sie ihn. Weit entfernt. Ihre gegenseitige Anbetung basierte auf Vertrauen und Respekt. Aber sie wußte, daß er ein richtiger Mann war und nicht nur ein Abbild von Maskulinität, wie das so häufig der Fall war. Und er wußte aus Erfahrung, daß sie eine großartige, richtige Frau war. Sie war sein Partner, wenn er geil war, und sein Partner in jeder anderen Beziehung des Lebens.

Jetzt wußte diese Frau genau, daß Travers Coogan, dessen massiver, muskulöser Körper sich über sie beugte, sich in den weichen, feuchten, heißen Falten ihrer Muschel verlieren wollte. Sie brachte seinen enormen, perfekten Steifen in die richtige Stellung, um tief einzudringen.

Sie wackelte mit den Hüften. Er grunzte vor Vergnügen und drang auf seine aufregende, unumwundene, gewohnte Art tief in sie hinein. Ihr Körper erschauderte unter dem Ansturm. Travers seufzte erleichtert.

Die warme Feuchtigkeit, die seinen Steifen umgab, ließ seinen anstrengenden Job schon in Vergessenheit geraten. Die üblen Gedanken an Erdölbohrtürme, Forschungslaboratorien, Beamtenbüros und Dienstcocktails rückten in immer weitere Ferne.

Seine Spitze wurde in feuchte Tiefen gesaugt. Eclipse begann mit den Hüften zu mahlen, wodurch ihre Vagina auf dem Travi rauf und runter rutschte. Ihre Titten wuchsen regelrecht vor Vergnügen. Ihre Nippel waren hart und stießen gegen Travers' haarige Brust.

Die sexuelle Lust ergriff von dem Gesicht des Mannes Besitz. Er hob die Hüften etwas an, überließ die Arbeit ganz der Frau. Die Möse glitschte auf seinem Pimmel rauf und runter, saugte und zog ihn tief hinein, zog sich zurück, saugte ihn wieder ein. Travers hielt sich in der Schwebe, seine Lippen am Hals von Eclipse, und das süße Aroma ihrer Haare drang in seine Nase.

Sie kannte sich aus. Er ruhte fest auf seinen Knien und stützte sein Gewicht teilweise mit den Ellbogen ab. Der Körper der Frau bewegte sich gleichmäßig unter ihm. Die Muschel schien einen eigenen Verstand zu besitzen. Sie rutschte an seiner Rute auf und nieder. Ihre Hüften hoben und senkten sich, und ihre Pobacken preßten sich zusammen. Der dicke Süße in ihr ließ sie vor Vergnügen keuchen.

Travers schloß seine Augen. Über seinen Liebling schien eine Reihe von Gummirollen zu laufen, die an seiner empfindlichen Spitze zupften und saugten. Da drinnen wurde sein Travi noch dicker, was das Gefühl erhöhte.

Er ließ sich von Eclipse immer erst auf diese Weise auf Touren bringen.

Er war so beschäftigt, sich auf das wohltuende Gefühl in seinem Steifen zu konzentrieren, daß er nicht hörte, wie die Türe geöffnet und wieder geschlossen wurde. Sein sechster Sinn, der ihm Gefahr zu signalisieren begann, mußte gegen das überwältigende, heiße Gefühl in seinem Pimmel ankämpfen. Er war nur noch Sekunden von der Explosion entfernt.

Erst dann gelang es seinem sechsten Sinn, ihn zu informieren, daß sich noch jemand in seinem Zimmer befand.

»Was, zum Teufel...«, murmelte er und schoß vom Bett hoch. In Sekundenschnelle war er auf den Füßen, und sein Dicker fluppte aus Eclipses nasser Pussy mit einem lauten, schnappenden Geräusch.

Eine sanfte Stimme sprach ihn an, als er gerade seinen Körper spannte, um den Eindringling zu töten.

»Ich bin Hiram von Ess«, flüsterte die Stimme in der dämmrigen Kabine, »und ich brauche Ihre Hilfe...«

Der sanfte Klang der Stimme überzeugte Travers' kämpferische Laune bereits, daß Gewalt wahrscheinlich nicht angebracht wäre. Eclipse zog sich die seidenen Laken bis zum Hals hoch beim Versuch, ihre wunderschönen Titten und ihr feuchtes Möschen zu bedecken. Er und Eclipse langten gleichzeitig nach dem Knopf der kleinen Tischlampe neben dem Bett. Leere Martinigläser fielen zu Boden und zersprangen. In der allgemeinen Verwirrung trat Travers auf ein Stück Glas.

»Himmel Arsch!« schrie er und hüpfte auf einem Bein.

»Mach das Licht an«, sagte Eclipse und versuchte, den Schalter zu finden.

»Was, zum Teufel, denkst du denn, daß ich mache?« fauchte Travers.

Als die elegante, blautapezierte Kabine endlich in Licht gehüllt war, wandten Travers und Eclipse ihre volle Aufmerksamkeit dem Eindringling am anderen Ende des Zimmers zu. Er lehnte unbeweglich an der Kabinentüre, vor Verwirrung leicht zitternd, da er sie in einem so wichtigen, intimen Augenblick gestört hatte.

»Es tut mir sehr leid«, begann er, »ich dachte nicht . . . ich hätte nicht geglaubt, daß . . . Sie, hmm . . ., beschäftigt wären.«

»Wer, zum Teufel, sind Sie?« fauchte der sexuell unbefriedigte Industrie-Detektiv.

»Ich . . . hmm . . .« begann der junge Mann.

»Wirklich, Travers«, säuselte Eclipse, fest eingehüllt in die hellblauen Laken, »siehst du nicht, daß er in einer Klemme steckt?«

Der junge Mann (oder war es ein männlicher Junge?) an der Tür hatte langes, goldenes Haar, das ihm auf die Schultern fiel. Sein Gesicht konnte aus einem Bilderbuch stammen, mit Engeln und fliegenden Cherubinen. Seine Lippen waren zart rosa. Seine Nase nach oben geschwungen.

Sein Körper steckte in einem Kleidungsstück, das den Engelscharakter seines Gesichts Lügen strafte. Er sah wie eine Schlange aus dem Weltraum aus, eine schöne Schlange. Er hatte eine Art Overall aus hellgrauem seidenem Material an, der ihm wie eine zweite Haut saß. In dem sanften, warmen Licht der Kabine leuchtete er in verschiedenen Farben. Er klebte an seinem Körper und ließ seine Muskeln klar hervortreten. Um seine Hüften hing locker ein breiter Ledergürtel, an dem ein Messer und ein Pistolenhalfter befestigt waren.

Er konnte nicht mehr als fünfzehn Jahre alt sein, aber sein Auftreten, sein entschlossenes, wenn auch verwirrtes Eindringen in ihr Zimmer sagten dem feinfühligen, ständig in Travers' Kopf tätigen sechsten Sinn, daß er ein junger Mann war, der sich durchsetzte.

»O. K.«, fauchte Travers, »erklären...!«

Der Mann-Junge, der aussah, als wäre er gerade von einem anderen Planeten gekommen, kam in die Mitte des Raumes. Er beobachtete nervös den muskulösen Mann, weil Travers immer noch Lust zu haben schien, auf ihn zu springen und ihn die Toilette hinunterzuspülen.

»Schon gut«, säuselte Eclipse und saugte sich an der Erscheinung des Knaben fest. »Sag uns, was geschehen ist.«

»Ich brauche Ihre Hilfe«, begann er, »es tut mir leid, Sie unterbrochen zu haben, aber ich wußte nicht, was ich tun sollte.«

»Aber was ist denn los?« beharrte Eclipse und stieg aus dem Bett, wobei sie sich die Laken um ihre weichen Kurven schlang.

»Meine Schwester ist gestohlen worden... oder gekidnappt«, fing der Junge wieder an mit etwas krächzender Stimme.

Eclipse ging auf ihn zu, und ihre liebliche Figur hatte eine seltsame Ausstrahlung. Travers, der nicht wußte, was er als nächstes tun sollte, setzte sich auf die Kante des Bettes und zündete sich eine Zigarette an.

»Ich bin Baron von Ess«, sagte der Junge, aber diesmal mit fester, entschlossener Stimme. »Meine Schwester Greta, meine Zwillingsschwester, ist gekidnappt worden, und ich möchte, daß Sie sie finden...«

»Was Sie nicht sagen«, fauchte Travers.

»Nehmen Sie es nicht übel«, beschwichtigte Eclipse.

Aber Hiram ging zum Bett und setzte sich neben Travers.

»Es tut mir wirklich leid, einfach so hereinzuschneien, aber ich mußte die besten Leute haben. Es steht eine Menge auf dem Spiel, und ich glaube, daß Sie daran interessiert sein könnten. Ich kann Ihre Dienste sehr gut bezahlen«, beendete Hiram seine kleine Rede.

»Wie haben Sie uns gefunden?« fragte Travers.

»Ich rief Ihr Büro in New York an, und als Ihre Sekretärin mir nicht sagen wollte, wo Sie sind, schickte ich einen meiner Leute mit fünftausend Dollar zu ihr.«

Travers schaute den Jungen ungläubig an. Offensichtlich würde der Baron von Ess alles Notwendige tun, um zu erreichen, was er wollte.

Alle drei zuckten zusammen, als an der Kabinentür ein lautes Klopfen hörbar wurde. Travers beeilte sich, sich selbst auch ein Laken umzulegen.

24

Eclipse zuckte abermals mit den Schultern und machte freundlich die Tür auf, während Hiram wie ein Blitz im Badezimmer verschwand. Travers, der sich in das Laken hüllte, bemerkte die Präzision und Ruhe, mit der sich der Junge bewegte. Er schätzte solche physische Sicherheit. Er mußte trotz allem lächeln. »Dieser kleine Bastard hat Grips«, sagte er zu sich selbst.

Es war der Kapitän des Schiffes. Hinter ihm standen zwei weitere Männer in gestreiften, weißen Uniformen.

»Tut mir leid, Sie zu unterbrechen«, sagte der Kapitän und schaute auf die beiden in Laken gehüllten Personen vor ihm, »aber wir suchen nach so etwas ähnlichem wie einem blinden Passagier . . .«

»Nun, hier ist er jedenfalls nicht«, fauchte Travers, so gut er konnte.

Der Kapitän trat einen Schritt von der Tür zurück. »Nun, sagen Sie uns bitte Bescheid, wenn Sie ihn sehen. Er hat eine Art grauen Anzug an und ist gerade auf diesem Schiff gelandet . . .«

»Gelandet . . .?« fragte Eclipse zweifelnd, und ihre Lippen verzogen sich zu einem sanften Lächeln.

»Genau«, bestätigte der Kapitän, »er landete auf dem Verdeck erster Klasse in der Nähe des Swimming-pools. Er kletterte auf der Leiter von einem riesigen schwarzen Hubschrauber herunter . . .«

Eclipse hörte hinter sich Travers in Gelächter ausbrechen. Auch ihr Lächeln wurde breiter, und nur mit Mühe konnte sie ein Lachen unterdrücken. Sie merkte, daß ein Abenteuer begonnen hatte. Der Jüngling, der sich in der Toilette verbarg, war ihrer Meinung nach ein entschlossener Mann.

»Gut, wir werden Ihnen Bescheid geben, wenn wir ihn unter unserem Bett finden«, versicherte Eclipse und wollte die Tür schließen. Der Kapitän entschuldigte sich nochmals, bevor sie die Tür ganz verschloß. Eclipse lehnte sich mit dem Rücken gegen die Tür und brach in Lachen aus.

»Es scheint, als hätten wir eine Art Wunder in unserer Hand«, kicherte sie.

Travers hatte im Unterbewußtsein das Gefühl, daß ›Wunder‹ noch irgendwie untertrieben war.

Sie drehten sich um, als Hiram wieder aus dem Bad auftauchte.

»Können wir einige Martinis bestellen?« schlug er ganz ruhig vor.

3

Travers Coogan wollte dem unverschämten Lümmel am liebsten eine wischen, aber sein Zorn verflog.

Eclipse hielt den Atem an, als sie der Schönheit des Knaben ansichtig wurde, seiner Haut, alabasterfarben und makellos, seines aufreizend rosaroten Zepters, das stolz in die Höhe stand, aus dem Büschel silberblonden Haares herausragte. Ihre Muschi seufzte. Sie wußte genau, daß sie ihn haben wollte. Auch ihrer Brust entrang sich ein Seufzer, als sich Hiram mutig neben sie auf die Laken setzte und sein Penis durch sie hindurch zu entfliegen schien und seine Hand leicht über ihre leicht hängenden, empfindlichen Brüste strich.

»Einen Moment mal, bitte«, stöhnte Travers, der sich von seiner Verblüffung erholte und auf das Bett zukam.

Hiram schaute zu ihm auf, fixierte ihn mit seinen kalten, grauen Augen.

»Ich werde Ihnen eine Million Dollar zahlen, wenn Sie meine Schwester zurückbekommen«, sagte er schlicht und unschuldig, als Travers schließlich an der Bettkante haltmachte.

Eclipse hatte Travers noch nie mit offenem Mund gesehen, und beim Anblick seines Gesichtes konnte sie sich vor Lachen kaum halten. Travers war wütend, weil sie lachte.

Er ließ seine Hand über Eclipses weiche, samtene Haut fahren, hinunter zu ihrer Muschi, wo seine Finger den Eingang ihres Schlitzes suchten.

Eclipse hatte aufgehört zu lachen, nicht aus Überraschung, sondern wegen des sanften Druckes zweier Finger, die durch ihren Haarbusch glitten, ihre Klitoris umkreisten, die jetzt zu unmäßiger Größe angeschwollen war. Automatisch entspannte sie sich auf den seidenen Bettüchern, ihre Hüften schoben sich etwas vor, und ihre Möse öffnete sich weit. Die zwei Finger waren sehr erfahren und wußten mit dem versteckten Knubbel gut umzugehen.

»Nun, ich verstehe mich darauf«, grinste Hiram.

»Das glaube ich«, keuchte Eclipse und wußte nicht, ob sie ihre Beine zusammendrücken oder noch weiter öffnen sollte. »Laß uns das Licht ausmachen«, schlug der junge Knabe vor, »damit man glaubt, daß ihr beiden euch wieder beschäftigt...«

»Richtig«, stimmte Travers zu, gegen seine Überzeugung.

Eclipse löschte das Licht, ohne ihre Hüften von den zärtlichen Fingern wegzubewegen. Die Luxuskabine war in weiches Dunkel gehüllt, nur indirekt beleuchtet durch das Licht, das aus dem Badezimmer drang. Und bald wurde die Kabine durch den aufgehenden Tag noch heller.

»Jetzt können wir sprechen«, sagte Travers ohne allzu großes Interesse. Sie würden später noch sprechen können.

»Ja«, pflichtete die Stimme des Jungen aus der Dunkelheit bei.

Dann drückte der Junge Eclipses Beine auseinander.

Eclipse erschauderte unter der Behandlung. Aber ihre Beine und Titten waren ganz heiß von der Klitorisbehandlung. Ihre Nippel fühlten sich an, als wollten sie jeden Augenblick Lava spucken.

In der Dunkelheit des Raumes begann Hiram mit seiner eifrigen Zunge in den heißen Schlitz der Frau zu schlüpfen. Schnell und gekonnt wirbelte er sie drinnen herum. Eclipse fühlte, wie ihr die Lust die Beine und Schenkel hochkroch. Hiram rieb die Innenseiten ihrer Schenkel, ermutigte sie, die Schenkel noch weiter zu öffnen.

Seine lange Zunge stieß noch tiefer hinein. Er machte mit den Lippen kleine, saugende Bewegungen, preßte sie zwischen die Mösenlippen, schlürfte von ihrem Saft. Eclipse konnte kaum glauben, daß ein so junger Typ sie so vollständig in der Hand hatte. Die elektrisierenden Empfindungen steigerten sich. Schon krallten sich ihre Hände in die seidenen Laken, um ihren explodierenden Sex noch zurückzuhalten.

Hiram merkte, wie sie ihre Hüften seinem saugenden Mund entgegendrängte. Er begann sie noch stärker zu bearbeiten. Seine Zunge preßte sich immer von neuem in ihr heißes Möschen. Seine Schultern drückten sich unter ihre Beine und hoben sie hoch in die Luft. Seine Hände strichen über ihren Po, drückten sich in ihre weiche Haut, glitten hoch zu ihren großen, weichen Titten. Seine Finger fanden ihre harten Nippel und preßten sie sanft zusammen.

Die heiße sexuelle Qual, die seine zwickenden, drückenden Finger hervorriefen, durchströmte ihre Schultern bis hinunter zwischen ihre Schenkel. Seine Zähne kauten auf ihren Muschellippen, seine starke Zunge flippte vor und zurück aus ihrem tropfnassen Döschen.

Eclipse begann zu stöhnen. Noch weiter öffnete sie ihre Beine. Der Knabe begann an ihrer Klitoris zu nagen, die vor- und zurückstieß. Eine wilde Begierde strömte durch ihren Bauch, durch ihre Brust. Ihr Atem ging stoßweise. Eclipse glaubte, daß sie es nicht mehr lange aushalten würde, ohne laut hinauszuschreien. Sie merkte, daß Travers am Fußende des Bettes lag.

Plötzlich zog sich Hiram von der Möse zurück. Er erhob sich auf seine Knie, sein Atem ging heftig. Steil ragte sein Steifer in die Luft, beinahe schmerzhaft pochend, und ein dünner Strom Flüssigkeit tropfte auf die Laken.

Und dann verwandelte er sich in einen kleinen Tiger. Schnell war er über ihr, seine starken, jungen Beine drängten die ihren auseinander. Mit einer Bewegung seiner Beine zwang er sie, die Schenkel weit zu öffnen und die Beine in die Luft zu strecken.

Sie schloß ihre Augen, als sie merkte, wie sein Pimmel ihre Möse fand und sich hineinschob. Er hielt sich nicht an ihren Lippen auf. Und sie brauchte ihm nicht zu helfen. Er fand sehr schnell die Öffnung ihres Gröttchens, drückte ihn fest und entschlossen hinein.

Eine brennende Leidenschaft erfüllte ihre Hüften und ihren ganzen Bauch. Sein Süßer war so lang wie der von Travers, vielleicht etwas länger. Sein Körper preßte sich auf ihren. Sein Körper, der so zart aussah, bestand jetzt nur noch aus harten Muskeln, die sich alle anspannten, als er sich in die richtige Position brachte.

Eclipse wurde gezwungen, ihre Beine noch höher zu heben. Ihre Schenkel umklammerten seine schmalen Hüften.

Einen Augenblick lang wollte Eclipse protestieren. Niemand hatte diesem erstaunlichen Jungen erlaubt, sie zu bibern. Und wie schlau er war!

Hirams Brust preßte sich jetzt gegen ihre Titten. Sie spürte, wie sich seine weichen, blonden Haare an ihren Nippeln rieben. In dem Augenblick, als ihre Brüste auf das sanfte Reiben reagierten, schob er seinen Süßen tief in sie hinein. Ihr Schoß erzitterte. Ihr Atem explodierte in ihrer Kehle, aber Hiram wartete nicht ab, bis sie sich wieder gefangen hatte. Mit starken, sicheren Bewegungen drückte er ihn hinein.

Der Druck und das Reiben in ihrem heißen Möschen riefen bei Eclipse eine ganze Serie aufregender Seufzer und Stöhner hervor. Ihr stockte der Atem, und sie ließ ein tierisches Grunzen vernehmen. Aber er ließ sie nicht zur Ruhe kommen. Langsam zog Hiram seinen Steifen fast ganz heraus, nur um ihn noch fester wieder hineinzuschieben. Zwischen dem Stöhnen von Eclipse und dem heißen Atem Hirams wurde ein glucksendes Geräusch vernehmbar.

Eclipses Körper wurde von Hitze durchströmt. Das Gewicht des Knaben mit der zarten Haut lag auf ihrem Körper, sein Gesicht vergrub sich in ihrem weichen, dunklen Haar. Sie roch seinen knabenhaften Schweiß, der aus seinen Armhöhlen tropfte. Sie leckte sich schon die Zunge in Erwartung, seine Brust und die Armhöhlen abzulecken.

Hiram hielt ihren schlanken Körper völlig mit seinen jungen, starken Armen umfangen. Er preßte sie fest an sich, und seine Hüften bewegten sich mit großen, kreisenden Bewegungen, die fast gleichzeitig auf und nieder gingen. Eclipse glaubte, sie hätte einen Klotz da drinnen, der von ihrer wildgewordenen Möse ständig eingesaugt würde.

Eclipse vergaß alles um sich herum. Alle anderen Empfindungen wurden durch die irrsinnigen, ekstatischen Stromstöße beiseite gedrängt, die von ihren Lenden ausgingen. Ihre Arme hielten den wundervollen Super-Mann fest an sich. Ihre Hände und Finger vergruben sich in die Haut seines Rückens.

Ihre Muschel fing Feuer. Seine Hüften schoben auf und nieder, sein Bauch klatschte gegen ihren. Die glitschigen Geräusche, die von ihrer Möse ausgingen, nahmen zu. Sein Süßer schlüpfte ganz heraus, glitt wieder hinein, tauchte hungrig in die Säfte, die beim Eindringen herausflossen. Hiram ließ den Steifen in ihrem Innern kreisen und biß sie in das Ohrläppchen.

Hiram spannte seinen Körper. Eclipse begann, Worte herauszupressen, als plötzlich ihre Klimaxe durch die Körper zitterten und bebten. Immer noch drängte Hirams Schwanzwurzel gegen ihre heiße, erregte Klitoris, während die ganze Länge seines Zepters in ihr Möschen drängte. Jedesmal, wenn er auf sie niederkam, wurde Eclipses Körper von heftigen Zuckungen geschüttelt.

Hiram verlagerte sein Gewicht auf seine Knie und zog ihren Körper noch näher an sich heran. Sein Atem ging immer heftiger. Der Schweiß dampfte auf seinen Schultern, lief in Strömen, als die Vorläufer-Zuckungen des Süßen einsetzten. Sein Mund, seine beiden schöngeschwungenen rosa Lippen kamen dicht an die ihren heran. Er saugte an ihrem Mund, und die Zuckungen seines Zepters verstärkten sich noch in ihrer Muschi.

Eclipse versuchte sich zu zwingen, ihn von sich abzuschütteln. Irgendwo in ihrem Unterbewußtsein hatte sie ein kleines Schuldgefühl, daß sie diesen kleinen Lümmel so ohne weiteres machen ließ. Aber da waren die heißen, feuchten, schweren Liebessäfte, die bei jedem Stoß des Jungen mit seinem harten Muskel aus ihrem Möschen strömten.

Bevor sie sich entscheiden konnte, merkte sie, daß er kurz vor seiner Ejakulation stand. Sein Körper hielt mitten im Flug des Trips ein und wurde einen Augenblick lang ganz steif. Die Spitze seines Lust-stabs schien in dem Möschen zu explodieren. Hiram stöhnte, als der erste Spritzer aus seinem Zepter in ihr Gröttchen zischte. Dann be-gann er, rein und raus zu jagen, schneller und schneller, und sein Stöh-nen verstärkte sich.

Irgendwo, irgendwie, durch den rot-weißen Schleier des Liebens, hörte Eclipse Travers, der eine Art Kichern von sich gab, wie sie es noch nie von ihm gehört hatte.

»Na, wenn das nicht ein Super-Trip war, dann weiß ich auch nicht«, lachte Travers.

Er hatte die ganze Zeit am Fußende des Bettes gesessen, obwohl Eclipse ihn vollständig vergessen hatte durch die heiß-glühenden Empfindungen, die der knabenhafte Junge in ihrer Möse hervorgeru-fen hatte.

»Travers!« fauchte sie und hob ihren Kopf, um ihren kichernden Gefährten anzuschauen. Travers saß mit gekreuzten Beinen am Fuße des luxuriösen Bettes mit einem Steifen, der wie eine Schlange aufge-richtet war. Möglicherweise waren die Vibrationen des sensationellen Trips daran schuld.

»Eclipse, noch niemals habe ich dich so heulen gehört«, sagte Tra-vers und kicherte weiter. »Was meinst du, was die Leute auf dem Deck denken werden«, spottete er und schüttelte sein dunkles Haar in Rich-tung Tür.

»Travers, du Bastard«, fauchte sie und wollte ihn fragen, warum er überhaupt den fremden Jungen sie besteigen ließ. Aber Travers war schon vom Bett gesprungen und ging zum Badezimmer, aus dem die einzige Beleuchtung der Kabine kam.

»Ich muß mal pissen«, brummte er, »das heißt, wenn ich mit mei-nem gottverdammten Steifen überhaupt pissen kann.« Er ging ins Bad und lachte immer noch leise.

»Ich glaube, daß dein Mann gerne bei solchen Sachen zuschaut«, sagte Hiram spontan.

»Ich wußte gar nicht, daß er sich so betragen könnte«, sagte Eclipse und fragte sich, was noch alles sie nicht an Travers kannte.

In dem schwachen Licht von dem Badezimmer betrachtete Hiram ihren Körper, stierte auf den dunklen Fleck zwischen ihren weit geöff-neten Beinen.

Eclipse schaute zu ihm auf. Sein langes, blondes Haar hing ihr in das Gesicht, glänzte in der schwachen Beleuchtung. Seine Brust war mit demselben weichen, silberblonden Haar bedeckt, aber jetzt erschien sein Körper irgendwie streng, mit harten Muskeln, während er in hellem Licht so weichlich ausgesehen hatte, beinahe weiblich. Sein Süßer ragte immer noch aus seinem Schoß, und die Spitze glitzerte. Er streifte mit seinen Fingern leicht ihren Bauch, ließ sie abwärts zu ihrer offenen Möse gleiten. In der feuchten Muschi spreizte er seine Finger und drückte dabei ihre Lippen weit auseinander.

Mit seinen Hüften, die noch zwischen ihren Beinen ruhten, drängte er ihre Schenkel weiter auseinander und tauchte mit seinen Lippen in ihren Schlitz. Seine Zunge stieß direkt in ihr weit offenes Loch. Während seine Finger ihre Lippen weit auseinanderhielten, begann er, die Säfte aufzulecken, die aus ihrer empfindlichen, schnappenden Vulva tropften.

Hiram von Ess trank begierig die säuerlichen, schweren Säfte, die sein lutschender Mund ihr entlocken konnte. Dieses Gefühl überwältigte Eclipse. Sie bog sich zurück, warf die Arme quer über das Bett. Seine Zunge begann sie wieder zu lieben, wirbelte um den Muschirand, nibbelte an dem erregten, kleinen Organ. Mit der Nase voran stieß er mit Mund, Zunge und Zähnen tief in ihre Öffnung.

Seine Finger zogen ihre heißen Lippen noch weiter auseinander. Diese Spannung ließ Eclipse erschaudern. Er zupfte an ihnen, wollte sich größeren Raum verschaffen. Eclipse begann mit ihren Hüften etwas zu pumpen. Die gnadenlose Bewegung seines Mundes, seiner Zähne und Finger brachten sie zu einer weiteren Klimax. Noch einmal flossen ihre heißen, zähen Liebessäfte.

Hiram gab kleine, vergnügte, kindliche Laute von sich, als er alles herauslutschte, was nur irgend ging. Dann zog er seine Zunge aus ihr und küßte die Lippen ihrer Muschi. Sein ganzer Körper zitterte vor Erregung.

»Hmm, welch herrlicher süßer Saft«, lobte er sie.

Die Erregung von dem Lutschen ihrer weiblichen Säfte hatte ihn wieder so scharf gemacht, daß er sich abermals über sie warf. Er liebte sie schnell, gierig, sein Körper pumpte auf und nieder.

Wieder stöhnte Eclipse vor Lust an der Reibung, die seine Schamhaare an ihr hervorriefen. Um diese Spannung etwas zu mindern, hob sie die Beine und klammerte sie um seinen hämmernden, muskulösen Hintern.

Sein junger, süßer, muschi-duftender Mund bewegte sich an ihrem Hals und Kinn entlang und suchte ihren Mund. Seine heißen Lippen, rot und weich, waren jetzt fest, männlich, besitzergreifend. Er steckte seine Zunge tief in ihren offenen Mund und begann sie mit demselben Rhythmus seiner Hüften in ihren mahlenden, saugenden Mund zu stoßen. Sein Dingsda rammte in sie hinein, seine Ejakulation kam schnell. Mit grunzenden Lauten, die tief aus seiner Kehle kamen, spritzte er in sie hinein, hielt seinen Mund aber fest auf ihren gepreßt und saugte hart an ihrer Zunge. Sie trank seinen Speichel ebenso begierig, wie ihre Muschi seinem pochenden Knaller entgegenkam.

Ihre Oase glühte. Hüften und Bauch wurden von einer überwältigenden Glut durchdrungen, die nur etwas von den Schweißtropfen gekühlt wurde, die von seinem erschöpften Körper fielen. Während er seinen dicken, weißen Saft in sie schoß, unterbrach er nicht seine Fickbewegungen und spritzte wieder und wieder. Endlich ließ Hiram sich von ihr herabrollen, stöhnend vor sexueller Erschöpfung.

»Mensch, diese Trips allein waren schon eine Million wert«, murmelte Hiram, der echt von den Fähigkeiten Eclipses beeindruckt war. Eclipse lächelte in dem dämmrigen Licht des Zimmers vor sich hin. Ihre Grotte fühlte sich etwas wund an, aber zufrieden, beinahe so, wie wenn Travers sie fertigmachte. Der Bursche würde ein rechtes Exemplar abgeben, wenn er erst einmal erwachsen wäre.

Aus dem Halbdunkel war eine Stimme zu hören.

»Nun, ich hoffe, dein Po ist auch eine Million wert«, schmunzelte Travers Coogan, »weil ich es dir jetzt besorgen werde.«

»Bitte nicht«, seufzte Hiram, »ich bin ganz fertig, und wir müssen meinen Helikopter erwischen...«

Während Eclipse auf Travers schaute, der wie ein Riese am Ende des Bettes stand, eine Hand auf der stämmigen Hüfte, die andere an seinem enormen steifen Teil, hob Hiram sein Armgelenk vor den Mund und sprach in so etwas wie eine Armbanduhr.

»Warrior, kommen, Warrior«, murmelte er in das Mikro-Radio.

»Hier Warrior«, hörte man eine Stimme, hell wie eine Glocke.

Travers war sehr beeindruckt. Eclipse entschwebte ins Bad.

»In zwanzig Minuten auf dem Vorderdeck. Drei Mann gehen an Bord«, sagte er in den Mikro-Sender.

»Verstanden.«

»In Ordnung. Warrior hat verstanden. Vorderdeck, drei Mann, in zwanzig Minuten, Ende.«

»So, alles klar«, sagte Hiram zu Travers.

»Wann bekomme ich die Million?« fragte er.

»Ich habe sie bereits auf ein Schweizer Konto überwiesen«, sagte Hiram ernst.

»Was, zum Teufel«, zischte Travers, »das ist ein geheimes Konto.«

»Mit Geld kann man beinahe alles kaufen«, gab Hiram zurück und stand auf.

»Weshalb kann es dann nicht deine Schwester zurückkaufen?«

»Weil sie nicht wegen Geld festgehalten wird«, erklärte Hiram.

»Ich nehme an, daß wir gehen«, zischte Eclipse dazwischen und kam nackt aus dem Bad geschwebt.

»Was wollen die dann?« fragte Travers.

»Auf meiner Jacht werde ich es erklären«, sagte Hiram und zog sich seinen funkelnden grauen Anzug über die männlichen Hüften.

»Jacht?« fragte Eclipse mit wachsendem Interesse.

»Genau«, sagte Hiram, »sie ist sechzig Meter lang und wird den Weg dieses Schiffes bald kreuzen.«

Eclipses Augen leuchteten interessiert. Sie lächelte.

»Dann beeile ich mich wohl am besten, oder?« sagte sie und fragte sich, was sie zu dieser Gelegenheit anziehen sollte.

4

Sie hatten es sehr leicht gehabt, dachte Greta, als sie einsam in einem engen Bett des dunklen Zimmers lag. Furcht kroch über ihren Körper. Sie konnte kaum glauben, was geschehen war, aber sie lag tatsächlich in dem schmalen Bett, in ein Zimmer gesperrt. Gott allein wußte, was noch aus ihr werden würde.

Ihre Erzieherin hatte vor wenigen Tagen bemerkt, daß es nicht schaden könnte, wenn sie in das schwierige, verwickelte gesellschaftliche Leben der musikalischen Hauptstadt Österreichs eingeführt würde. Und sie hatten sich angekleidet und waren zu einem Nachmittagskonzert nach Salzburg gefahren. Danach, die liebliche Musik klang noch in ihren Ohren, hatte die Erzieherin ein Taxi angehalten; ohne jeden Verdacht war Greta eingestiegen – und drinnen saß ein Mann, der ihr schnell einen Chloroformlappen über Mund und Nase preßte.

Sie hatte nur bemerkt, daß er blond und hübsch war; dann hatte sie nichts mehr wahrgenommen. Ihr Bewußtsein hatte sie erst in diesem dunklen Raum wiedergewonnen. Die Erzieherin hatte darauf gewartet.

»Du wirst gut daran tun, keinen Widerstand zu leisten und keine Fragen zu stellen«, sagte die strenge Frau kalt und mitleidlos zu ihr.

»Aber wo sind wir?« keuchte Greta.

»Hast du nicht gehört! Keine Fragen!«

»Aber…« fing Greta an, doch ihre Stimme ging in ein haltloses Weinen über.

Die Frau stand über ihr, und ihre kalten Augen starrten sie an.

»Ruhig, meine Süße, tu, was dir gesagt wird!«

Greta blieb die Spucke weg.

»Zieh deine Kleider aus«, befahl die Entführerin.

»Meine Kleider…«

»Sofort!« schrie die Frau.

Stumm, mit zitterndem Körper, gehorchte Greta. Automatisch legte sie ihre Hand an das Korsett und begann es aufzuknöpfen. Dann zögerte sie. War sie nicht Greta von Ess? Sie brauchte den Befehlen dieser Frau nicht zu gehorchen.

»Lassen Sie mich sofort frei«, befahl sie der Frau, wobei ihre Stimme den gewohnten Ton der Überlegenheit annahm.

»Helmut!« rief die Frau.

Ein junger Mann, blond und hübsch, kam zur Tür herein. Greta erkannte ihn als denselben, der sie betäubt hatte. Er trug enganliegende Kleidung – ein rot und blau gestreiftes seidenes Hemd und enge, abgetragene lederne Hosen.

Greta schaute ihn an. Er schien zufrieden und von den seltsamen Umständen völlig unbeeindruckt.

»Zieh ihr die Kleider aus«, befahl die Frau.

Greta war schockiert. Kein Mann hatte sie jemals berührt, kein Mann hatte ihr jemals die Kleider ausgezogen.

»Gern«, lächelte der junge Helmut, und seine blauen Augen glitzerten begierig.

»Aber das ist alles, Helmut«, warnte ihn die Frau mit dunkler Stimme. »Sonst wird sie nicht berührt.«

»Nicht im geringsten«, murmelte Helmut, und seine schwere, schwielige Hand legte sich auf Gretas zarten Arm.

»Auch nicht ein bißchen. Du weißt, worin die Strafe besteht…,«

»Ja – Peitschenhiebe. Aber«, seufzte Helmut und starrte Greta an, »vielleicht ist es das wert…«

»Ich werde einige Knabenkleider besorgen. Die werden ihr stehen.«

»Jungenkleider?« fragte Greta.

»Denke daran, meine kleine Prinzessin, keine Fragen. Tue nur, was Helmut dir sagt.«

»Richtig«, stimmte Helmut zu, und mit seiner starken Hand strich er fest über die jungen, knospenden Tullis, die in Gretas Bluse versteckt waren.

Die Frau verließ das Zimmer. Greta hörte, wie der Schlüssel sich im Schloß drehte. Sie war mit Helmut allein.

Sie glaubte, an seinen Anstand appellieren zu können.

»Bring mich hier heraus, nach Hause, und ich werde dafür sorgen, daß du gut belohnt wirst«, bettelte sie.

»Nichts da«, antwortete der junge, muskulöse Helmut, und seine Hand rieb den schwellenden Hügel in seiner Hose.

»Aber... aber«, bettelte Greta, und Tränen strömten aus ihren Augen, als sie den gespreizt dastehenden Kerl vor ihr anschaute, dessen Hand langsam über das längliche Ding strich, das in dem einen Hosenbein zu sehen war. »...Aber warum nicht?«

»Einfach, mein Baby, weil wir mehr sind als solche, die sich bestechen lassen. Ich bekomme schon meinen Teil! Und da will ich nichts riskieren!«

Greta ging das alles über den Verstand.

»Aber was willst du...?«

Greta war auf ein Gebiet geraten, wo sie einfach nichts mehr fassen konnte. Ihr ganzes Leben zog an ihr vorüber. Sie hätte sich niemals träumen lassen, daß irgend jemand ihr so etwas antun könnte. Sie klammerte sich an das Bett und zog ihre Beine hoch.

»Ach... komm schon, brauchst keine Angst zu haben. Ich fürchte, daß ich es dir jetzt nicht machen kann. Aber später... wirst du Spaß daran haben, wenn ich es tue«, versprach ihr der junge Kidnapper.

Er kam auf sie zu und begann ihr gewaltsam die Kleider auszuziehen. Sie begann zu schreien, aber er klatschte ihr mit seiner starken Hand auf den Po. Greta antwortete mit noch lauterem Schreien.

In ihrem benommenen Zustand fühlte sie, wie eine starke Hand heiß ihre Beine hochstrich. Nur Bauern oder Fabrikarbeiter besaßen solche Hände. Sie schauderte, konnte aber ihre Sinne noch nicht wieder unter Kontrolle bringen. Sie merkte nur so viel, daß die Hand in ihren Schoß glitt, durch die seidene Hose über ihren Hügel strich.

Greta war wie vom Schlag gerührt. Noch kein Mann hatte sie dort berührt. Sie zuckte zusammen.

»Aha«, lachte Helmut, »das magst du, wie?«

Seine Hand drückte fester, und seine Finger konnten ihren Schlitz durch das Höschen hindurch spüren. Er bewegte die Finger jetzt hin und her, versuchte durch die Hose ihre äußeren Lippen auseinanderzupressen.

Greta schauderte. Sie kam wieder zu vollem Bewußtsein. Und sie begann sich zu wehren. Aber für den jungen Mann war sie kein Gegner. Jetzt lag er der Länge nach auf dem Bett neben ihr. Er lachte leise.

5

In dem tiefen Sessel auf der Jacht sah der Baron von Ess jünger und kecker aus als zuvor. Er zog den Reißverschluß seiner Anzughose bis zu seinen blonden Schamhaaren hinunter, schüttelte sein langes, blondes Haar und nahm einen Schluck aus dem Martiniglas, das ihm von einem Diener gereicht wurde. Letzterer sah übrigens eher wie Mister Amerika aus als wie ein Bootsjunge.

»Macht es euch bequem«, sagte er zu Eclipse Donan und Travers Coogan und zeigte mit seiner blassen, schlaffen Hand in mehrere Richtungen zugleich. »Joseph wird für alle eure Bedürfnisse sorgen.«

»Das glaube ich«, murmelte Eclipse und ließ ihre schönen Augen an der fabelhaften Figur des Dieners rauf- und runterlaufen. Sie nahm sich einen Martini von dem Silbertablett, das ihr Joseph gereicht hatte.

Travers' Augen saugten den Glanz der Luxusjacht gierig auf. Er versuchte, ruhig und nonchalant zu erscheinen, war aber in Wirklichkeit ziemlich schockiert von der Schamlosigkeit, mit der der Reichtum auf diesem Schiff zur Schau gestellt war. Die seltenen Gemälde an den Wänden – von denen jedes einzelne den Kuratoren des Metropolitan Museums den Kopf verdrehen würde – hingen in Rahmen und an Tapeten, die nicht zu bezahlen waren.

Die Teppiche auf dem Boden waren teurer als die teuersten Orientteppiche, die er in seiner langen Erfahrung gesehen hatte. Die Möbel bestanden aus geschnitztem Ebenholz, und das Glas, aus dem er seinen Gin schlürfte, war aus geschliffenem Kristall und trug das Emblem des Sonnenkönigs von Frankreich, Ludwigs XIV. In seinem Mund lief das Wasser zusammen. Von Reichtum war er leicht zu beeindrucken. Seine Augen blinzelten, und er mußte schlucken.

»Meine Anerkennung für die wirklich gelungene Dekoration«, sagte er zu dem jungen, geheimnisvollen Baron von Ess und hob sein Kristallglas.

»Nichts Besonderes«, antwortete der junge Bursche. »Dank gebührt meinem Großvater. Das meiste hier gehörte ihm. Ich habe fast nichts geändert, nur etwas modernisiert. Unten gibt es einen großen Raum mit etlichen Spielautomaten und einigen Sofas, wo ich meine Orgien abhalte.«

»Orgien?« Eclipse sperrte den Mund auf.

»Gewiß, Orgien«, pflichtete ihr der junge Mann lächelnd bei. »Du mußt schon von mir gehört haben, von mir, dem schwarzen Schaf des gefallenen europäischen Adels. Niemand verläßt meine Jacht eher, bevor er völlig ausgelutscht, trocken gefickt wurde oder noch was Schlimmeres. Trotzdem gibt es eine große Warteliste für meine Gäste.« Er verzog seine Schmetterlingslippen zu einem boshaften Lächeln und liebäugelte mit Eclipses riesigem Busen.

»Hiram, du ungezogenes Kind, glaube nur nicht, daß ich genauso scharf darauf bin wie deine Gäste«, scherzte sie lächelnd.

»Dachte ich mir schon«, sagte der Baron trocken.

»Also gut«, zischte Travers, »lassen wir die Sachen mal beiseite und kommen wir zum geschäftlichen Teil.«

»Richtig«, pflichtete ihm Hiram bei.

»Ja? Dann fangen wir besser mit dem Gespräch an, bevor *ich* es dir mal besorge.«

»Im Ernst?« lächelte der Junge verführerisch.

»Hiram, du bist wirklich unmöglich«, fiel Eclipse ein.

»Richtig«, sagte der Baron. »Also, es lief folgendermaßen: Greta wurde von dem Familienbesitz in Österreich gekidnappt. Außerdem haben sie den Pimmel irgendwie aus dem Safe bekommen und ebenfalls geklaut.«

»Den Pimmel?« fragte Travers Coogan und traute kaum seinen Ohren.

»Ja, so ein goldenes Ding mit Diamanten. Es gehört zu der Statue hier.«

Der Baron ging auf eine teppichbehangene Wand zu. Er drückte auf einen Knopf hinter einer Ebenholzsäule. Die Teppiche gingen hoch, verschwanden in der Decke. Die Wände dahinter teilten sich.

Sowohl Travers als auch Eclipse konnten ihr Erstaunen nicht verbergen. Eclipse ergriff die Hand ihres Bosses.

»Mein Gott«, rief Travers aus.

»Eine richtige Schönheit, nicht wahr?« säuselte der Baron und bewunderte selbst die außerordentliche Majestät der lebensgroßen Statue eines stehenden jungen Mannes, der mit leicht gespreizten Beinen dastand, mit in die Hüfte gestemmten Händen. Es war die Wiedergabe eines griechischen Athleten, dessen Proportionen sich in überraschender Grazie darboten, auf dessen Schultern sich ein langer Hals erhob, mit einem Gesicht, das wilde Sexualität ausdrückte. Die Lippen waren mit rotem Marmor eingelegt, und die Augen bestanden aus weißem Alabaster und dunkelblauen Saphiren, die direkt auf die drei Beschauer gerichtet waren.

Die Hüften und der Schoß waren etwas vorgeschoben, so daß jedermann wünschte, sie zu berühren. Im Schoß war ein großer Haarbusch zu sehen und ein enormer Sack, der mit Diamanten besetzt war. Darüber befand sich ein Loch, aus dem offensichtlich etwas herausgeschraubt worden war.

»Wer hat den Schwanz abgeschlagen?« forschte Travers. Er versuchte die sexuelle Spannung zu lösen, von der sie alle beim Anblick der Statue ergriffen worden waren.

»Tja, der Schwanz wird hineingeschraubt. Er ragt beinahe dreißig Zentimeter heraus.«

»Dreißig Zentimeter«, sagte Eclipse erstaunt. »Der Anblick muß aufregend sein!« Sie stellte sich vor, wie sie sich gegen die unbewegliche Statue preßte und den fabelhaften Diamanten in ihre heiße Oase drückte.

»Keine Sorge, jede Frau möchte ihn ausprobieren«, lächelte der Baron, der die geheimen Wünsche Eclipses zu erraten schien.

»Ist die Statue hohl oder massiv?« fragte Travers.

»Massiv«, bestätigte der Junge.

»Aus was?« fragte Eclipse.

»Aus Gold«, antworteten beide Männer gleichzeitig.

»Meine Güte. Wieviel ist sie denn wert?« fragte sie.

»Sie wiegt beinahe eine halbe Tonne«, erläuterte Hiram.

»Also, in amerikanischen Dollars sind das... warte mal...«, Travers' Computergehirn rechnete, »...beinahe eine Million Dollar in Goldwährung.«

Es gab ein ehrfurchtsvolles Schweigen, und alle drei schauten erneut in die Saphiraugen der Statue.

»Und der Schwanz, wo ist er?« fragte Travers endlich.

»Nun, er befand sich im Safe auf dem Schloß. Sie haben ihn zusammen mit meiner Schwester gestohlen.«

»Wozu wollen sie den Schwanz?« fragte Eclipse.

»Weiß nicht. Der Schwanz... nun, das ist eine lange Geschichte. Wollen wir uns nicht zum Essen umziehen und dann darüber sprechen?« schlug Baron von Ess vor.

»Gut. Ich bin hungrig«, sagte Travers und hielt schon nach dem Essen Ausschau.

»Abgemacht. Joseph wird euch die Kabinen zeigen. Ihr findet dort Kleider und Anzüge. Zieht an, was ihr wollt. Je weniger, desto besser«, sagte der Baron und blinzelte mit seinen schönen Augen.

Wie durch ein Zauberwort tauchte Joseph auf. Er war sehr jung, aber nicht so jung wie sein Herr. Mit seinen offenen, dunkelbraunen Augen schaute er zuerst Eclipse an, dann Travers, der durch diese offensichtliche sexuelle Einladung leicht nervös geworden war.

Joseph deutete mit der Hand auf einen schmalen Gang, der zu den Schlafkabinen der Jacht führte.

»Hier entlang«, sagte er mit rauchiger, aufreizender Stimme.

»Wo hat ihn Hiram nur aufgegabelt?« flüsterte Eclipse Travers zu, als sie zu ihren Zimmern geführt wurden.

»Offenbar in einer Bodybuilding-Schule«, sagte Travers, dessen Augen etwas zu lange an dem muskulösen Hintern haften blieben.

»Dieses Zimmer für den Herrn«, sagte Joseph und hielt neben einer geöffneten Tür, »und das Zimmer der Dame ist unten, das Lavendel-Zimmer.«

»Lavendel-Zimmer?« rief Eclipse ein wenig ratlos aus.

Joseph lächelte und ging ihr voraus. Travers winkte Eclipse zu, bevor er in sein Zimmer trat, das mit dunkler Eiche ausgelegt war und dessen Einrichtung in silbernem Ton gehalten war.

Joseph betrat nach Eclipse das Zimmer und sagte: »Es wird so genannt wegen der Malerei über dem Bett.«

»Oh«, antwortete sie, und ihre Augen blickten auf die Malerei, die eine Frau zeigte, die von drei Männern gekost wurde. »Sie sehen, daß sie einen Lavendel-BH trägt.« Der muskulöse Joseph zeigte mit dem Finger darauf.

»Ich sehe«, stieß Eclipse hervor, ging einen Schritt zurück und prallte mit dem Diener zusammen. »Und das Bett hat auch eine Lavendeldecke. Bedeutet das, daß jede Frau, die hier schläft, es dreifach bekommt?«

»Wenn sie will«, sagte Joseph, legte seine gewaltigen Arme um Eclipse und griff mit beiden Händen nach ihren Klingklings.

»Heh, wer hat gesagt, daß Sie das dürfen?« protestierte Eclipse und drehte sich um.

Aber Joseph antwortete nicht. Er beugte schnell seinen Kopf über ihren wunderbaren Busen und lutschte durch die Bluse hindurch an ihren Knospen. Dann nahm er so viel von der Brust in den Mund, wie er konnte. Eclipse seufzte tief. Was nutzte es, zu protestieren? Der erfahrene junge Baron hatte es ihr schon gemacht, und seine Zärtlichkeiten hatten in ihr das Verlangen nach mehr noch bestärkt.

Weshalb auch sollte sie dem starken, männlichen Eifer Josephs widerstehen? Er lutschte an ihrer Brust, kaute auf ihrer großen Brust, bis alle ihre Sex-Nerven auf das Äußerste erregt waren.

Eclipse wollte, daß er sie biß. Sie schloß ihre Augen und strich über das dunkle, gekräuselte Haar dieses Mannes, der so eifrig versuchte, sie innerlich zu erwärmen. Das gelang ihm recht gut.

Sie zog sein Gesicht zu ihrem Mund hoch, saugte an seinen starken Lippen, sog seine Zunge in den Mund. Seine Hände wühlten in ihren schönen, roten Haaren, preßten ihren Körper an seinen, und schließlich schob er einen starken Schenkel zwischen ihre empfindsamen Beine. Sie stöhnte wollüstig in seiner Umarmung.

Ihre Finger arbeiteten sich an der Reihe seiner Hemdknöpfe entlang. Im Nu war seine männliche Brust frei, und Joseph half ihr ebenfalls blitzschnell aus der Bluse und dem BH. Er nahm ihre Süßen in seine Hände, preßte ihre steifen Nippel, ohne seinen stürmischen Kuß zu unterbrechen.

Während ihre Zunge und ihre Zähne eifrig beim Küssen waren, langte Eclipse ihm an die Hose und zog ihm mit einem Ruck den Reißverschluß auf. Sie löste den Haken am Gürtel und streifte ihm die Hose über den Hintern.

Sie unterbrach ihren Zungenkuß und versuchte ihn zum Bett zu führen, wobei ihre großen Brüste ins Schwingen gerieten. Sofort beugte er sich über die heißen Nippel, nahm sie abwechselnd in den Mund und kaute an ihnen herum. Der Bart, der auf seinem wettergebräunten Gesicht gerade zu sprießen begann, kratzte leicht ihre Knospen. Eclipse stöhnte vor Vergnügen. Sie schaute zu seinem steifen Werkzeug hinunter, das der Unterhose zu entfliehen suchte. Bei dessen Länge blieb ihr die Spucke weg. Ohne zu zögern, faßte sie es an und drückte es zart. Sie konnte nicht einmal ihre Finger herumlegen.

»Oh«, stöhnte sie, als sie seine enorme Größe spürte.

»Was ist denn, gefällt er dir?« fragte er und hob seinen Kopf.

»Oh, er ist so groß ... so groß.«

»Ja, groß«, pflichtete er bei, »der Baron liebt Mädchen und dicke Johnnys.«

»Oh, wie abscheulich«, stöhnte Eclipse.

Alle ihre Nerven bebten. Sie kniete sich nieder und ließ ihre Hände seine behaarten Beine hochgleiten, glitt unter seinen Slip und nahm ihn in eine Hand. Mund und Zunge bewegten sich über seinen Bauch, hinunter zu seinen schwarzen Haaren. Mit den Zähnen biß sie leicht in seine bronzefarbene Haut.

Er war ihr behilflich. Seine Finger schoben das Gummiband seines Slips beiseite und holten den geschwollenen Johnny heraus. Eine ganze Weile starrte Eclipse ihn mit weit aufgerissenen Augen an. Sie wußte, daß dieses Ding ein toller Job sein würde.

Dann küßte sie zärtlich die große, purpurne Spitze und ließ ihre Zunge über die ganze Länge seines Gliedes bis hinunter zu den pechschwarzen Haaren gleiten. Josephs Beine schlotterten schon. Sein Bauch bebte, sein Atem wurde schwer und unregelmäßig.

»Ah, der Baron wollte, daß ich Sie unterhalte, und dabei sind Sie es, Sie wunderbare Frau, die mich unterhält«, keuchte er, und sein Schoß begann, kleine Bewegungen zu machen.

»Du kannst mich auch gleich unterhalten«, versprach Eclipse.

Ihre Muschi glich schon den Niagarafällen, so aufregend war der Anblick der Säule vor ihr.

»Oh, gut, gut«, stöhnte er.

Der Kerl begann in ihrem Mund zu hüpfen. Joseph hob seine muskulösen Arme hoch und verschränkte sie in seinem Nacken. Er versuchte nicht, die Geräusche anzuhalten, die aus seiner Kehle hochstiegen, als es ihm schließlich kam und in Eclipses wartenden Mund schoß. Sie molk seinen Jo, bis nicht mehr ein Tropfen darin war, und Joseph zitterte so sehr, daß er sich einfach auf den Teppich fallen ließ.

»Oh, meine Güte, ich kann nicht mehr, ich kann nicht mehr«, sagte er protestierend. Er drehte sich herum und vergrub sein Gesicht zwischen Eclipses Schenkeln unter ihrem Rock. Sie streichelte sanft seine schwarzen, gelockten Haare.

»Du bist wirklich wunderbar«, keuchte er. »Machen sie es alle so in Amerika?«

»Ich kann nur für mich selber sprechen«, sagte sie. Sie mußte lachen.

»Warum lachst du?« fragte er verletzt.

»Nun, irgend jemand erzählte mir einmal, daß Muskelmänner kleine Schwänze hätten«, kicherte sie.

»Oh«, grinste auch er. »Du bist wunderbar, wirklich wunderbar. Ich fühle mich gut bei dir.«

Er vergrub sein Gesicht noch tiefer zwischen ihren Beinen, küßte die zarte Haut ihrer Innenseiten, dicht unter ihrer heißen, feuchten Oase.

Bei der Berührung mußte sie stöhnen und legte sich auf den weichen Teppich zurück. Und seine starken Finger begannen zu forschen.

Travers hatte eine kurze Dusche genommen und sich dann etwas hingelegt. Er wußte, daß Eclipse damit beschäftigt wäre, die Fähigkeiten des Dieners zu erproben, hatte aber nichts dagegen. Sollte sie ihren Spaß haben. Aber der Gedanke an die beiden, die es miteinander trieben, erzeugte bei ihm einen Halbsteifen, der quer über seinem Bauch lag, als er sich auf dem weichen Bett entspannte. Das Boot schaukelte leise. Er wußte immer noch nicht, wohin es ging.

Er döste. Noch nie in seiner ganzen Laufbahn hatte er einen Job angenommen, der so verwirrend war. Seine muskulösen, dunkel behaarten Beine bewegten sich leicht hin und her, öffneten sich, schlossen sich, als er an die Umstände dachte. Sein Sack pendelte zwischen den Beinen hin und her.

Er erlaubte seinen Gedanken, abzuschweifen. Wie sollte er die junge Erbin finden und zurückholen, und was war eigentlich das Geheimnis des falschen Schwanzes, der bedeutsamerweise nicht bei seinem Besitzer aufbewahrt wurde? Und war das junge Mädchen, das offenbar für die unbekannten Kidnapper so wertvoll war, etwa ähnlich wie ihr Bruder, dieser sexuelle junge Mann, der alles lutschte und fickte, was ihm in die Quere kam?

Inmitten seiner Gedanken spürte er die Gegenwart eines Menschen, noch ehe er etwas hörte. Als er seine dunklen, wilden Augen öffnete, sah er den jungen Baron, der geräuschlos die Kabine betreten hatte und bewundernd seinen nackten Körper mit seiner halben Erektion betrachtete.

»Sie haben einen phantastischen Körper, Herr Coogan«, sagte Hiram, und seine Lippen verzogen sich zu einem begierigen Lächeln.

»Ja!« knurrte Travers. »Aber komm nicht auf blöde Gedanken.«

»Nein, nein, von jetzt an gibt es nur noch das Geschäft«, sagte Hiram, setzte sich aber trotzdem auf die Bettkante und placierte seine Hand entschlossen auf Travers behaarte Hüfte. Der ältere Mann rührte sich nicht.

»Ich habe dir vor dem Essen einen Cocktail gebracht«, und Hiram zeigte auf die Tür. Travers folgte seiner Hand.

Dort stand im Schatten des dämmrigen, weichen Lichtes ein junges, nacktes Mädchen. Ihre Haare, dunkel und weich, hingen bis zu den Hüften herab. Sie benutzte es aber nicht dazu, ihre kleinen, jungen Brüste zu verbergen. Auch nicht ihren ziemlich deutlich sichtbaren Schlitz zwischen den Beinen. Sie kam auf das Bett zu. Sie war jung, sehr schön.

»Dies ist Kashim, eine Jungfrau, die ich in dem berühmten Bordell in Fedala auftrieb«, erklärte Hiram, dessen Augen ebenfalls beim Anblick der zarten Reize des jungen Mädchens glitzerten. Ihre jungen Augen betrachteten Coogans männliches Werkzeug mit Interesse.

»Es ist wunderschön«, sagte Kashim mit sanfter, melodiöser Stimme.

»Richtig«, sagte Hiram.

Travers Coogan schluckte. Er wußte, daß er abermals verloren war. Die Einladung dieses Mädchens mit ihrer beinahe unbehaarten Grotte und die Anwesenheit dieses jungen Bastards, der seine Hand sanft an den Innenseiten seiner Schenkel auf und nieder gleiten ließ, erregte ihn aufs Neue. Aus seinem Schoß stieg wieder die wohlbekannte Wärme hoch. Zum Teufel, dachte Travers. Was war das bloß für ein Zauber, mit dem es dem Baron schon zum zweitenmal gelang, seinen wohlbekannten Überdruß am Sex zu überwinden?

»Fedala?« forschte Travers und versuchte, seine Fassung wiederzugewinnen. »Liegt das nicht außerhalb von Casablanca?«

»Richtig. Direkt vor Casablanca, nicht weit von der berüchtigten Casbah und dem Haus von Pepe le Moko. Sie gehörte zu den Jungfrauen, die ich dort einmal für meine Gäste bestellte. Aber sie ist wirklich zu schön, um eine Hure zu sein, und deshalb kaufte ich sie«, erläuterte Hiram.

»Ist sie immer noch Jungfrau?« fragte Travers, und sein enormer Travi geriet in Bewegung.

»Natürlich. Ich verlange niemals von irgend jemand etwas, was er nicht mag«, antwortete Hiram. Gleichzeitig lächelte er.

Travers fragte sich, wie eine Jungfrau ihn wie die allererfahrenste Frau anschauen konnte.

Der Baron hatte die Antwort bereit: »Sie hat im Sphinx gelernt. Ein Bordell, das früher in Paris war und von meinem Großvater, der dieses Boot baute, bevorzugt wurde. Aber 1946 wurde es geschlossen, im Jahr, als mein Großvater starb. Die meisten Kurtisanen emigrierten von dort nach Casablanca, denn als das Haus 1949 in Fedala wieder seine Tore öffnete, waren dort alle die ehemaligen Experten wieder beisammen. Es ist wirklich die beste Schule«, versicherte Hiram.

»Möchtest du diesen Mann, Kashim?« fragte der Baron das Nymphlein.

»Ohh... er ist zu süß«, flüsterte Kashim, und ihre funkelnden Augen waren auf den pochenden Travi Travers' gerichtet. Hiram lachte.

»Also, was möchtest du mit ihm denn machen?«

»Ich werde es dir zeigen«, kicherte das Mädchen.

Bevor Travers protestieren konnte, hatte das wundervolle junge Mädchen sein Haar nach hinten geschüttelt und war auf das Bett geklettert. Travers blinzelte mit den Augen, als er die kleine, enge, beinahe unbehaarte Spalte direkt über seinem Mund sah. Er mußte schlucken. Der Anblick war wundervoll. Die kleinen, knospenden Nippel standen senkrecht in die Luft, und das lächelnde, verschmitzte Gesicht des Mädchens schaute auf ihn herab.

»Das ist unanständig«, sagte Travers, aber wieder ohne viel Überzeugungskraft. Das Mädchen gab ein singendes Gelächter von sich und begann, ihren einladenden Schoß auf Travers' Lippen zu senken. Das feine, seidene Haar streifte seine Nase.

6

Greta, immer noch nackt, fror leicht in dem schwach erleuchteten Zimmer, von dem sie nicht wußte, wo es war. Die dünne, dreckige Decke auf dem Bett trug nicht viel zu ihrem Schutz bei. Sie drückte sie gegen ihre jungen, zarten Brüste, die gegen ihren Willen immer noch von der Behandlung erregt waren, die ihnen von Helmut zuteil geworden war. Er und die Frau saßen jetzt ruhig da, als ob sie auf jemanden warteten. Greta wünschte sich, der junge Mann würde sie mit seinem nackten muskulösen Körper beschützen und wärmen.

Dann schalt sie sich wegen ihrer Gedanken. Denn erstens waren sie vulgär und zweitens war Helmut, trotz seiner warmen, aufregenden Zunge, schließlich einer ihrer Entführer. Trotzdem verspürte sie in ihrem Unterleib ein Verlangen, von dem sie wußte, daß er es war, der es hervorgerufen hatte.

»Lassen Sie mich bitte die Kleider anziehen«, bat Greta, »mir wird kalt.«

»Halt den Mund!« befahl die Erzieherin, der Greta so lange Vertrauen geschenkt hatte. Greta blinzelte. Es wäre unpassend, wenn die Erbin eines der größten Vermögen Europas vor einer einfachen Lehrerin weinen und wimmern würde, egal, in welcher Situation sie sich befand.

»Sie«, fauchte Greta sie an. »Sie sind es gewesen, die das alles geplant hat, seit Sie auf das Schloß gekommen sind!« Sie ließ ihre Stimme so überzeugend wie möglich klingen und legte die Drohung furchtbarer Rache hinein, wie nur die Reichen sie über den Armen ausschütten können.

»Gewiß«, lächelte die Frau grausam, »wir haben es sorgfältig geplant!«

»Aber was wollen Sie denn? Geld ist kein Problem. Ich habe selbst ein Vermögen und kann Ihnen geben, was Sie wollen«, versprach das Mädchen.

»Geld? Wer will denn heutzutage schon Geld? Nein, meine kleine Prinzessin, Geld ist es nicht«, zischte die Frau, und ihre dunklen Augen huschten über die Nacktheit der Jungfrau. Ihre Augen blieben an ihrer Spalte hängen, deren Lippen zwischen dem blonden Busch gut sichtbar waren.

»Was denn? Was ist es denn, was Sie wollen?« bettelte Greta, und die Furcht vor dem Unbekannten durchlief ihren Körper.

»Halt den Mund«, empfahl ihr Helmut, der wieder seine enganliegende Kleidung angelegt hatte.

Greta wimmerte jetzt. Sie konnte die Furcht, die ihren Körper ergriffen hatte, nicht mehr unter Kontrolle halten.

Da hörten sie ein Geräusch an der Tür. Sie wurde geöffnet. Alle Augen richteten sich auf den Mann, der das Zimmer betrat. Die Frau ging einen Schritt zurück und beugte ihren Kopf. Helmut stand noch strammer, gespannt vor Aufmerksamkeit. Zuerst konnte Greta nicht sehen, wer das Zimmer betreten hatte. Dann stand der Mann im dämmrigen Licht. Seine dunklen Augengläser erschreckten sie über alle Maßen. Sie schloß die Augen beim verzweifelten Versuch, einen Angstschrei zu unterdrücken. Sie zog die schmutzige Decke noch enger um ihren Körper.

Der Mann kam an das Bett und stand über ihr. Mit einer Hand, die in einem schwarzen Lederhandschuh steckte, packte er die Decke und riß sie von ihrem zitternden Körper. Greta biß die Zähne zusammen. Die Augen hinter der dunklen Brille musterten die zarten Linien ihres Körpers. Sie spürte den brennenden Blick, wie er über ihre schlotternden Beine glitt, zu ihrem Schoß, hinauf zu ihren Brüsten.

»Ist sie unberührt?« fragte der Mann, wobei er sich die Lippen mit der Zunge leckte. Um seine Lippen lag ein grausamer Zug, was Greta unmittelbar faszinierte. Trotz der schrecklichen Situation überraschte sie sich dabei, sich einen kurzen Augenblick vorzustellen, wie diese Lippen dasselbe mit ihr machen würden wie vorhin Helmut. Zwischen ihren Beinen stieg eine kleine Hitzewelle hoch. Sie schloß ihre Augen und schluckte.

»Nein, Sir, sie wurde nicht berührt«, versicherte ihm die Frau mit zaghafter Stimme und warf einen bösen Blick auf Helmut, der immer noch lässig dastand.

»Also gut«, sagte der Mann. Greta bebte. »Hast du es bekommen?« Er nahm seine schwarze Schirmmütze ab. Sein Kopf war mit dichtem, gelocktem Haar bedeckt, dessen Schwärze in dem dämmrigen Licht beinahe blau erschien. Sein Gesicht hatte den strengen, entschlossenen Ausdruck eines Gladiators, mit eckigem Kinn und zarter Haut.

»Ja, ich habe es hier in meiner Tasche«, antwortete die Frau und zog ein kleines Päckchen hervor.

»Gut. Du wirst belohnt werden. Wie hast du es bekommen?«

»Es war einfach. Es war ein alter Safe.«

»Sehr gut«, äußerte der Mann. Er nahm das weiße eingewickelte Päckchen und öffnete es. In wenigen Sekunden strichen seine behandschuhten Hände über einen dreißig Zentimeter langen, goldenen Penis, dessen Spitze mit Diamanten eingelegt war. Ein Solitär stellte das Auge des Schwanzes dar. Das goldene Instrument rief staunendes Schweigen hervor, als alle Augen sich darauf richteten. Greta hatte es mehrmals gesehen, selbst als Kind, als sie von seiner Existenz noch gar nichts wissen sollte. Aber hier, in dieser teuflischen Atmosphäre und in den Händen dieses starken, dunkel gekleideten Mannes rief die vollendete Nachbildung eines männlichen Gliedes in ihr eine Bewunderung hervor, die sie sich nie hätte träumen lassen.

Die Hände des Mannes glitten immer wieder über die ganze Länge des goldenen Schwanzes. Seine hinter der Brille versteckten Augen schauten prüfend zu Greta.

»Weißt du, was das ist?« fragte er.

»Ja, es ist ein künstlicher Penis«, erklärte das Mädchen.

»Das kann jedermann sehen«, zischte der Mann, und seine sinnlichen Lippen verzogen sich zu einem spöttischen Lächeln wegen der Direktheit des Mädchens. »Aber ich will wissen, ob du weißt, was es bedeutet?«

»Bedeutet?«

»Ja, was ist sein Geheimnis?«

»Geheimnis?«

»Ja, mein hübsches junges Ding, sein Geheimnis. Wir wissen, daß es der Schlüssel zu etwas ist, das seinem Besitzer größte Macht über diese Welt verleiht. Was ist es?« Der Mann kam ganz dicht an sie heran.

»Ich habe keine Ahnung. Es lag in dem Safe, seit Großvaters Tod vor mehreren Jahren.«

Der Mann schaute auf sie herab, und seine Zunge glitt über seine sinnlichen Lippen. Greta erschauderte.

7

Das Gewicht, das sie in die schmutzigen Decken preßte, bewegte sich, hob sich langsam von ihren schmerzenden Nippeln, und das längliche Instrument zog sich allmählich aus ihrem mitgenommenen Schlitz zurück. Greta erwachte zu vollem Bewußtsein. Sie kehrte zurück in die Welt, nicht mehr als träumendes Kind, das sich auf persischen Teppichen seine mysteriöse Spalte gerieben hatte. Als sie jetzt ihre blauen Augen öffnete, waren diese voller Zorn und Rachegelüst, aber auch voll von einer neuen Begierde.

Mit finsterem Gesicht schaute der Mann auf Greta herab. Seine Lippen verwandelten sich in grausamen Stein. Seine Augen funkelten hinter der Brille. Er schlang sich seinen Gürtel um die Hüfte und setzte seine schwarze Schildmütze auf.

»Helmut«, begann der Mann, »es sieht so aus, als müßten wir der jungen Prinzessin beibringen, wie man bescheiden und demütig wird. Sonst wird sie im Sphinx niemals eine gute Hure abgeben.«

»Ja, Sir«, antwortete Helmut, nicht ganz sicher, was er machen sollte.

»Mach es!« befahl der Mann.

Greta schloß ihre Augen. Sie hätte sich am liebsten in ein Nichts verwandelt.

Helmut beeilte sich zu gehorchen. Seine Kleider flogen auf den Boden, und im Nu war er auf dem Bett neben ihr. Der warme, sinnliche Duft seines Körpers überwältigte sie.

Greta bekam eine Gänsehaut. Schwach versuchte sie aufzustehen, aber die Muskeln des blonden Jungen vereitelten das. Schon waren seine feuchten Lippen auf ihrer Haut, an ihrem Hals, an ihren Nippeln. Seine Hand knetete ihren Bauch und vergrub sich dann in ihren Schlitz.

Greta bog den Hals nach hinten, und ihrer Kehle entrang sich ein langes Stöhnen. Die zwei Zuschauer lächelten vor Vergnügen. Helmut hatte zu stöhnen und zu grunzen begonnen. Sein dicker Schwanz explodierte beinahe, als seine Säfte herausschossen. Als er von ihr herunterglitt, fiel Greta in eine warme, angenehme Betäubung.

»Das macht ihr Spaß«, zischte der Mann. »Macht sie fertig für die Sphinx. Sagt mir Bescheid, wenn ihr soweit seid.«

»Ja, Sir«, sagte Helmut und versuchte, seine hautengen Hosen anzuziehen. Seine Hände schlotterten immer noch.

»Sagt ihr klar und deutlich, daß ihr Bruder ermordet wird, falls ihr die Flucht gelingt. Wir werden ihn aus sicherer Entfernung in dem Augenblick umlegen, wo er es am wenigsten vermutet.«

Die Türe wurde geschlossen.

Greta seufzte.

»Ich möchte nur seinen Namen wissen«, sagte die Frau, an niemand im besonderen gewandt. »Er ist unter dem Namen Thrax bekannt. Er ist der Kopf unserer Gruppe«, fügte sie erklärend hinzu.

»Danke«, sagte die junge Erbin. »Seine Tage sind gezählt... und...« schloß sie, »Ihre ebenfalls.«

»Komm, wir machen sie reisefertig«, schlug Helmut vor, der fast fertig angezogen war.

Die Frau erhob sich von den Knien.

»Du wirst diese Männerkleider anziehen. Hier ist ein Reisepaß, und du wirst zu niemandem etwas sagen, bevor wir nicht am Ziel sind«, erklärte ihr die Frau.

»Und wo ist das?« fragte das Mädchen.

»Das wirst du schon sehen«, versicherte ihr die Frau, »und denk dran: wenn du versuchst zu entwischen, wird dein Bruder ein rasches Ende finden.«

Greta wußte, daß sie machen mußte, was man von ihr verlangte. Zumindest vorläufig.

Draußen las Thrax ein Telegramm, das er gerade erhalten hatte. Ihm wurde mitgeteilt, daß der Baron von Ess nach Erhalt der Lösegeldforderung die Bermudas, wo seine Jacht zuletzt gesehen wurde, mit Ziel New York verlassen hätte.

»Was kann er in New York wollen?« brummte der Kidnapper vor sich hin.

Er dachte eine Weile nach. Er kam schließlich zu dem Ergebnis, daß es in New York nur eine Person gäbe, die dem jungen Baron helfen könnte: der berüchtigte Coogan.

Er drückte sich die Brille auf die Nase. Damit hatte er nicht gerechnet. Er mußte das sofort herausfinden.

Der schöne, muskelstrotzende und sadistische Thrax griff zum Telefon und wählte eine komplizierte Nummer. Während er wartete, schlug er sich mit einem ledernen Finger gegen die Nase und genoß die weiblichen Sexdünste, die sich im Handschuh festgesetzt hatten.

»Ja!« antwortete eine kernige, männliche Stimme.

»Hier Thrax. Ich muß mit ihm sprechen«, sagte er und stand in gespannter Haltung.

Wieder wartete er. Dann hörte er eine Stimme, die Thrax angenehm war, denn sie gehörte seinem Vater.

»Der Baron ist nach New York gereist«, sagte er einfach.

»New York?«

»Ja.«

»Zu welchem Zweck?«

»Weiß ich nicht. In New York gibt es für ihn nichts zu tun, außer...« Thrax machte eine Pause.

»Ja?«

»...außer er sucht Hilfe.«

»Der dumme Junge!«

»Ja, ziemlich dumm. Aber vielleicht sucht er Travers Coogan.« Am weit entfernten Ende des Drahtes war Schweigen.

»Das ist der Industriespion...?«

»Genau.«

Wieder folgte eine Pause. Nichts außer einem leisen Ticken war zu hören.

»Nun, wir können nichts tun als weitermachen. Habt ihr das Mädchen schon nach Fedala geschafft?«

»Sie reisen gleich ab.«

»Gut. Behaltet sie dort, wo sie niemand sehen kann.«

»Ja, mein Vater.«

»Und gebt den Leuten ein Bild von Travers Coogan, damit sie ihn erkennen können, auch eines von dem Baron, falls sie schlau genug sein sollten, dorthin zu kommen.«

»Ja, mein Vater.«

»Thrax, bist du sicher, daß du deiner Verbindung auf der Jacht Vertrauen schenken kannst?«

»Ohne Zweifel, Vater, sie ist meine persönliche Begleiterin. Ich vertraue ihr blind.«

»Aber würden sie sie zum Sprechen bringen können, wenn sie Verdacht schöpfen?«

»Nein, sie hat keine Furcht, außer im Bett, wo sie meinen großen...«

»Schon gut«, sagte die Stimme.

»Auf Wiedersehen, Vater. Bis später.«

»Ja, mein Junge.«

Die Verbindung brach ab.

Zögernd hängte ein alter Mann den Hörer ein. Die Finger waren mit teuren Ringen beladen, den Geschenken der Anbeter aus seiner Jugendzeit. Vor den riesigen Fenstern seines Hauses blies ein warmer Wind vom Atlantik über die Insel, der die Zimmer stets kühl und angenehm hielt.

Der Mann sank eine Weile in seinen Sessel zurück. Er blickte zum Fenster hinaus auf die grünende Vegetation der Hügel der Insel Madeira. Er lächelte bei der Erinnerung an alte Zeiten, als die Welt noch kleiner war und er selber begehrt und bedeutend.

Vor ihm auf dem Schreibtisch lag ein unvollständiger Plan und ein Stoß alter Papiere, die seine Finger in den letzten Jahren mindestens einmal täglich mit religiösem Eifer durchgeblättert hatten.

Nur ein kleiner Teil des Geheimnisses fehlte: die Formel. Ohne die Formel waren die Pläne wertlos, aber mit der Formel würde man kaum der Pläne bedürfen, so einsichtig und bedeutend war ihr Inhalt.

Der Mann richtete sich auf. Er blickte auf das Foto eines nackten jungen Mannes, das eingerahmt ständig auf seinem Tisch stand. Er lächelte. Er war wirklich einmal hübsch gewesen, hübscher noch als sein Sohn Thrax. Und sein Schwanz war in den ganzen Jahren nicht einen Millimeter geschrumpft. Er war immer noch 30 Zentimeter lang, obwohl er natürlich nicht mehr besonders hart wurde.

Er klingelte nach dem Diener.

»Pack meinen Koffer«, befahl er, »ich muß nach Casablanca und werde einige Tage weg sein.«

Der Diener, ein junger Mann, in lederne Hosen und kurzärmeliges Hemd gekleidet, grüßte.

Als Antwort lächelte der alte Mann und leckte seine Lippen. Er betrachtete die schönen Muskeln des Jungen. Sein altes Herz schlug schneller.

»Wenn ich es recht bedenke, dann kannst du auch später packen.«

»Ja, Sir«, sagte der Junge.

»Komm hierher zum Schreibtisch«, befahl der alte Mann.

8

Travers Coogan saß dem Baron von Ess gegenüber. Zwischen ihnen war der Tisch mit den kostbarsten Geschirren und Gläsern gedeckt. Wieder einmal begann Coogan die Perfektion seines jungen, exotischen Arbeitgebers zu schätzen. Das Boot war nicht nur ein Zentrum für Leben und Bewegung, sondern jedes einzelne Zimmer war ein deutlicher Beweis für den Stil, mit dem der junge Mann zu leben wußte.

Eclipse hatte in ihrer Kabine ein Kleid aus reiner, lavendelfarbener Seide angelegt, das ihren Körper kaum verhüllte, aber ihre herbe Schönheit und ihre funkelnden Augen betonte. Jetzt hielt sie einen Goldpokal in der Hand und roch an dem duftenden roten Wein, den er enthielt.

»Ich wage gar nicht zu fragen, woher dieser Pokal kommt«, murmelte sie zu Hiram, während ihre Augen die eleganten, erotischen Gravierungen bewunderten.

»Sicher darfst du fragen«, kicherte der Baron, »er stammt von einer Serie Pokalen, die von dem berühmten Künstler und Architekten Gianlorenzo Bernini für Papst Alexander VII. um 1650 entworfen wurde.«

Eclipse Donan ließ einen bewundernden Seufzer hören. Von Bernini hatte sie gehört.

»Bernini schuf auch den Treppenaufgang im Vatikan und den gewaltigen Reliquienschrein, der den Stuhl des Heiligen Vaters verherrlicht.«

Travers Coogan schaute sich jetzt seinen Pokal etwas genauer an. »Ich bemerke, daß Bernini eine gesunde Wertschätzung für Schwänze und Mösen empfand«, merkte er an.

»Ja, allerdings werden die meisten seiner erotischen Arbeiten in den Kellern des Vatikan versteckt gehalten«, sagte Hiram.

Sowohl Eclipse als auch Travers änderten allmählich ihre Meinung betreffs des jungen Barons; der simple Sex-Fanatiker entpuppte sich als geheimnisvoller, tiefer Fluß; und wer wußte, was auf seinem Grunde lag?

»Aber kommen wir jetzt zu dem Problem mit diesem verfluchten Kidnapping«, schlug der Baron vor und nahm einen Bissen von einem dünnen Toast, der mit kostbarem Kaviar, fein gehackten Zwiebeln und Zitrone beladen war.

»Also, leg los«, stimmte ihm Travers bei und griff selber zu.

Eclipse widmete ihre Aufmerksamkeit dem köstlichen Wein in ihrem Goldpokal und ließ ihre Lippen über das Paar an seinem Rand gleiten. Joseph hielt ihre Sinne immer noch gefangen. Während sich die Männer mit dem Geschäft beschäftigten, seufzte sie.

»Hier ist das Telegramm, das ich auf den Bermudas erhielt, als ich dort ankerte«, sagte Hiram und überreichte Travers ein Stück Papier.

GRETA WIRD SO LANGE BEI UNS BLEIBEN, BIS WIR DAS GEHEIMNIS DES GOLDENEN INSTRUMENTES WISSEN.

Das Telegramm war vor einigen Tagen von einem Luxushotel in Las Palmas auf den Kanarischen Inseln abgeschickt worden.

Travers untersuchte beide Seiten des Telegramms, klopfte auf das Papier, und seine Lippen zogen sich zusammen.

»Was ist das Geheimnis des goldenen Instrumentes?« fragte er.

»Ich weiß es nicht«, begann Hiram.

Eclipse schluckte ein Hummerstück in Butter, dessen geschmackvolles weißes Fleisch so zart und lecker war, daß sie vor Wonne beinahe stöhnte.

»Du weißt es nicht?« fragte sie mit vollem Mund.

»Richtig«, sagte Hiram und stopfte sich mit Kaviar voll.

»Erkläre mir dann, warum das goldene Instrument so wichtig ist«, forschte Travers und biß ebenfalls in einen Hummer.

»Nun, ich glaube, es begann alles mit meinem Großvater, dem alten Baron von Ess. Er war sowohl Munitionsfabrikant als auch Schiffsbauer für das Dritte Reich. Hitler und die anderen schienen von ihm ziemlich abhängig zu sein.« Hiram machte eine Pause und lutschte an dem marinierten Inhalt eines gefüllten Eis.

»Und daher kommt das viele Geld, nehme ich an«, sagte Travers und griff nach einem Würstchen, das in süßsaurer Soße gebadet war. Er merkte, wie ihn Hiram heimlich dabei beobachtete. Er lächelte.

»Keine Hintergedanken«, warnte ihn Coogan lächelnd, »ich lutsche nicht.«

Hiram seufzte und fuhr fort.

»Mein Großvater hatte jahrelang ein Steckenpferd. Während er mit den Fabriken Millionen und noch mehr Millionen machte, war er gleichzeitig ein hohes Mitglied der Organisation ›Kraft durch Freude‹.«

Die Diener, alles Orientalen, räumten die Überreste des Hors d'oeuvres hinweg. Travers bemerkte, daß die Diener niemals etwas sagten und außerordentlich aufmerksam bei der Erfüllung ihres Dienstes waren; sie wechselten sogar jedesmal die Serviette, wenn man sie einmal zum Mund geführt hatte.

»Wir haben heute abend nur Pigeons au Fenouil und Oeufs à l'orange, aber wir können mit einem ordentlichen Ragout de concombres beginnen«, erklärte der Baron, als die Diener das Hauptgericht brachten. »Ich brach so hastig auf, um dich schnell zu finden, daß mir nicht viel Zeit blieb, richtiges Essen an Bord zu nehmen.«

Eclipse Donan fragte sich, was für Hiram von Ess wohl ein ›richtiges Essen‹ sei, da das, was die Diener bisher aufgetischt hatten, alles übertraf, was es in den besten Restaurants New Yorks gab.

»Die Rezepte stammen übrigens vom Hofe Ludwigs XIV.«, fuhr Hiram fort. »Mein Großvater widmete aus einem ganz bestimmten Grund dieser ›Kraft durch Freude‹-Angelegenheit viel Aufmerksamkeit.«

»Was also war es?« fragte Travers und probierte etwas mißtrauisch das Ragout, bis er feststellte, daß es wirklich köstlich war.

»Nun, der Große Diktator richtete es so ein, daß jeder Deutsche verpflichtet war, dort zu arbeiten, wo ihn der Staat hinstellte. Keiner durfte die Arbeit wechseln oder zu Hause bleiben, ohne daß der Arbeitgeber es nicht in dem ›Arbeitsbuch‹ vermerkt hätte, das jedermann bei sich führen mußte. Die Strafen für Arbeitsverweigerung waren sehr streng, sogar Gefängnis gab es dafür.«

»Hört sich lustig an«, sagte Eclipse, die gerade mit den delikat zubereiteten Eiern beschäftigt war.

»Ja. Ich glaube, es war übel. Aber da niemand irgend etwas ohne sein Arbeitsbuch anfangen konnte, wenn es nicht geändert wurde, entstand allmählich ein Schwarzmarkt, auf dem jeder, der genügend Geld hatte, jede Menge verschiedener Arbeitsbücher erwerben konnte.«

»Weiter«, sagte Travers, dessen Magen schon anfing weh zu tun wegen der Unmengen köstlichen Essens.

»Also, um die Arbeiter bei Laune zu erhalten, stellten Hitler und seine Gefolgsleute eine Urlaubsorganisation auf, die ›Kraft durch Freude‹. Er baute Schiffe – und hier kommt mein Großvater ins Bild –, und die Arbeiter konnten sehr billigen Urlaub machen. Andere Erholungsmöglichkeiten gab es kaum.«

»Ich verstehe«, bemerkte Travers. »Diese Urlaubskreuzer waren also der geeignete Ort, um Geschäfte mit den Arbeitsbüchern zu machen?«

»Genau, ein Typ konnte so ein Ding besteigen und mit einem neuen Arbeitsbuch zurückkommen, selbst einem neuen Namen, nehme ich an, wenn er genug Geld hatte. Nun, die Ausflüge waren jedenfalls mit viel Spaß verbunden. Eine Kreuzfahrt nach Madeira kostete nur 25 Dollar, alles inklusive. Das genossen alle.«

»Dein Großvater hat also viel mit berühmten Leuten zu tun gehabt...?« fragte Eclipse, die die Vorstellung hatte, daß auf den Kreuzfahrten lauter deutsche Generäle, Erfinder, Wissenschaftler und Künstler ihre sexuellen Nöte befriedigten.

»Stimmt«, sagte der hübsche, blonde Junge. »Und in dieser Zeit machte die Kriegsmaschine ihre besten Fortschritte. Zugleich baute mein Großvater diese Jacht und brachte hier erbeutete Kunstobjekte unter.«

»Er hat wohl in allen Sammlungen Deutschlands seine Auswahl getroffen«, summte Travers.

»Ja, er war sehr eifrig«, stimmte Hiram zu. »Ich erinnere mich, daß unser Schloß in Österreich zeitweilig einem Hauptbahnhof in der Hauptverkehrszeit glich.«

»Aber du bist viel zu jung, um dich daran zu erinnern«, sagte

Eclipse, deren Magen warm wurde von dem vielen Wein und dem vorzüglichen Essen.

»Ja, ich war noch nicht einmal geboren. Aber diese Jahre sind unter den Dienern der Familie zur Legende geworden, und ich habe manches Gerede darüber gehört«, lächelte Hiram.

»Madeira«, murmelte Travers, »das liegt nicht weit von den Kanarischen Inseln.« Er griff wieder zu dem Telegramm, und sein Geist begann mit seiner eigenen, unberechenbaren Art und Weise zu arbeiten.

»Du bist sicher, daß es nicht Geld ist, was sie wollen?« fragte Eclipse, die sich jetzt intensiver über das Geschäft Gedanken machte.

»Ja. Sowohl Greta als auch ich haben massenweise Geld, aber es gibt unter all den Legenden, die den alten Mann umgaben, eine, die behauptet, er hätte die Statue und ihren riesigen Schwanz auf dem Schloß, um ein Supergeheimnis zu verstecken. Aber keiner hatte eine Idee, was das sein könnte. In seinem Testament stand nur, daß die Statue und der Schwanz getrennt aufbewahrt werden sollten, weshalb ich den Schwanz in einem Safe des Schlosses zurückließ.« Er seufzte und entspannte sich, nachdem er gerade eine Portion Taube in Fenchel in seinen Mund geschoben hatte.

»Wo wurde die Statue angefertigt?« fragte Travers, dessen Gedanken sich mit tausend Kilometern die Stunde bewegten und einen Anfang suchten, wo die Arbeit aufgenommen werden könnte.

»Unbekannt. Ich weiß nur, daß der alte Kurt sexuell stark veranlagt war und in mittleren Jahren zu seinem Vergnügen einen jungen Burschen bei sich hatte, der der Skandal der Familie war. Die Statue ist das Abbild dieses Jungen.«

»Du liebe Güte«, sagte Eclipse mit weit aufgerissenen Augen. »Du meinst, irgend jemand hatte tatsächlich so einen... hm... du sagst, daß der Penis 30 Zentimeter lang ist?«

Hiram lächelte nachdenklich. »Ja, man sagt, es stimmt. – Was möchtet ihr zum Dessert?« Er warf seine Serviette zur Seite.

»Nur Kaffee«, sagte Travers und wischte sich die Lippen mit der Serviette. »Ich bin sicher, daß du irgendwo auf diesem Schlitten einen phantastischen Brandy hast«, fuhr er fort.

»Hm, und für mich etwas Champagner, wenn du hast«, sagte Eclipse, deren Bauch für den Moment der Welt völlig entrückt war.

»Ziehen wir uns in den Salon zurück«, schlug der Baron vor.

Hiram ging ihnen voraus. Travers beobachtete seinen schlanken Körper. Der Bursche war pervers, daran konnte es keinen Zweifel geben. Aber der Detektiv spürte auch sein langsam steigendes Interesse daran, wie weit der Junge in sexuellen Dingen noch gehen mochte. Als hätte Hiram seine Gedanken gelesen, setzte er sich neben ihn und legte seine Hand in seinen Schoß. Travers rührte sich nicht, sondern lächelte:

»Wie der Großvater, so der Enkel.«

»Du Sack«, lächelte Hiram, »du hast Nerven, wo du mich doch am liebsten ficken würdest.«

»Wer ist hier der größere Sack?« gab der ältere Mann zurück. Er hatte gute Laune und merkte, daß er den seltsamen Jungen mit dem erstaunlich blonden Haar und den grauen Augen, die ihn in Besitz nehmen wollten, wirklich mochte.

Ein Trupp orientalischer Diener, schweigsam und tüchtig, war ihnen in den Salon gefolgt. Zwei von ihnen schoben einen glitzernden Wagen aus Silber und Glas, der mit Brandy und Champagner beladen war. Die Champagnerflaschen waren unter Eisbergen versteckt. Aus einer verzierten silbernen Kaffeekanne dampfte Mokka.

»Also, noch sind wir nicht verheiratet«, fügte Travers hinzu.

»Wirklich, ihr beide seid so abscheulich, daß man es nicht in Worte fassen kann«, zürnte Eclipse, die schon wieder Verlangen nach Joseph bekam. »Wo ist Joseph eigentlich?« fragte sie.

»Oh, auf dem Deck. Er ist der Kapitän dieses Dampfers«, erläuterte Hiram. »Wir sind auf dem Weg zu den Bermudas. Von dort aus können wir beinahe überall hinfliegen.«

Travers Coogan verscheuchte die Gedanken an die reizenden Möglichkeiten einer längeren Verbindung mit dem jungen Baron und dachte über die Kidnapping-Situation nach. Der Brandy war alt, so alt, daß seine Zunge das Alter nicht bestimmen konnte. Hiram schien zu erraten, daß Travers sich mit dem Fall beschäftigte, und ließ ihn in Ruhe.

Es war eine Sauerei, da gab es keinen Zweifel. Alles schien sich um eine Situation zu drehen, die schon dreißig oder vierzig Jahre zurücklag. Weshalb sollte ein falscher Schwanz all die Jahre unbemerkt in einem Safe versteckt liegen und dann plötzlich eine so überragende Bedeutung erhalten, daß man ein Mädchen deswegen kidnappen muß? Seine Augenbrauen zogen sich zusammen beim Versuch, die Fakten zu ordnen. Aber es schien keine Ordnung zu geben.

»Gut«, sagte Travers endlich und lutschte an seinem vierten Brandy, »da scheint nirgends ein Anfang zu sein. Also fangen wir einfach mit Nichts an.«

»Sehr gut«, stimmte Hiram bei.

»Wer weiß etwas von der Statue und dem Schwanz?«

»Nicht viele. Ich zeige diese Statue niemals meinen Gästen, weil der Anblick des klaffenden Loches, wo der Penis sitzen sollte, deprimierend ist. Ich kenne niemanden, der wußte, wo sich der Schwanz befand, außer Greta, die ihn aus dem Safe herauszunehmen und damit zu spielen pflegte.«

»Willst du sagen, daß du das arme Kindchen mit einem... hm... Schwanz spielen ließest?« fragte Eclipse spottend.

»Natürlich, das ist doch etwas Schönes«, sagte Hiram.

»Unser Geschmack in bezug darauf, was schön ist, scheint voneinander abzuweichen«, gab sie zurück.

»Nun, ich weiß nicht«, antwortete der Junge zögernd, »ich glaube, Joseph...«

»Böser Junge«, unterbrach ihn Eclipse und errötete leicht, obwohl sie nicht wußte, weshalb.

»Und die Diener auf dem Schloß wissen Bescheid?« fuhr Travers fort und setzte dem Gespräch über schöne Schwänze ein Ende.

»Ja, nehme ich an.«

»Sonst jemand?«

»Kaum. Jedenfalls nicht in letzter Zeit.«

»Es gibt aber eine Person«, unterbrach Eclipse, »die Bescheid wissen müßte.«

»Wer?« fragten beide Männer gleichzeitig.

»Derjenige, dessen Ebenbild die Statue ist«, antwortete sie, als wären beide gleichermaßen blöd.

»Ja, möglicherweise«, pflichtete Travers bei, »aber nimmst du an, daß er noch am Leben ist?«

»Also wenn, dann müßte er... Moment... so etwa fünfzig bis sechzig Jahre alt sein«, rechnete Hiram aus.

»Das ist nicht zu alt, um an einem Kidnapping mitzuwirken«, versicherte Eclipse.

»Nun, das ist eine Möglichkeit. Aber wer könnte jetzt, heute, etwas wissen? Gibt es zum Beispiel jemanden, der Fragen gestellt hat über...?«

»Meine Kunstwerke?« rief Hiram, ihn unterbrechend. »Ein Mann in Fedala fragte mich kürzlich über meine Kunstschätze auf der Jacht aus und deutete an, daß er sie gerne einmal sehen würde.«

Hiram war plötzlich aufgeregter, als sie ihn bisher gekannt hatten.

»Ja, er fragte sogar, ob er nicht an Bord kommen dürfe, um sie anzusehen. Ich lud ihn ein, aber er schien enttäuscht. Er fragte, ob die Kunstobjekte noch genau dort wären, wo sie mein Großvater aufgestellt hätte. Ich sagte ja. Er erwiderte, daß er von einer berühmten Statue gehört hätte.«

»Und hast du ihm die Statue gezeigt?« fragte Travers.

»Sicher, ich sah keinen Grund, weshalb ich es nicht tun sollte.«

»Was hat er dann gemacht?«

»Er fragte, wo der Schwanz wäre... Oh, wie dumm von mir –«, der Junge schnitt eine Grimasse, »– ganz klar, er muß derjenige gewesen sein... oder zumindest ein Spion.«

»Wie war sein Name?« fragte Travers.

»Hmm... mal sehen. Er war irgendein Araber, ein Händler, ein Scheich Ahmed ben Hassan oder so ähnlich. Er war derjenige, der...«

Der Junge machte eine Pause, sein Gesicht wurde blaß, seine Alabasterhaut grau.

»Was ist denn?« fragte Eclipse.

»Mensch, er war derjenige, der mich in diesem verfluchten Hurenhaus in Fedala mit... Kashim zusammengebracht hat!«

»Das Mädchen...?« begann Travers.

»Welches Mädchen?« fragte Eclipse argwöhnisch.

»Kashim!« zischte Hiram und machte einen Satz zu seinem Gegensprechgerät. »Joseph!« rief er mit der Stimme eines reichen Herrschers.

»Sir!« kam die Antwort.

»Joseph, nimm zwei Leute und bring sofort Kashim in den Clubraum. Mit Gewalt, wenn notwendig!« Er stellte ab.

Draußen auf dem Deck wurde es plötzlich lebendig. Soviel Eclipse sehen konnte, waren sie alle jung, männlich, dunkel und hübsch wie Joseph.

Sie seufzte. Noch ein paar Josephs hatten ihr gerade noch gefehlt. Aber ihre Gedanken wurden unterbrochen von dem Knall des Pokals, der gegen die Wand flog. Hiram bebte vor Zorn, und sein Gesicht war jetzt dunkelrot.

»Verflucht! Da habe ich all diese Typen, um mich zu beschützen...

und dennoch haben sich bei mir ein Spion und eine kleine Hure einge-
schlichen!«

»Du sagtest vorhin, sie wäre Jungfrau«, brachte ihm Travers in Erinnerung.

»Wer ist diese Frau?« fragte Eclipse. »Weshalb war sie nicht beim
Essen dabei?«

»Sie bedient nur Männer«, grinste Travers und blinzelte Hiram zu.

Aber mit dem Jungen war im Augenblick nicht zu spaßen. Seine
Hand hatte eine kleine Peitsche gepackt, die auf dem Tisch gelegen
hatte. Hiram schob sie von einer Hand in die andere, und sein Zorn
wurde immer größer.

»Aber warum war sie nicht bei Tisch?« fragte Eclipse hartnäckig,
deren Neugierde erwacht war.

»Ich diniere nicht mit Huren, auch wenn ich sie bemitleiden kann«,
zischte Hiram, dessen graue Augen Zornesblitze verschossen. Eclipse
erschauderte vor dieser Wut, die den schönen Jungen gepackt hatte.
Sie hoffte nur, daß sie ihm niemals auf Gnade oder Ungnade ausgeliefert sein möge.

Travers goß sich einen neuen Brandy ein.

Unter der Tür entstand eine Bewegung. Joseph trat ein, ganz außer
Atem, gefolgt von zwei Leuten, die das schmale, schöne Mädchen mit
sich schleppten.

Eclipse mußte blinzeln. Die beiden Männer waren ebenso schön wie
Joseph. Sie seufzte – wie schon so oft heute abend – und richtete ihre
Aufmerksamkeit auf die kleine, sich wehrende Person.

Hiram war quer durch das Zimmer geschritten und schlug dem
Mädchen ohne einen Moment des Zögerns über das Gesicht.

»Wo ist meine Schwester?« zischte er und hob die Peitsche.

»Nun mal langsam, Junge«, befahl Travers Coogan, »sie ist schließlich nur ein Mädchen.«

»Ja, ja«, sagte der junge Mann mit erstickender Stimme, »wenn du
wüßtest, wie viele Mädchen schon versucht haben, mir an den Sack zu
fassen, um an mein Geld zu kommen, würdest du das nicht sagen.«

»Nun, peitsche sie nicht. Ich bin sicher, daß sie sprechen wird«, versicherte ihm Travers.

Das Mädchen hörte plötzlich zu strampeln auf. Sie stand vor der
Gruppe mit blitzenden, dunkelbraunen Augen. Ihre zarten Lippen
zitterten vor Unsicherheit. Dennoch lag ein Zug von Entschlossenheit
um sie.

»Ich werde niemals sprechen«, sagte sie mit fester und leiser Stimme.

»Du wirst sprechen, oder ich werde dich den Haifischen vorwerfen«, schrie Hiram und schüttelte sie an ihren langen, dunklen Haaren.

»Niemals!« protestierte sie. »Denn wenn ich spreche, dann werde ich getötet!« Ihre Tapferkeit verließ sie so schnell, wie sie gekommen war. Sie brach in Tränen aus.

Travers glaubte, die Situation sehr schnell und gut verstanden zu haben.

»Wenn sie spricht«, sagte er zu dem zitternden Hiram, »wird sie wahrscheinlich den Hurenhändlern ausgeliefert, bei denen du sie gefunden hast. Das ist wahrscheinlich ihre größte Furcht.« Das Mädchen hörte zu schluchzen auf und ihre schlanke, jungfräuliche Figur wurde unbeweglich.

»Siehst du, ich habe recht«, fuhr Travers fort. »Ich nehme an, daß sie keine großen Schwänze mag.« Er mußte an das Geschehene denken.

Das Gesicht des Mädchens wurde blaß.

»Nun, jetzt wissen wir, wie wir sie zum Reden bringen können«, schmunzelte der New Yorker Detektiv.

»Travers«, rief Eclipse, »laß das arme Mädchen in Ruhe!«

»In Ruhe, zum Teufel«, schrie Hiram. »Glaubt ihr, sie lassen meine Schwester auch in Ruhe? Sie ist eine Spionin!« Er schlug der armen Kashim noch einmal über das Gesicht. Dann verließ ihn sein Zorn so schnell, wie er gekommen war.

»Vergiß es«, bettelte Eclipse, »sie verdient ein besseres Schicksal.«

»Du mußt ja nicht zuschauen«, sagte Travers zu ihr und deutete in Richtung der Tür.

»Du hast recht«, sagte Eclipse und erhob sich von der weichen Couch, um hinauszugehen.

Aber die folgenden Worte von Hiram erfreuten sie, und sie setzte sich wieder. Jetzt würde es vielleicht interessant werden.

9

Für Greta waren die folgenden langen Stunden verwirrend, als sie per Flugzeug von Österreich in das warme, tropische Klima von Casablanca überführt wurde. In Männersachen gekleidet, das lange blonde Haar unter einer schwarzen Kappe verborgen, hatte sie nicht gewagt, einen Fluchtversuch zu machen, aus Angst, das Leben ihres Bruders aufs Spiel zu setzen. Er war der einzige, der ihr von ihrer Familie noch geblieben war. Denn von der einst so berühmten Familie von Ess, ehemalige Prinzen und Barone des verflossenen Adels Europas, waren nur noch die beiden seltsamen, blonden Kinder übrig.

Das Trio passierte die Grenzen, eine nach der anderen, wobei Greta für den jüngsten Sohn der betrügerischen Frau gehalten wurde, während sich Helmut als ihr älterer Bruder ausgab.

Greta mußte ihre Tränen im Zaume halten. Sie konnte nichts weiter machen als abwarten – und dies ist, wie sie wußte, ein hervorstechender Charakterzug aller edlen Frauen der Geschichte gewesen. Sie entschloß sich, geduldig zu sein, obwohl in ihrem jungen, vergewaltigten Körper eine neuartige Glut von Stunde zu Stunde wuchs, eine Glut, die sie sich nicht erklären konnte, die ihr aber irgendwie willkommen war.

Im Geiste hatte sie damit begonnen, eine richtige Frau zu werden, eine Frau, die mit ihren blauen Augen die ältere Frau kalt anstarrte. Und sie hatte begonnen, sich einen Plan auszudenken. Aber sie würde erst einmal geduldig sein müssen.

Schließlich wurde sie in ein Taxi geschoben, das mit hoher Geschwindigkeit in die alte und romantische Stadt Casablanca raste. Die Sonne ging gerade unter, und der Wüstenwind war sanft und kühl geworden. Die Brisen kühlten das Land ab, das den ganzen Tag mörderischer Hitze ausgesetzt gewesen war.

Greta hatte auf der langen, verzwickten Reise nicht ein Wort gesprochen, nur ihren Schenkel hatte sie des öfteren gegen das muskulöse Bein Helmuts gepreßt. Sie fand trotz der erschreckenden Situation, in der sie sich befand, das Gefühl angenehm.

»Wir müssen die Nacht hier verbringen«, befahl die Frau. »Morgen fahren wir dann weiter zu unserem Bestimmungsort.«

»Wo ist das?« wagte Greta zu fragen, in der Hoffnung, einen Angelpunkt für ihre künftigen Handlungen zu finden.

»Dich geht das gar nichts an«, fauchte die Frau, deren Körper nach

Schweiß und sonstigen Düften der langen Reise roch. Natürlich hatten sie alle ein Bad nötig, und zum ersten Male in ihrem Leben vermißte Greta die mit Marmor und Spiegeln versehenen Badezimmer im Schloß. Sie fragte sich, ob sie sie jemals wiedersehen würde.

Greta hatte begonnen, aufmerksam und wachsam zu sein, nachdem der erste Schock ihres schrecklichen Erlebnisses verblaßt war. Ihre Haut war immer noch wund, aber ihr Herz hatte sich sehr verändert. Sie konnte den Weg, den sie einschlugen, nicht behalten. Das Taxi verlor sich immer tiefer und tiefer in den eng besiedelten Slums von Casablanca, tiefer in den endlosen, engen Straßen, die immer lebhafter und geräuschvoller wurden. Den Weg zurück würde sie niemals finden.

Und dann wurde sie auch schon eilends in einen dunklen, engen Treppenaufgang geschoben und in ein kleines Zimmer gestoßen, das mit einem lahmen Ventilator, einem schmutzigen Bett und einem noch schmutzigeren Vorhang versehen war. Eine bucklige Frau schob ihr einen Tisch mit Nahrung hin, ein undefinierbares Stück Fleisch und ein Haufen von etwas, das wohl Reis mit Stroh vermischt sein sollte.

Greta seufzte und begann langsam zu essen. Der starke, strenge Geschmack des Essens schreckte sie zuerst zurück. Aber ihr Hunger war übermächtig. Sie hatte seit dem wundervollen Konzert, nach dem ihr Abenteuer begonnen hatte, nichts mehr gegessen.

»Helmut wird die ganze Zeit über bei dir bleiben«, sagte die Frau und schaute angeekelt auf das magere Essen.

Greta sagte nichts. Helmut hatte sich bereits auf das Bett geworfen und schlief schon halb. Die Frau ging zu ihm hinüber und schlug ihn einmal kurz zwischen die ausgebreiteten Beine. Helmut machte einen Satz.

»Wenn sie entwischt«, sagte die Frau mißmutig, »dann bist du verantwortlich.«

»Schon gut«, sagte Helmut, »aber du brauchst mir deswegen nicht auf den Sack zu hauen.« Seine Hände massierten die Eier durch die engen Hosen. Greta merkte, wie sie seine liebkosenden Bewegungen verfolgte. Die Frau warf auf beide einen strengen Blick und verließ dann das Zimmer.

»Wohin geht sie?« fragte Greta, beinahe mit ihrem Dessert fertig.

»Keine Fragen, keine Fragen, Baby«, antwortete Helmut, der sich wieder auf das Bett zurücklegte, sie aber im Auge behielt. Greta seufzte. Selbst wenn sie aus dem Zimmer entkommen würde, wäre das Leben ihres Bruders dann sicher? Nein, sie konnte sich nicht vorstellen, auf die dunklen, lauten und belebten Straßen draußen zu rennen.

Statt dessen ging sie auf das Bett zu, denn die Frau in ihr gewann allmählich die Oberhand. Sie leckte ihre Lippen. Das Essen hatte ihr gutgetan. Dann streckte sie eine zitternde Hand aus. Helmut riß vor Erstaunen die Augen auf.

10

Durch den Charter-Service am Flughafen von Hamilton, der eleganten Hauptstadt der Bermudas, war ihnen ein Düsenpilot und ein schnittiges Flugzeug gestellt worden. Eclipse, Travers und der Baron waren sofort hingeeilt und holten dann etwas Schlaf nach, während der Pilot ostwärts über den Atlantik ihrem Ziel zujagte.

Von ihnen unbemerkt überflogen sie im Schlaf die schöne, friedliche Insel Madeira. Der Pilot bemerkte die Insel unter sich, korrigierte seinen Kurs und setzte dann seinen Flug ostwärts fort. Es dauerte nicht lange, bis die zauberhafte Küste Marokkos in sein Blickfeld kam.

Er weckte seine Passagiere, die durch Ausschweifungen und mangelnden Schlaf etwas mitgenommen aussahen.

»Casablaca in zwanzig Minuten«, sagte der Pilot und verlangte vom Kontrollturm die Landeerlaubnis.

»Können wir mal eben über Fedala fliegen?« fragte Travers und rieb sich den Schlaf aus den Augen.

»Wie Sie möchten«, antwortete der Pilot.

Das Flugzeug ging etwas tiefer, und schon flogen sie über die zweieinhalb Meilen langen Piers und Docks von Casablanca. Etwa dreißig Kilometer weiter überflogen sie die kleine Bucht von Fedala, die unschuldig im Morgenlicht dalag.

»Da scheint es nicht viel zu sehen zu geben«, sagte Eclipse Donan und fragte sich, wann sie endlich ein Bad nehmen könnte.

»Nun, dieser Teil der Welt hat historische Bedeutung«, versicherte ihr Hiram. »General George S. Patton startete hier eine seiner größeren Offensiven im Zweiten Weltkrieg, weil dies weit und breit der einzige Platz ist, wo man hier an Land gehen kann.«

»Wirklich?« schmunzelte Eclipse. Nichtsdestoweniger war sie von dem Wissen beeindruckt, das der junge Baron immer wieder von neuem unter Beweis stellte.

»Welches dieser Häuser ist die Sphinx?« fragte Travers.

Hiram wies mit dem Finger darauf.

Ecplise versuchte vergebens auszumachen, welches der riesigen, weißen Gebäude er meinte, denn das Flugzeug flog zu schnell vorbei.

»Ich glaube, von hier aus können wir nicht viel sehen«, gab Travers zu.

»Wir werden auf einem privaten Landeplatz heruntergehen, außerhalb von Casablanca«, sagte Hiram. »Ich habe ein Haus hier in der Stadt, weil ich ab und zu hierherkomme. Es kann ein recht aufregender Ort sein, aber ich fürchte, Casablanca kommt aus der Mode.«

»Wirklich?« fragte Eclipse, die nicht wußte, daß Casablanca jemals in Mode war.

»Ja, leider. Denn mir gefiel es hier«, sagte Hiram.

In diesem Augenblick berührten die Räder des Jets den Boden, und in wenigen Sekunden konnten die drei in der frischen Morgenluft tief Atem schöpfen.

»Ich werde lieber nicht mit euch zur Sphinx gehen«, meinte Hiram, »weil man mich erkennen wird.«

»Ja, wir werden allein gehen. Aber können wir nicht erst ein Bad nehmen und uns umziehen?« fragte Travers. »Wir müssen wohl reich und gepflegt aussehen.«

»Gewiß«, pflichtete ihm Hiram bei. »Wir werden zu mir gehen. Es ist nicht weit von hier.«

»Und was ist mit mir?« fragte der Pilot. »Soll ich hier warten?«

Hiram von Ess schaute sich den Mann an. Er war schon etwa dreißig, hatte aber immer noch einigen Charme, der sich hauptsächlich auf die Schwellung zwischen seinen Beinen konzentrierte und auf das offene Hemd, das eine behaarte Brust enthüllte.

Eclipse lächelte, denn sie wußte, was kommen würde.

»Nein, Sie kommen mit uns«, sagte der Baron. Er war wohl der Meinung, daß er die Zeit irgendwie überbrücken müßte.

Gretas erster Tag in der »Jungfrauenabteilung« des riesigen Hotels war mit Arbeit und Abenteuern angefüllt. Die Manager der Abteilung waren freundlich, und in ihren Augen schien etwas Mitleid für das entführte Mädchen aufzuleuchten. Aber schließlich war so etwas für sie eine alte Geschichte. Die meisten Bordelle an der nordafrikanischen Küste waren voll mit gekidnappten oder sonstwie betrogenen Mädchen aus ganz Europa.

Die Frauen, die den Auftrag hatten, Kunden mit Jungfrauen zu versorgen, waren zu ihrem neuen Schützling besonders aufmerksam, weil sie entsprechende Anweisungen von oben erhalten hatten.

Ihr erster Kunde war ein junger Araber, offensichtlich reich und zweifellos erregt. Er betrat ihr Zimmer und schaute sie durchdringend an.

»Man sagt mir, du seist Jungfrau«, kicherte er.

Greta schluckte. Aber dann gab sie sich einen Stoß, und ihr Verstand gewann seinen Gleichmut zurück.

»So sagen sie«, lächelte sie zur Antwort.

Der Mann betrachtete sie einen Augenblick. Seine Augen senkten sich auf ihre nackten, jungfräulichen Brüste mit ihren zarten rosa Spitzen. Dann verweilten seine dunklen Pupillen eine Weile auf ihrer üppigen, blonden Vulva, die unter ihrem durchsichtigen Höschen gut sichtbar war.

»Nun, das ist für mich nicht wichtig«, grunzte er.

Greta war fasziniert, als er sich zu seiner vollen Höhe aufrichtete. Ihre Augen schauten zu, als er seine Hose aufzuknöpfen begann. Ihr Atem ging schneller. In ihrem Bauch hatte sie ein komisches Gefühl. Aber in ihrem Verstand war Interesse erwacht.

Mit seinen Daumen schob er sich langsam die Hosen über die Hüften. Er hatte ein hellblaues Seidenhemd an. Ihre Augen hefteten sich auf die Wölbung zwischen seinen Beinen.

Er lächelte: »Es ist ein französisches Hemd«, sagte er stolz. »Eigentlich müssen wir hier in Marokko die Franzosen hassen. Aber sie machen wirklich phantastische Kleidung.«

»Ja«, pflichtete ihm Greta bei, »ich habe auch einige aus Paris.«

»Wirklich?« fragte er, schüttelte seine Schuhe von den Füßen und kam auf sie zu. Greta saß zitternd auf dem Bett, und ihre Blicke hingen immer noch auf dem größer werdenden Johnny in seinen engen Hosen.

Der Araber stand vor ihr. Er spreizte leicht die Beine und stemmte die Hände in die Hüften. Das Hemd hatte er nur geöffnet und nicht ausgezogen. Seine Brust war glatt, und die Haut glänzte vor Erwartung.

Greta wußte nicht, was sie tun sollte. Sie saß einfach da.

»Zieh es mir aus«, befahl der Araber mit leiser, dunkler Stimme.

Greta schloß die Augen und versuchte allen ihren Mut zusammen-zunehmen.

»Komm schon, Jungfrau, zieh den Slip herunter, nimm ihn in die Hand und küsse ihn.«

Seine Stimme war leicht irritiert.

Greta erschauderte. Sie legte ihre Hand darauf und spürte den riesi-gen Kerl pochen. Der Mann legte seine Hände auf ihr Haar, strei-chelte es, fühlte, wie weich und seiden es war. Ihre Hände glitten unter seinen Slip und schoben ihn hinunter. Der Mann lächelte.

Der Araber spürte ihre Handflächen auf seinem Unterleib, auf sei-nen schwarzen Schamhaaren. Dann rutschte seine Hose langsam zu Boden.

Er schloß die Augen, als Greta seinen Kerl in beide Hände nahm. Sie ließ ihre Finger sanft an ihm rauf und runter gleiten, bis hinab zu seinem Sack.

»Ahh«, stöhnte der Araber, »küß ihn.«

Greta zögerte, verwirrt und neugierig.

»Willst du mich nicht lieben?« fing sie an mit verwirrter Stimme.

»Nein, eigentlich nicht. Morgens laß ich mich lutschen und am Abend liebe ich«, sagte er ihr ganz sachlich.

»Oh«, sagte sie und streichelte immer noch seinen Johnny in ihrer Hand. Sie wollte es ebenso machen, wie sie es bei der Frau und Hel-mut gesehen hatte. Und sie sagte sich, daß das wohl Teil ihrer Ausbil-dung war.

»Und außerdem«, fuhr der Mann lächelnd fort, »gibt es kaum eine Jungfrau in ganz Afrika, am wenigsten in so einem Haus wie diesem hier.«

Greta fühlte sich jetzt irgendwie sicherer. Sie bewegte ihre Lippen auf das pochende Teil zu. Seinen Sack behielt sie in der Hand und berührte seine Spitze mit der Zunge. Sein hartes, geschwollenes In-strument zuckte zusammen. Aus seinem Schoß stieg ihr ein starker Geruch in die Nase, der sie erregte. Sie war wirklich neugierig, was passieren würde.

»Ich werde es nicht gut machen«, gestand Greta mit schwacher Stimme, »ich habe es noch niemals gemacht.«

»Wirklich?« stöhnte der Mann mit echtem Interesse.

»Wirklich«, versprach Greta.

Der Mann half ihr. Er führte ihr seine zuckende Spitze in den Mund und schaute zu, wie sich ihre Lippen über seinem Teilchen öffneten und schlossen. Er atmete tief ein, als er fühlte, wie ihr Speichel sein Instrument befeuchtete.

»Hier«, zeigte er ihr nach einigen Augenblicken, auf die Unterseite seines Penis deutend, »spüre ich am meisten.«

Greta von Ess erforschte die weiche, zitternde Eichel. Der Mann machte kreisende Bewegungen, wodurch sein Sack ins Schwingen kam.

Bald verlor er sich in seiner sinnlichen Erregung. Ihre Hände fingen an, über seine braunen, behaarten Beine zu streicheln, und dann seinen Hintern. Eine Hand schob sie unter seinen Sack und knetete ihn zart. Sie merkte, wie seine Beine zu zittern anfingen und sein ganzer Körper von Schaudern ergriffen wurde.

Dann bewegte er sich immer schneller, während seine Hände ihren Kopf fest umklammerten. Sein Unterleib schoß vor, und heiße Lava spritzte ihr in den Mund. Sie kostete den säuerlichen, dicken Saft. Dieses neue Gefühl ließ sie ihre Augen weit öffnen. Irgendwie erinnerte sie das an Kaviar, den ihr Bruder so gerne aß. Aber nicht genau. Das hier war noch besser.

Sie gewann allmählich eine Vorstellung davon, wie leicht es für eine Frau sein kann, sich selbst den wildesten Mann gefügig zu machen.

Der Mann schlotterte an Haupt und Gliedern und schnappte nach Luft.

»Oh, wie heiß dein Mund ist«, flüsterte er.

Greta lächelte.

Der Araber hatte gerade das Zimmer verlassen, als schon eine der alten Dienerinnen hereinkam und sie von Kopf bis Fuß wusch. Dann wurde ihr ein weiches seidenes Kleid, das von einem zarten Parfüm duftete, übergezogen.

Die Dienerin war kaum draußen, als wieder ein dunkler Araber eintrat. Er war älter und wesentlich barscher als sein Vorgänger.

Der Mann schritt durch das Zimmer. Er trug einen kurzen, schwarzen Bart, und sein Haar war mit fettiger Creme nach hinten gekämmt. Mit einem schnellen Griff zog er ihr das winzige Höschen herunter. Sie fiel auf das Bett zurück, Beine und Arme geöffnet. Der Mann war im Nu über ihr, und seine heiße Zunge stieß ihr blitzartig in den feuchten Schlitz. Sie hatte nicht einmal Zeit gefunden, die geheimnisvolle Kapsel hineinzustecken, die unter dem Kissen versteckt war, wie man es ihr gezeigt hatte.

Der Mann tat sein Bestes, und seine Hände streichelten heiß und schwer ihren Körper. Die Geräusche seines Lutschens und Saugens machten sie scharf. Sie fühlte, wie die Erregung ihren Körper durchlief und in ihren steifen Nippeln gerann. Halb gegen ihren Willen mußte sie stöhnen. Und dann liefen auch schon ihre Säfte in den lutschenden Mund des Mannes.

Greta war verrückt vor Begierde.

Er heulte laut auf, als seine Säfte in die Jungfrau spritzten. Und so schnell, wie er geschossen hatte, war er wieder auf den Beinen.

»Tut mir leid«, sagte er mit barscher Stimme, »aber ich muß ins Büro gehen.«

Er zog sich eilig seine Hosen an und schritt aus dem Zimmer, ohne sich zu verabschieden.

Zitternd blieb Greta auf dem Bett liegen und spürte bald die fürsorgliche Hand der Dienerin, die ihr sorgfältig die Vagina wusch.

»Du hast die Kapsel vergessen«, jammerte die Alte.

»Ich glaube nicht, daß er es gemerkt hat«, sagte Greta und wunderte sich, wie schnell es den Männern kam und wie langsam den Frauen.

Die Alte suchte die Kapsel hervor und schob sie ihr tief in die feuchte Muschi.

Und bald darauf kamen drei Männer herein. Sie schaute sie kurz an. Der eine war fett. Die beiden anderen waren jung und nett.

»Ahh, sie ist wirklich wunderschön«, stöhnte der fette Mann, und seine Hände kämpften schon mit dem Gürtel.

11

Travers Coogan lenkte geschickt den schnellen MG, den Hiram in seinem Haus in Casablanca stehen hatte, in die Einfahrt des berühmten Bordells, das sogenannte Sphinx. Neben ihm saß Eclipse Donan, die ihr möglichstes getan hatte, um wie eine Lesbierin auszusehen. Ihre riesigen Brüste waren in eine enge, glatte und schwarze Bluse eingeschnürt. Viel hatte sie nicht tun können, um ihre angeborene Weiblichkeit zu verbergen, aber Travers mußte zugeben, daß er, so wie sie jetzt angezogen war, eine neue Eclipse vor sich hatte. Der Frau machte es offenbar Spaß, männlich auszusehen.

Aber Eclipse Donan war eifrig dabei, das luxuriöse Hotel in Augenschein zu nehmen.

»Es sieht für mich nicht wie ein Bordell aus«, jammerte sie und dachte, daß Hurenhäuser üble Spelunken sein müßten, am Rande der Städte mit einer roten Laterne vor der Türe.

Aber dies war ein riesiger Bau, weiß gestrichen, der in der heißen Nachmittagssonne leuchtete. Vor den Fenstern standen dunkelgrüne Markisen, und sein Fundament war von viel Grün und leuchtenden Blumen umgeben.

»Ich schätze, daß du noch nicht in vielen Bordellen warst«, schmunzelte Travers und fuhr am Eingang vor. Ein smarter Junge in eng anliegender roter Uniform kam rasch auf den Wagen zu und öffnete die Tür.

Der Bedienstete betrachtete sie mit prüfendem Blick. Travers hoffte, daß ihr Aussehen jeden, der sie nur flüchtig anschaute, davon überzeugen würde, daß sie ganz schlicht auf Sex aus waren. Travers setzte ein pfiffiges Lächeln auf und wagte einen Blick zum Schoß des rot angezogenen Burschen.

Der Bedienstete lächelte anerkennend.

»Soll ich ihn parken?« fragte er.

»Nein, noch nicht«, sagte Travers mit lispelnder Stimme. »Wir wissen noch nicht, ob wir lange bleiben. Lassen Sie ihn am besten hier stehen.«

»Gut«, sagte der Bedienstete, »ich muß ihn aber da drüben parken.« Er zeigte auf einen leeren Platz gegenüber der Eingangshalle, der für ein schnelles Verschwinden günstig war.

»Sehr gut«, sagte Travers und legte dem Burschen bedeutsam die Hand auf die Hüfte, als er langsam aus dem tiefen Sitz kletterte. Dann steckte er ihm noch eine große Banknote zu. Der Junge lächelte dankbar.

»Wenn ich sonst noch etwas für Sie tun kann«, sagte er, und er schaute mit seinen dunklen Augen tief in Travers' Augen, »dann lassen Sie mich es wissen.«

»Ja, das werde ich tun«, versprach Travers und klopfte ihm auf den Rücken.

Dann gingen er und Eclipse auf den Eingang zu. Die weiche Matte zu ihren Füßen dämpfte ihre Schritte. Die Lobby war außerordentlich groß, mit riesigen Glasfenstern. Am Eingang verbeugten sich zwei Wächter.

Eclipse betrachtete alles aufmerksam. Sie traute ihren Augen kaum. Die Tapeten waren schön und sauber. Hinter einem Empfangstisch saß ein Herr, ebenso unschuldig wie im New Yorker Hilton.

Wirklich, in der Lobby herrschte die Atmosphäre eines anständigen, teuren Hotels, ganz anders, als sie es erwartet hatte.

Eine strenge, aber höfliche Hostess kam auf sie zu. Ihre Augen lächelten, besonders wegen der wollüstigen Titten von Eclipse, die beinahe ihr schwarzes Hemd sprengten. Eclipse glaubte zu überzeugen. Sie erwiderte das Lächeln der Hostess.

»Wünschen Sie ein Zimmer oder sind Sie nur hier, um einen Cocktail zu nehmen und wegen der Show?« forschte die lächelnde Dame.

»Show?« fragte Eclipse und hätte sich beinahe verraten.

»O ja«, erwiderte die Frau, »wir haben hier eine gute Show. Ein paar berühmte Mädchen aus Las Vegas befinden sich gerade hier auf Tournee.«

»Ah, ja«, sagte Eclipse, »gewiß würden wir uns das gerne anschauen.« Sie sagte es mit bedeutungsvoller Stimme.

»Wir werden nur erst einen Drink an der Bar nehmen«, unterbrach Travers und gab deutlich zu verstehen, daß ihn die zweideutigen Anspielungen der Frauen langweilten.

»Gewiß, mein Herr«, pflichtete ihm die Frau bei und führte sie in die große Bar.

Eclipse staunte über die teure Ausstattung und die Menge Frauen, die dort versammelt waren. Nur schwach schien die Nachmittagssonne durch die schweren Vorhänge vor den Fenstern.

»Möchten Sie einen Tisch nehmen?« fragte die Frau.

»Gewiß doch«, sagte Eclipse, beleidigt, daß man denken könnte, sie würde sich an die Bar setzen. Aber dann bedachte sie, daß eine echte Lesbe sich an die Bar setzen müßte. Sie korrigierte sich schnell.

»Ich kann die Show besser vom Tisch aus beobachten«, erklärte sie.

Die Frau lächelte ihr zu und wackelte mit ihren gewaltigen Brüsten, eine eindeutige Aufforderung an Eclipse. Eclipse dachte, daß sie eventuell interessiert sein könnte.

»Meine Güte«, rief Eclipse mit leiser Stimme, als sie allein waren, »was ist das nur für ein Ort!«

»Ja«, sagte Travers, »das Geschäft blüht.«

»Aber schau dir all die Mädchen an. Sie sehen so unschuldig aus, als kämen sie gerade von der Schule.«

Travers blickte in die Scharen von Frauen, die schlaff an der Bar und an einigen Tischen in der Nähe hingen und auf den Nachmittagsansturm warteten. Einige warfen forschende Blicke auf sie, erwarteten einen Blick der Erwiderung, aber sie waren keineswegs aufdringlich.

Travers suchte unter ihnen nach einer, die für das, was er wollte, geeignet wäre.

»Wo kommen sie nur alle her?« murmelte Eclipse, die sich immer noch nicht beruhigt hatte.

»Nun, das Sphinx ist einzig in seiner Art«, begann Travers und suchte weiter, »denn hier wird gut bezahlt, und die meisten Mädchen kommen freiwillig hierher.«

»Du meinst, daß so viele hübsche Mädchen *freiwillig* so leben wollen?«

»Natürlich, meine unschuldige Eclipse. So ist es. Aber in vielen anderen Bordellen werden die Mädchen mit großartigen Versprechen von Karriere und guten Jobs in fremden Ländern übertölpelt. Die meisten bleiben dann, gegen ihren Willen.«

»Ich glaube, ich brauche einen Drink«, sagte Eclipse.

»Es heißt, daß fünfzigtausend Mädchen allein aus Europa aus ihren Heimatorten verschwinden und irgendwo in den Bordellen Nordafrikas wieder auftauchen.« Er mußte über ihre Ungläubigkeit lächeln.

»Also jetzt brauche ich wirklich einen Drink«, stellte sie fest. Travers sah das Mädchen, nach dem er suchte. Sie saß am Ende der Bar, eine üppige, aber traurig aussehende Brünette. Als er ihre Aufmerksamkeit erregt hatte, lächelte er ihr aufmunternd zu. Die junge Brünette seufzte, kletterte von ihrem Barhocker und kam auf sie zu.

Als sie näher kam, zwang sie ihre Lippen zu einem gekünstelten Lächeln.

»Guten Tag«, murmelte sie mit gemacht erotischer Stimme. Sie schaute sowohl Travers als auch Eclipse mit geringem Interesse an.

»Hallo«, sagte Travers, »wir würden mit dir gerne einen Drink nehmen. Was möchtest du haben?«

»Was Sie nehmen«, gab sie zur Antwort.

Sie hob drei Finger in Richtung zu dem Mann an der Bar. Er nickte und brachte bald darauf drei große Gläser mit Gin-Tonic und etwas Pfefferminz an ihren Tisch.

Die Frau hatte sich ungefragt gesetzt. Sie lächelte das Paar verführerisch an, wartete aber, bis sie mit der Konversation beginnen würden.

»Du bist sehr schön«, sagte Eclipse und spielte ihre Rolle.

»Danke«, antwortete das Mädchen, und in ihrem Blick leuchtete wirkliches Interesse auf. Sie betrachtete Eclipse eine Weile über ihr Glas hinweg.

Travers wartete, bis sie das halbe Glas getrunken hatte. Er plauderte ein wenig über die Vorteile der Bordelle. Sie antwortete kurz angebunden, ohne großes Interesse. Dies bestärkte Travers in seiner Meinung.

»Du siehst aus, als würdest du dich nach Paris zurücksehnen«, begann Travers unschuldig.

Die dunklen Augen des Mädchens blitzten auf. Gut. Er hatte recht.

»Oh, wie gerne würde ich dorthin zurückgehen. Ich vermisse es so sehr.«

»Und warum gehst du nicht?« fragte Travers.

Das Mädchen war sofort auf der Hut. »Was soll das bedeuten?«, und ihre Stimme klang zischend.

»Nichts. Außer, daß du viel zu hübsch bist, um hier zu sein«, versicherte Eclipse.

»Ich kann nicht mit euch gehen«, sagte die Frau, »ich gehöre dem Syndikat und darf ohne Erlaubnis nicht weg.«

»Niemand besitzt irgend jemanden«, sagte Travers. »Sklavenhandel verstößt gegen das Gesetz.«

»Sagen Sie es ihnen doch«, sagte das Mädchen mit etwas brüchiger Stimme.

»Alles, was du tun mußt, ist einfach abhauen«, sagte Eclipse.

»Selbst wenn ich könnte, so braucht man Geld, um dorthin zu reisen, wo sie einen nicht finden.«

Travers griff in die Tasche und holte ein großes Bündel Scheine heraus. Sie riß die Augen auf.

»Das ist doch irgendein Trick, nicht?« fragte sie ernst.

Travers nahm zehn Hundertdollarscheine heraus. Er hielt sie so, daß es niemand sehen konnte, und drückte sie ihr in die Hand.

»Was wollen Sie wirklich?« fragte sie, und ihre Stimme wurde etwas weicher.

»Information«, sagte Travers leise.

»Was muß ich sonst noch machen?« fragte die Brünette mißtrauisch.

»Alles, was du tun mußt, ist, uns zu sagen, was wir wissen wollen. Und dann, wenn niemand schaut, gehst du zum Vorderausgang hinaus. Du gehst direkt zum französischen Konsulat in Casablanca – sie werden dich beschützen und dir einen Paß zurück nach Frankreich geben.«

Das Mädchen schaute sie kurz an.

»Ehrlich?« hauchte sie.

»Ehrlich«, säuselte Eclipse.

Das Mädchen entschloß sich schnell. »Was möchten Sie wissen?«

»Es gibt hier ein neues Mädchen, eine kleine Blonde, die möglicherweise schon arbeitet oder auch nicht. Sie wird gefangengehalten.«

»Okay«, sagte die Brünette, und ihre Hand steckte die Scheine unter ihr Korsett. »Auf Zimmer 20 wird ein neues Mädchen festgehalten. Aber ich glaube, sie ist dunkelblond. Dann gibt es noch eine auf Zimmer 21, deren Haar beinahe silbern ist. Sie ist sehr schön.«

Eclipse hauchte: »Wie ihr Bruder.«

»Wo ist das Zimmer 21?« fragte Travers.

»Im dritten Stock.«

»Wenn wir auf dem dritten Stock sind, welches ist dann der einfachste Weg nach unten und ins Freie?«

»Sie könnten die Hintertreppe am Ende des Korridors nehmen. Sie führt zur hinteren Lobby. Aber alle Türen außer dem Haupteingang sind verschlossen. Sie müßten durch den Haupteingang.« Das Mädchen schaute sich ängstlich um.

»Fein«, sagte Coogan, und seine Brauen zogen sich gedankenvoll zusammen.

»Ist das alles?« fragte das Mädchen und schaute zum Ausgang.

»Gibt es viele Wächter hier?«

»Jetzt noch nicht, aber hauptsächlich gegen Abend, wenn die Wahrscheinlichkeit größer ist, daß grobe Kunden kommen.«

Eclipse fühlte, wie ihre Aufregung wuchs.

»Wir müssen in den dritten Stock, ohne Aufmerksamkeit zu erregen. Sag uns wie«, ermunterte sie das Mädchen, deren Lippen sich kräuselten.

»Hah!« rief sie. »Das ist einfach, wenn Sie nur wollen.«

»Wir machen alles!« versicherte Eclipse.

»Also, Sie sagen der Hosteß, daß Sie in den Saal der Orgien wollen. Das ist ein großes Zimmer am Nordende des dritten Stockes. Und Zimmer 21 liegt am anderen Ende.«

»Fabelhaft. Das machen wir«, rief Travers, »können wir noch etwas für dich tun?«

»Nein, danke«, sagte das Mädchen.

»Sei flink, wenn es hier losgeht«, bedeutete ihr Travers.

»Das mache ich; ich werde erst noch eine Weile sitzenbleiben und dann weggehen. Nachmittags steht es uns frei, an den Strand zu gehen. Manchmal bekommen wir auf diese Weise gute Kunden.«

»Gut. Und vielen Dank«, sagte Travers, und sein Pimmel fand es bedauerlich, daß er nicht die dicken, behaarten Lippen ausprobieren konnte, die sicherlich unter ihrem eleganten Kleid versteckt waren.

Das Mädchen lächelte. Ihre bemalten Lippen zitterten etwas vor Erregung. Dann verließ sie den Tisch und nahm wieder ihren Platz an der Bar ein.

Eine halbe Stunde später etwa führte sie die Hosteß aus der Bar heraus. Als Eclipse nochmals zur Bar zurückschaute, war der Stuhl des Mädchens leer. Sie hoffte, daß für sie alles gutgehen würde.

Im dritten Stock stiegen sie aus dem geräuschlosen Fahrstuhl. Auch hier war alles sauber und geschmackvoll.

»Das rote Zimmer«, sagte die Hosteß grinsend zur alten Dienerin am Fahrstuhl.

Als sie den Gang entlang liefen, schaute sich Eclipse die Türen an. Nummer 21 würde also am anderen Ende liegen. Ihr Herz pochte stärker.

»Hier werden die Kleider abgelegt«, sagte die alte Frau.

»Unsere...« Eclipse schnappte nach Luft und konnte sich gerade noch beherrschen.

»Klar«, zischte Travers und blitzte sie an.

Mit geschlossenen Augen zog sich Eclipse aus, und ihre riesigen Brüste flippten ins Freie. Travers streifte seine Hosen hinunter. Er hatte nicht mit einer Dienerin gerechnet. Er überlegte verzweifelt, wie er sie dazu bringen könnte, kurz zu verschwinden. Dann hatte er plötzlich eine Idee. Er zog eine große marokkanische Banknote aus der Tasche und drückte sie der alten Frau in die Hand. »Hier, gehen Sie hinunter, und sagen Sie der Hosteß, daß wir den jungen Burschen wünschen, der die Autos parkt.«

»Aber, mein Herr, es gibt viele junge Burschen...«

»Fragen Sie nach dem, der den MG geparkt hat.«

»MG?«

»Ja, den kleinen blauen Wagen... er wird schon wissen...«

»Ja, mein Herr, aber es gibt schon einige junge Burschen in dem Zimmer.«

»Ich möchte aber ihn«, sagte Travers.

Die alte gewitzte Bordelltante, die wahrscheinlich früher selber Prostituierte war, zeigte ihnen das Vorzimmer, in dem sie warten sollten. Dann kam sie seiner Bitte nach. Travers schaute ihr durch den

Türspalt nach, bis sie im Aufzug verschwunden war. Dann winkte er Eclipse.

»Los, schnell!«

»Aber Travers«, quiekte sie, »unsere Kleider...«

»Keine Zeit!«

Coogan packte sie am Arm und zog sie nackt in den Korridor. Sie rannten, er mit baumelndem Coogi, sie mit hüpfenden Brüsten, den Gang hinunter bis zum Zimmer 21.

»Alles klar?« flüsterte er.

»Alles klar«, keuchte sie.

Coogan holte tief Luft. Leise öffnete er die Tür. Er schaute hinein. Ein junges Mädchen lag auf dem Bett.

»Oh, das arme Ding«, rief Eclipse.

»Halt's Maul!« zischte Travers. Aber der Mann neben ihr hatte schon erstaunt aufgeschaut. Coogan hechtete durch die Tür und donnerte dem überraschten Kerl die Faust ins Gesicht. Der Mann fiel vom Bett. Das Mädchen, ihr silberblondes Haar über das Kissen gebreitet, japste vor Überraschung. Aber Coogan hatte sie sich schon auf die Schulter gelegt.

»Bist du Greta?« keuchte er.

»Ja, aber wer sind Sie?«

Aber Travers antwortete nicht. Fast hatte er schon die Million Dollar in der Tasche.

»Schnell, Eclipse, die Hintertreppe!«

»Das muß die Tür da hinten sein«, flüsterte Eclipse und sauste los.

Geräuschlos rannten sie die Treppen hinunter, bis sie vor der Tür standen, die zur Lobby führte.

Sie hielten an.

»Das wird hart«, sagte er.

»Keine Witze«, antwortete Eclipse und fragte sich, wie sie ihre Brüste und ihren Schlitz gleichzeitig verbergen sollte.

»Was geht denn hier vor?« fragte Greta.

»Kümmere dich nicht darum. Dein Bruder schickt uns.«

»Oh, Gott sei Dank«, keuchte das Mädchen und brach in Tränen aus.

»Bleib ruhig«, befahl er. Greta hörte sofort zu schluchzen auf. Weshalb sollte sie weinen, wenn sie gerettet würde.

Travers spähte durch die Tür. Die Lobby war beinahe leer. Die Hosteß sprach mit einer Gruppe, die wie Geschäftsleute aussahen.

»Okay«, befahl er.

Coogan betrat frech die Lobby, das junge Mädchen immer noch auf seinen Schultern. Eclipse Donan folgte, aufrechten Ganges und mit wippenden Brüsten.

Seltsamerweise wurden sie nur von wenigen bemerkt. Sie gingen an der Gruppe Geschäftsleuten vorbei. Endlich hatte die Hosteß sie bemerkt. Sie versuchte, sich in den Weg zu stellen.

Coogan verpaßte ihr eins auf die Nase. Blut spritzte, als sie zu Boden ging. Eclipse schritt über sie hinweg. Die Geschäftsleute rissen die Mäuler auf, als sie vorbeiparadierten. Sie gingen durch den Haupteingang. Coogan sah seinen Wagen dort, wo er ihn haben wollte. Er merkte, wie Greta auf seinen Schultern erstarrte.

»Was ist?« fragte er.

»Dort ... der aus dem Wagen steigt ... Das ist Thrax ...« schrie sie.

Coogan und Eclipse schauten in die Richtung, in die sie deutete. Aus einem glänzenden schwarzen Wagen stieg ein schwarz gekleideter Mann mit dunkler Brille. Coogan blickte nur kurz hin und sprang auf seinen MG zu. Eclipse war mit einem Satz an seiner Seite.

Thrax wurde im entscheidenden Augenblick durch die nackten Körper aufmerksam. Auf der anderen Seite des Wagens schaute ein alter, weißhaariger Mann aus dem Fenster. Eclipse erschrak, als sie ihn sah.

Sie klemmten Greta zwischen sich, und sie hielt sich an dem einzigen Ding fest, das sie greifen konnte: an Travers langem Schwanz, als der Motor aufheulte und die Räder auf dem Schotter durchdrehten.

Travers war jetzt nur damit beschäftigt, den Wagen durch den schmalen Eingang zu jagen. Im Rückspiegel sah er, wie Thrax versuchte, sie noch einzuholen. Aber sie erreichten schnell die Küstenstraße und rasten nach Casablanca.

»Er sah wirklich übel aus, der Kerl«, sagte Eclipse. »Wer war das?«

»Er war es, der mich gekidnappt hat!« rief Greta und schaute sich zum erstenmal die beiden richtig an, die sie gerettet hatten. »Ich weiß nicht, wer der andere war.«

»Ich weiß es«, murmelte Eclipse. Sie dachte, daß er immer noch, nach all den Jahren, gut aussah. Und sie fragte sich, ob sein Teilchen wohl immer noch so lang war wie an der Statue ...

Die luxuriöse Jacht segelte gemächlich irgendwo zwischen den Bermudas und den Kanarischen Inseln dahin. Auf dem Hinterdeck sonnte sich Travers. Er fühlte sich bei bester Laune. Noch nie hatte er eine

Million so mühelos gemacht. Er fühlte plötzlich eine leichte Berührung an seinem Schwanz. Als er aufschaute, sah er Hiram und Greta von Ess vor sich. Der Baron tätschelte seinen dicken Baron in seiner weißen Hose.

»Ah, laß das, Hiram«, bat Travers und schloß wieder die Augen.

»Travers Coogan«, fing der Baron an, »Greta hat mir alles erzählt. Wir wollen uns revanchieren.«

»Revanchieren?« fauchte Travers und spreizte seine Beine noch mehr.

»Ja, Herr Coogan«, pflichtete Greta ihrem Bruder bei und begann Travers' Brust zu streicheln. Er öffnete die Augen.

Greta schaute ihn offen und freimütig an.

Und während er sie noch betrachtete, fiel ihr BH schon zu Boden, gefolgt von ihrem Bikini. Travers schaute auf den wonnigen Schlitz zwischen ihren Beinen.

Und dann waren die beiden schon dabei, ihm die Hosen herunterzuziehen. Greta warf sie einfach über Bord. Die Finger der Geschwister streichelten seinen Schoß, seinen Baron und die Grafen.

»Hört doch auf, Kinder«, protestierte Coogan, aber seine Beine öffneten sich noch weiter.

»Wir kennen noch immer nicht das Geheimnis des goldenen Glieds«, sagte Greta und fuhr mit der Hand durch seine Schamhaare. »Das hat noch die Frau, und vielleicht ist es wichtig für die ganze Welt.«

»Vielleicht ist es so«, stöhnte Travers, als die Lippen des Jungen über seine Spitze glitten.

»Meinen Sie nicht, daß wir es herausfinden sollten?« bettelte Greta und spreizte ihre Beine über seinem Gesicht.

Travers schaute in den vielversprechenden roten Schlitz. »Ich nehme an, das sollten wir«, gestand er.

»Dann müssen Sie uns helfen«, sagte Hiram eifrig.

»Nun, dann ist es am besten, Eclipse zu sagen, daß sie Joseph aus der Kabine wirft, damit er den Kahn hier in Gang bringt«, schlug Travers vor und schob seine Zunge heraus.

»In Ordnung!« sagte Hiram.

Und Travers streckte seine Arme aus, um ihre wunderschönen kleinen Brüste in die Hand zu nehmen.

Und für die drei war das Geheimnis des goldenen Gliedes bald vergessen...

Johnny L. Habert

Paul und Carol

Vorspiel

»Hallo?«

»Ja. Hallo, ist dort Carol?«

»Ist schon möglich. Wer will das denn gerne wissen?«

»Hier ist Paul. Ich soll dich von meinem Freund Erich grüßen, der mir deine Telefonnummer gegeben hat.«

»Danke, wie geht es Erich?«

»Och, gut. Er meinte, ich könnte dich vielleicht bei Bedarf mal anrufen.«

»Ich verstehe. Und jetzt hast du wohl Bedarf?«

»Das sowieso. Immer. Aber eigentlich wollte ich dich im Moment nur fragen, ob ich dich morgen nachmittag mal besuchen kann, um einige... geschäftliche Angelegenheiten mit dir zu besprechen.«

»Moment mal. Nein. Morgen nachmittag geht's nicht. Morgen abend oder Mittwoch morgen. Wie wäre das?«

Ihre Stimme klang angenehm, vielleicht etwas zu neutral und geschäftsmäßig.

»Ist gut. Ich komme Mittwoch morgen gegen zehn Uhr. Wo treffen wir uns?«

»Hier in meiner Wohnung sind wir ungestört. Du brauchst nur beim Hausmeister zu klingeln und nach mir zu fragen.«

»Ist gut. Also bis dann!«

«Tschüs!«

Paul legte den Hörer auf und konnte ein Schmunzeln nicht unterdrücken. Es wurde höchste Zeit, daß er wieder eine zuverlässige Telefonnummer zur Verfügung hatte. Seitdem Susy vor mehr als sechs Monaten aus der Stadt weggezogen war, saß er mit seinen vielen Geschäftsbesuchern ganz schön auf dem trockenen. Wenn Carol tatsächlich so gut war, wie Erich behauptete, und außerdem nur einen Schein verlangte, wäre er wieder ganz schön in der Lage, auch diesen Aspekt seiner Aufgaben zu erfüllen.

Er stand auf, ging zu Eddys Büro und klopfte an die Tür.

»Ja?« Eddy sah erwartungsvoll von dem Bericht, den er gerade las, auf. »Was gibt's, Paul?«

»Ich habe gerade mit Carol telefoniert und einen Termin für Mittwoch morgen ausgemacht.«

»Prima. Dann kannst du ja gleich einen halben Tag Urlaub nehmen und es richtig genießen!« Eddy grinste von Ohr zu Ohr.

»Urlaub? Ich denke gar nicht daran. Schließlich gehe ich da ja nicht meinetwegen hin. Es ist doch im Interesse der Firma, daß wir eine entsprechende Telefonnummer zur Hand haben, oder?«

»Das ist natürlich auch wieder wahr. Also gut. Du brauchst keinen Urlaub zu nehmen, aber nur unter der Bedingung, daß du mir hinterher sämtliche Einzelheiten darüber berichtest. Verstanden?«

»Abgemacht.«

Paul verließ Eddys Büro und ging zu seinem Schreibtisch zurück.

1

Ohne allzu große Mühe fand er die angegebene Hausnummer. Es war eine normale Geschäftsstraße; Bürohochhäuser wechselten mit Geschäften und kleineren Läden ab, über denen sich Wohnungen befanden. Die Nummer 16 war ein Korridor zwischen einem Zigarrenladen und einer Konditorei. Seine Augen schweiften über die Namen neben den Klingeln und blieben auf dem Schildchen »Hausmeister« haften. Paul drückte auf den Knopf.

»Ja?« echote die metallene Stimme aus dem Lautsprecher.

»Hier ist Paul. Ich habe einen Termin mit Carol.«

»Moment.«

Paul hörte, wie der Hörer des Hausapparates aufgelegt wurde. Nach einer Minute klickte es wieder.

»Dritter Stock, rechts, bitte.« Gleichzeitig ertönte der Summer an der Haustür, und Paul drückte auf die Klinke.

Gleich links befand sich der Fahrstuhl. Paul trat ein und drückte auf drei. Eine leichte Verkrampfung durchzog seinen Magen, als der Fahrstuhl mit einem sanften Ruck zum Stehen kam. Resolut öffnete er die schwere Stahltür und schaute sich um. Zu seiner Linken erstreckte sich ein Gang mit mehreren Türen auf beiden Seiten. Direkt vor ihm zwei weitere Türen und rechts nur eine einzige. Auf diese ging er zu und klopfte.

Er sah, wie sich der Spion kurz verdunkelte, und dann hörte er die Stimme vom Telefon: »Ja, bitte?«

»Carol? Ich bin's, Paul.«

Die Tür öffnete sich, und er trat ein.

Sie stand hinter der Tür, schaute kurz in den Gang hinaus und schloß dann schnell die Tür hinter ihm.

»Guten Tag.«

Sie streckte ihm ihre Hand entgegen, und er, plötzlich voller Verlegenheit, erwiderte den zarten Händedruck.

Ohne ihm weitere Beachtung zu schenken, schritt sie ihm voran. Sie war klein, kleiner, als er sie sich vom Telefongespräch her vorgestellt hatte. Das dunkle Haar hing ihr seidig glatt über die Schultern. Der blaugepunktete Morgenrock schwankte sanft über ihren Hüften, und zwei riesige flauschige Pantoffeln verhüllten ihre strumpflosen Füße.

Das Wohnzimmer war spartanisch, aber nicht geschmacklos eingerichtet. Ein großes, bequemes Sofa stand an der linken Wand, davor ein niedriger Tisch und zwei zum Sofa passende Sessel. Darüber hinaus gab es lediglich eine Schrankwand, berstend voll mit Büchern.

»Ich war gerade beim Frühstück. Setz dich.« Sie nahm wieder Platz vor ihrer halbvollen Kaffeetasse. »Trinkst du eine Tasse Kaffee mit?«

»Ja, danke, gern!«

Er sah zu, wie sie sich erhob, geschmeidig, und musterte sie sorgfältig, als sie das Zimmer verließ, um ihm eine Tasse aus der Küche zu holen. Wie eine Hure sieht sie jedenfalls nicht aus, dachte er. Ihr Gesicht verriet keine Emotionen, als sie wieder eintrat und ihm stillschweigend Kaffee eingoß. Er schaute hoch, und nur mit Mühe konnte er seine Augen von dem geilen Anblick lösen. Es war deutlich zu sehen, daß sie unter dem Morgenrock nackt war. Ihre prallen großen Brüste drückten gegen den Morgenrock, und er sah kurz das vielversprechende Tal zwischen den weißschimmernden Kugeln, bevor sie sich wieder in ihren Sessel setzte.

Sie war hübsch und jünger, als er erwartet hatte. Vielleicht Anfang zwanzig. Ihre Augen erinnerten ihn an den Vorderen Orient – groß, pechschwarz und funkelnd.

»Was macht Erich?« fragte sie plötzlich, und er wurde aus seiner Betrachtung gerissen.

»Ich weiß es nicht. Wir trafen uns vorgestern zufällig, und er erzählte mir von eurer Bekanntschaft. Er hat dich mir wärmstens empfohlen, und da bin ich nun, um zu sehen, ob er recht hat.«

»Na und?«

»Na ja, Erich weiß, was ich manchmal für Schwierigkeiten habe. Wir kriegen laufend Besuch aus allen möglichen Ländern. Oft sind diese Leute dann schon längere Zeit von zu Hause weg und sind spitz wie Nachbars Lumpi. Die wollen nur eines: anständig bumsen. Aber nicht auf die professionelle Art. Ein Puff läßt die kalt. Die wollen ein gepflegtes Gläschen Wein trinken, sich ein bißchen unterhalten und dann einen wegstecken. Mit Liebe. Aber um das alles machen zu können, muß man eben die richtigen Frauen kennen.«

Er sah sie erwartungsvoll an, und automatisch schweifte sein Blick nach unten, wo sie ihm leger gegenübersaß. Sie hatte die Beine von sich gestreckt, und über ihren runden Schenkeln hatte sich der Bademantel leicht geöffnet. Als er das dort verborgene dunkle Dreieck mehr ahnte als sah, spürte er plötzliches, verlangendes Leben durch seine Lenden pulsieren. Er wollte aufstehen, hinlangen, seine Finger durch das krause Haar gleiten lassen. Nur mühsam unterdrückte er den Impuls.

»Warum hast du mich gerade jetzt angerufen? Erwartet ihr im Moment jemanden?« fragte sie, noch immer emotionell völlig unbeteiligt.

»Ja. Nächste Woche. Aber du wirst verstehen, daß ich selbst erst mal kommen mußte, um sicherzugehen, daß alles so ist, wie ich mir das vorstelle.«

»Und glaubst du nun, daß es das ist?« Ein leichtes Lächeln umspielte zum ersten Mal ihren Mund.

Er grinste. »Ich weiß nicht. Vom Aussehen her auf jeden Fall, und von der Figur her anscheinend auch. Aber erstens weiß ich nicht, was du unter dem Morgenrock alles versteckst, und außerdem genügen Aussehen und gute Figur allein nicht. Du weißt ja, auf die Qualität kommt es an!«

Sie hob ihre rechte Augenbraue leicht fragend an. »Die kann ich allerdings liefern.«

»Hör mal, Carol. Damit wir uns nicht falsch verstehen. Ich bin Geschäftsmann und betrachte dich in dieser Beziehung als Partner. Ich will ein Abkommen mit dir treffen.«

»Und das wäre?«

»Ich will dich auf die Probe stellen – natürlich nicht umsonst –, und wenn alles o. k. ist, kannst du damit rechnen, jeden Monat zwei- bis dreimal von mir angerufen zu werden. Du bekommst jedesmal von mir einen Blauen, und was darüber hinaus geschieht, interessiert mich nicht.«

»Was heißt: auf die Probe stellen?«

»Ganz einfach. Wir stellen uns vor, ich bin ein Geschäftsfreund, der dir von mir geschickt wurde, und du erfüllst ihm seine Wünsche.«

Sie erwiderte seinen prüfenden Blick, ohne die Augen zu senken. Paul spürte, wie sie überlegte und dann plötzlich zu einem Entschluß zu kommen schien. Ihr Blick wanderte an seinem Körper entlang, und er zweifelte nicht daran, daß sie seine Latte bemerkte.

»Ist gut. Aber damit wir uns richtig verstehen, mit ausgefallenen Perversitäten wie Masochismus und so ist bei mir nichts drin. Ich mache es wahnsinnig gerne, in allen Variationen, aber ein gewisser Stil bleibt gewahrt.«

Jetzt schwieg er. Er dachte nach. Er kam zu einem Entschluß.

»Hör mal, Carol, wir wollen uns hier nicht in stundenlange Theorien verwickeln, sondern ich will wissen, woran ich bei dir bin. Hast du einen Gummihans?«

Sie war keineswegs schockiert, registrierte er. Im Gegenteil. Ohne zu antworten, stand sie auf, ging zum Wandschrank und öffnete eine Schublade. Als sie sich Paul wieder zuwandte, hielt sie ein mächtiges Kunstglied in der Hand. Es war verblüffend echt, an die dreißig Zentimeter lang.

Paul spürte, wie sein Paul gegen das enge Hosenbein drückte.

»Setz dich hin!« befahl er. »Mach deine Beine auseinander, und leg sie über die Sessellehnen.«

Carol schob den Sessel ein wenig zurück, ließ sich nieder und hob langsam spreizend die Beine.

Gebannt starrte Paul auf das sich langsam öffnende Dreieck. Pechschwarze, kurze, krause Haare starrten ihm entgegen. Unwillkürlich lehnte er sich vor, um besser sehen zu können. Die Hand mit dem mächtigen Gummihans hing schlaff zur Seite.

»Okay, steck ihn dir rein!«

Ihre rechte Hand hob sich. Sie legte das Kunstglied zwischen ihre Schamlippen und begann gekonnt damit auf- und abzufahren. Ihre Finger krallten sich um den prallen Sack und drehten das Organ leicht zur Seite. Feucht glänzend fuhr es rauf und runter, bis ein gleichmäßiger Film ihn benetzte.

Paul sah, wie der Kitz immer deutlicher hervortrat, und dann schob sich Carols andere Hand hervor. Langsam und genießerisch spreizte sie ihre Schamlippen, die volle Schönheit bot sich ihm dar. Behutsam suchte sie mit der Eichel den Eingang zu ihrer Liebesgrotte. Jetzt hatte sie ihn. Sie streckte ihre Hüften dem mächtigen Kerlchen entgegen, während sie mit der Hand gegen den Sack drückte. Zentimeter um Zentimeter verschwand das Monstrum in ihr. Die Lippen wölbten sich um den Schaft und schienen ihn zu umklammern. Die Finger, die eben noch die Lippen gespreizt hatten, fanden ihren Weg zum Kitz rauf und begannen ihn zu liebkosen.

Carol hatte ihre Augen halb geschlossen. Ihr Gesicht nahm einen leicht verklärten Ausdruck an. Unwillkürlich rutschte sie weiter vor im Sessel, so daß sie kaum noch einen Meter weit von Paul weg war. Hypnotisiert sah er, wie der Schwengel immer tiefer in sie eindrang. Zehn Zentimeter. Zwölf. Fünfzehn. Er begann leicht zu stöhnen, und in seinem Paul machte sich ein deutliches Zucken bemerkbar. Siebzehn. Achtzehn. Nun hörte er auch Carols schnellen Atem. Langsam zog sie ihn wieder ein paar Zentimeter heraus, um dann um so kräftiger zuzustoßen.

Paul konnte nicht länger hinsehen.

»Okay«, keuchte er, »das langt. Du kannst ihn wieder rausnehmen.«

Aber Carol schien nicht mehr zu hören. Ihr Atem ging stoßweise, und mit jedem Atemzug stieß der Hans rein und raus, immer schneller und schneller. Paul stand auf. Im Nu hatte er Jacke und Hose ausgezogen und war neben ihr. Sie schien ihn nicht zu bemerken. Er beugte sich über sie und löste den Gürtel des Morgenrocks. Dann schob er den dünnen Stoff beiseite. Zwei perfekte Brüste starrten ihm entgegen. Mindestens zwei Greif, dachte er automatisch, und schon schlossen sich seine beiden Hände um die linke Kugel. Ja, wirklich, nur die steife braune Knospe lugte noch hervor. Schnell bückte er sich und nahm sie zwischen die Lippen. Er seufzte. Wie köstlich! Wie herrlich! Wie lecker! Aufgeilend spürte er die kleinen festen Runzeln zwischen seinen Lippen. Mit der rechten Hand umspielte er die rechte Kugel, spürte die steife Knospe hart gegen seinen Daumen. Ganz zart fuhr er mit der Zungenspitze über die liebliche Knospe. Dann saugte er und lutschte und knetete, um erneut ganz zart einen feuchten Hof um die Knospe zu schreiben. Immer steiler stand sie empor, immer einladender sah sie aus. Er schloß die Augen und gab sich ganz dem Wonnegefühl hin. Jetzt nahm er sie, soweit er konnte, in den Mund. In großen Zügen beleckte er sie, während das feste Fleisch seinen Mund füllte.

Er hörte ein Stöhnen, aber er wußte nicht, von wem es kam. Diese Schönheit! So etwas hatte er noch nie erlebt. So rund, so hart und zart, so perfekt, so genau richtig – er wurde geradezu betrunken.

Er öffnete die Augen, und über sich sah er die halbgeöffneten Augen und den einladenden Mund. Er ließ ihre Brust frei und küßte sie, während er die Brüste mit den Händen zart massierte. Ihre Lippen öffneten sich unter dem Drängen seiner Zunge, und gierig begegneten sie sich. Er spürte, wie ihre linke Hand seinen Hinterkopf umklammerte und ihn gegen ihre Lippen preßte. Sie biß und kaute und verschlang ihn, und immer wilder massierte er ihre Brüste. Er riß sich los und vergrub sein Gesicht zwischen den Kugeln.

»Los, Paul, nimm mich, nimm mich!« hörte er sie keuchen, und im nächsten Moment überlief ihn ein Schauer, als er die verlangenden Finger in seiner Unterhose spürte. Die Berührung ihrer forschenden Finger versetzte ihm einen Schlag. Das Blut schoß ihm bis zur vordersten Spitze und ließ ihn erzittern. Jetzt umklammerten ihre Finger das ganze Paulchen und begannen gierig zu wichsen.

»Los«, befahl sie, »steck ihn mir endlich rein!« Sie schrie fast vor Verlangen.

Er gab ihn ihr, und schon spürte er die warme feuchte Grotte, als sich ihre Schamlippen über seine Lust stülpten.

Er spürte, wie sich alles in ihr verkrampfte, und dann kam es ihr. In Wogen. Sein Paul wurde von einer eisernen Faust umklammert. Ihr Rücken wölbte sich. Ihr Mund war weit aufgerissen, ihre Augen geschlossen, und dann spürte er deutlich die Spasmen ihres Orgasmus. Sie wanderten von seiner Eichel bis zur Wurzel und wieder zurück, und dann durchzuckte es ihren ganzen Unterleib.

Da konnte er nicht mehr. Er fühlte, wie sein Samen die Eier verließ, kurz anzuhalten schien und dann mit mächtigem Druck ihr in den Leib jagte. Sie warf sich gegen ihn, und ihr Orgasmus wurde noch heftiger. Ihr ganzer Körper schüttelte sich, als sie das Geschenk, Spritzer um Spritzer, entgegennahm. Den letzten Tropfen holte sie ihm heraus. Sie war jetzt ganz still, nur die Muskeln ihrer Tussi massierten seinen Paul. Als ob seine Stange von einer Hand umgeben wäre, schlossen und öffneten sich ihre Schließmuskeln. Deutlich merkte er, wie auch der letzte Tropfen die Länge seines Gliedes durchwanderte und Eintritt in ihre Grotte fand.

Langsam, ganz langsam ebbte die Erregung ab. Aber es war die Ruhe nach dem Sturm. Zufriedenheit. Totale Befriedigung.

Carol war die erste, die wieder zu sich kam.

»Paß auf«, sagte sie und ergriff liebevoll sein erschlaffendes Paulchen. »Komm mit ins Bad«, und zusammen begaben sie sich vorsichtig aus dem Zimmer. Sie führte ihn ans Waschbecken, stellte das Wasser sorgfältig auf lauwarm und begann ihn liebevoll zu waschen. Er stand da, schweigend, und genoß die zarte Bearbeitung. Sie machte es so geschickt, daß er beim Abtrocknen bereits wieder eine halbe Erektion hatte. Der kleine Paul hing leicht von ihm weg, die Adern stachen hervor, die Eichel glänzte dumpf im grellen Licht der Neonröhre. So sah er fast noch wuchtiger, noch gefährlicher aus, und er reagierte auf die leichteste Berührung sehr empfindlich. Es kam ihm vor, als ob die Nervenspitzen durch die Haut hervorgetreten seien und nach einer Berührung suchten. Noch immer schweigend, setzte er sich auf den Rand der Badewanne und sah zu, wie sie sich jetzt wusch. Breitbeinig stand sie vor dem Waschbecken und fuhr sich mit dem satt eingeseiften Waschlappen zwischen die Beine. Sie schien sich allein zu fühlen. Sie war wieder professionell. Auch ihr Gesichtsausdruck war wieder völlig normal.

Sorgfältig trocknete sie sich ab und reichte ihm das Handtuch. Sie nahm eine Puderdose und tupfte sich behutsam etwas auf die rot glänzenden Lippen.

»Möchtest du auch?« wollte sie wissen. Ihre Stimme war wieder neutral.

»Nein, danke.«

Er folgte ihr aus dem Bad zurück ins Wohnzimmer. Sie machte keine Anstalten, sich wieder anzuziehen.

Er wußte nicht, was er sagen sollte, und grinste. Sie lächelte zurück.

»Habe ich zuviel versprochen hinsichtlich der Qualität?« wollte sie wissen.

»Wohl kaum. Das war eine unwahrscheinliche Nummer, Carol.«

Sie zuckte mit den Achseln. »Mir hat's auch gefallen. Deswegen mache ich es auch. Ich wüßte nicht, was ich lieber tun möchte, und wenn ich dann noch für meine Lieblingsbeschäftigung Geld bekomme... na, was kann man mehr verlangen?«

»Allerdings«, gab er zu. »Wenn ich mir überlege, daß du dich immer so ins Zeug schmeißt, könnte man direkt eifersüchtig werden.«

»Sei nicht albern. Geschäft ist Geschäft, hast du selber gesagt. Ich schlafe mit niemandem nur wegen des Geldes. Ich liebe das Leben als solches, aber ich mag nicht mit jedem ins Bett gehen. Ich kann keine

Brutalität leiden, und ich möchte dich bitten, gut zu überlegen, wen du zu mir bringst. Ich nehme höchstens zwei Termine pro Tag an, meistens sogar nur einen. Und praktisch ausschießlich Stammkundschaft, fast alles Geschäftsleute. Ich habe sogar Freunde, die nur regelmäßig zu mir kommen, um sich mit mir zu unterhalten, vielleicht eine Flasche Sekt mit mir trinken, um bei mir das Verständnis zu finden, das sie bei ihren eigenen Frauen nicht finden, und mit denen ich dann vielleicht überhaupt nicht ins Bett gehe.«

»Das finde ich prima. Allerdings gilt das für mich nicht. Ich bin unheimlich geil, und ich will Liebe. Vor allen Dingen manchmal morgens. Weißt du, wenn man so die ganze Nacht durch furchtbar gesoffen hat, spüre ich anschließend oft eine so unheimliche post-alkoholische Geilheit, daß ich schon morgens mit einer Riesenlust ins Büro fahre und am liebsten die erstbeste Sekretärin, die mir über den Weg läuft, so richtig von hinten nach Strich und Faden nehmen würde.«

Sie lachte. »Und warum tust du es nicht?« wollte sie wissen.

»Wahrscheinlich fehlt mir einfach der Mut. Möglich müßte es eigentlich sein. Besonders bei meiner eigenen. Die hat den süßesten Mund, den ich je an einer Frau gesehen habe. Wenn die ihre Lippen so leicht aufmacht, um sich eine Zigarette reinzustecken, und einen dann dabei noch so unheimlich sexy anguckt, da habe ich jedesmal eine Spontanerektion, um nicht zu sagen Ejakulation.«

»Sei doch nicht dumm, Paul«, meinte Carol. »Wenn das so ist, ist das doch kein Zufall. Die wartet doch nur darauf, deinen Paul mal zwischen die Lippen zu bekommen. Ich an deiner Stelle würde da nicht zögern.«

»Vielleicht hast du recht. Übrigens, weil wir gerade davon reden, fällt mir ein, daß wir einen regelmäßigen Besucher haben, der unwahrscheinlich auf Blasen steht. So wie manche Leute jedes Restaurant nur nach der Qualität ihrer Lady Curzon beurteilen, beurteilt dieser Amigo jede Frau nach ihrer Qualität beim Blasen. Ein wichtiger Mann für mich.«

»Willst du damit etwas Bestimmtes sagen?« fragte Carol leicht amüsiert.

»Freilich«, gab Paul zu. »Ich brauche dich doch bloß anzusehen, und augenblicklich kriege ich wieder eine Latte.«

Und in der Tat. Sein Paul war schon wieder zu beachtlichen Proportionen angeschwollen, und auf seiner Eichel glänzte der erste Liebestropfen.

Seine Augen kletterten an ihrem makellosen Körper empor. Ihr rechtes Bein war über die Armlehne gewinkelt, und zwischen den Locken sah er die purpurnen Lippen hervorlugen. Sie saß zurückgelehnt da, und als sein Blick zum Busen hochwanderte, versteiften sich die Knospen unter seinen forschenden Augen. Er sah deutlich, wie sie sich von dem kleinen dunklen Hof hervorhoben und anschwollen. Ihre Augen schienen sich irgendwie zu trüben, nahmen einen etwas verschleierten Ausdruck an. Sex, purer Supersex, strahlte von ihr aus. Ihre Lippen formten sich zu einem Schmollmund, und die kleine Zungenspitze strich genußvoll über die Lippen. Trotz seiner Erregtheit fiel Paul auf, wie schnell sie sich wieder von der neutralen, geschäftlichen Liebesdienerin zu einer lüsternen Frau verwandelt hatte. Als ob sie einen eingebauten Schalter hätte: eine Drehung nach rechts, und schon war die Geilheit meilenweit erkennbar. Eine Drehung nach links, und genauso schnell war sie wieder die Nüchternheit in Person.

Aber diese Überlegung drängte nur sekundenlang in seine Gedankengänge und verzögerte die zunehmende Verhärtung nicht.

Wie ein Pfahl stand er da, ein eiserner Pfahl, der als Magnet seine Anziehungskraft auf Carol ausstrahlte. Mit einer geschmeidigen, katzenartigen Bewegung stand sie auf und kam zielbewußt auf ihn zu. Völlig selbstsicher drückte sie ihn auf das Sofa, so daß sein Schnucki knochenhart und leicht bauchaufwärts zeigend in die Höhe ragte. Sie umklammerte das Glied zärtlich mit beiden Händen. Dann wurde der Druck fester, und mit einer Hand kraulte sie ihm den Sack.

Schauer der Wollust übersäten seinen Körper mit Gänsehaut, und seine Beine öffneten sich ihr. Er war das Klavier, und sie spielte die Melodie. Langsam fuhr sie ihm mit den Fingernägeln am Bauch hoch, und reflexartig krümmten sich seine Beine. Mit der einen Hand über seinen Bauch schweifend, mit der anderen die Eier zart massierend, strich sie behutsam mit ihren leicht geöffneten Lippen über seine Eichel. Sein Schnucki schien noch mehr zu wachsen, schien noch gerader zu stehen, und unbewußt hob er seine Hüften, um ihr die Eichel entgegenzustrecken.

Aber sie wich weit genug zurück, um nur den zartesten Kontakt zu behalten. Jetzt knetete sie behutsam die Eier, strich mit den Fingernägeln kraulend an der Unterseite des prallen Sackes entlang und kam in leichte Berührung mit seiner Knospe. Er verkrampfte sich, und sofort war sie wieder weg, mit der Hand den Sack umklammernd. Er starrte völlig gebannt auf ihre Lippen und wie sie so feinfühlig, genießerisch, ja schon geradezu pervers sadistisch mit dem gespitzten Mund über die Eichelspitze fuhr.

Nun bückte sie sich weiter, und langsam knabbernd nahm sie ein Ei in den Mund. Sie massierte es mit der Zunge, drückte es gegen ihren Gaumen, malmte es vorsichtig zwischen den Zähnen und saugte daran. Mit der linken Hand begann sie seinen Schwengel zu reiben. Nur mit den Fingerspitzen, von unten beginnend, mit dem Fingernagel des Mittelfingers am unteren Schwellkörper entlang. Es war die Hölle und der Himmel. Und diesmal verkrampfte er sich nicht, er lag nur da und genoß es in vollen Zügen.

Ihm war schon oft einer geblasen worden, aber noch nie hatte eine Frau ihn so in Erregung gebracht, ohne überhaupt etwas Ernsthaftes getan zu haben. Ihm stockte der Atem. Er begann sich zu winden und zu wenden. Er wollte endlich seinen Schwanz von ihren Lippen umschlossen sehen.

Er griff nach ihren Brüsten und zog sie zu sich auf die Couch. Ohne das Ei aus dem Mund zu lassen, kniete sie sich über ihn. Zwischen ihren gespreizten Beinen hindurch sah er ihre prallen Brüste und die steil hervorstehenden Knospen. Jetzt ließ sie sich mit dem Oberkörper etwas weiter herunter, und ihre erigierten Brustwarzen streiften über seinen Bauch.

Er faßte sie nicht an. Er genoß es nur. Er berauschte sich an dem Anblick: die gespreizten Oberschenkel mit ihrem wartenden Dreieck, die sanft baumelnden Brüste auf seinem Bauch, ihr hübsches Gesicht neben seinem Paul, umrahmt von dem in langen Strähnen seidig schimmernden Haar.

Ein satter Tropfen quoll aus seiner Eichel und glitt langsam und zäh auf die Vorhaut. Liebevoll verrieb sie ihn.

Langsam gab sie das Ei aus ihrem Mund frei. Ihm schmerzte der ganze Sack. Ein phänomenaler Samenstau hatte sich gebildet und schrie nach Erlösung.

Aber sie schien ihn nicht zu hören. Ganz vorsichtig, noch immer nur die Fingerspitzen benutzend, rieb sie ihn weiter.

Plötzlich stülpte sie ihre Lippen über den pochenden Schaft und saugte kräftig an der Eichel. Er stöhnte heftig, als ob sie die Eier aussaugen wollte. Dann gab sie seinen Paul wieder frei, und ihre Zungenspitze schoß hervor. Sie drückte ihn nach hinten, um ihn von unten lecken zu können. Weit öffnete sie den Mund und fuhr mit der ganzen Breite und Länge ihrer Zunge daran entlang. Sie liebkoste ihn.

Und dann hätte er fast seine ganze Ladung wild in die Gegend gespritzt. Er wußte nicht, wie ihm geschah. Mit einem unbeschreiblichen
Zungenschlag hatte sie eine Stelle an seinem steifen Mast entdeckt,
von deren Existenz er bis dahin noch nichts gemerkt hatte. Er konnte
sie nicht einmal genau lokalisieren, sie mußte an der unteren Seite
sein, wo die Vorhaut an der empfindlichsten Stelle mit der Eichel ver-
wachsen war. Ein wildes Stakkato ihrer Zungenspitze, vor und zurück,
rauf und runter, er brüllte vor Lust.

Er schrie wie besessen, gab sich ganz seiner Wollust hin. Es war
schon wie ein Orgasmus – einer, ohne abzuspritzen und ohne Ende. Er
war auf seinem Höhepunkt bei vollem Bewußtsein.

Ihre Zunge mußte sich ermüdet haben. Sie nahm sein zuckendes
Glied wieder in den Mund, saugte sanft, kaute und ruhte sich aus. Ihre
Finger kraulten seinen Sack. Sie ließ den Knaben frei und stopfte sich
beide Eier in den Mund.

Er japste nach Luft.

Aus ihrer Grotte glänzte der Liebessaft. Erstmalig schob er die Lippen genüßlich auseinander und fuhr mit zwei Fingern tief in ihre Liebesgrotte. Er spürte, wie sie ihn leicht in den Sack biß, und begann mit
den Fingern zu erforschen. Dann zog er seine Finger wieder heraus und
konzentrierte sich ganz auf ihren Kitz. Er war nicht übermäßig
groß, aber hart. Er nahm ihn zwischen zwei Finger und rieb ihn behutsam, als wollte er ihn in eine kleine Kugel rollen.

Ein lüsternes Stöhnen drang aus ihrer Kehle, und ihre Hüften begannen zu kreisen. Nun stieß er wieder mit zwei Fingern in die tropfende Grotte, während er mit der anderen Hand weiter ihren Kitz
massierte. Das Reiben ihres Kitz regte ihn fast noch mehr auf als ihre
Finger an seinem Pint. Aber dann war plötzlich wieder ihre harte flat-
ternde Zungenspitze an dem kritischen Punkt, und er war dem Explodieren erneut sehr nahe. Sein Stab zuckte bereits, und er spürte die
zähe Flüssigkeit aus der Prostata durch die Samenleiter marschieren.
Er wußte, daß er es nicht länger aushalten könnte. Dieser Zungenschlag!

Sie schien es auch zu spüren. Noch ehe er richtig merkte, was geschah, hatte sie sich weiter nach vorne bewegt, stützte sich mit der
Hand auf sein Knie. Ein kurzes Ansetzen, Zögern und dann Nach-
unten-Fallenlassen, und schon steckte der Riesenknochen bis zum
Schaftansatz in ihrer geilen Höhle.

Sie grunzte und stöhnte und rotierte ihre Hüften. Sie hob langsam ihren Po, bis Paul meinte herauszurutschen, nur um sich desto heftiger wieder daraufzustürzen. Ein-, zweimal. Er verkrampfte seine Hände in ihre Backen und drückte sie, so fest er konnte, auf seinen Stab.

»Los, komm!« brüllte er sie an, und dann sprudelte es auch schon in mächtigen Spritzern aus ihm heraus. Er spürte, wie die einzelnen Samenbatzen den Sack verließen und auf ihren Muttermund trafen.

Er sah durch verschleierte Augen, wie sie sich schüttelte, wie sich ihr Unterleib verkrampfte, und spürte die pulsierenden Zuckungen ihrer Muskeln gegen seinen Stab. Ihre Hände krallten sich in seine Beine, und der Orgasmus übermannte sie.

Sie brach auf ihm zusammen. Sie streckte die Beine nach hinten. Sie keuchte wild, und er sah, wie sie ihre Pobacken zusammenkniff, um jeden Millimeter seines Stabes zu umklammern. Behutsam und geradezu liebevoll strich er mit dem Finger durch die Ritze, während ihr Orgasmus langsam verebbte und sie noch immer seinen Kolben mit ihren Muskeln massierte.

2

Es war schon fast 13 Uhr, als Paul Carols Wohnung verließ, völlig ausgepumpt. Sein Magen knurrte, und er beeilte sich, nach Hause zu kommen.

Beim Mittagessen war er ruhig und geistesabwesend. In Gedanken spürte er noch deutlich Carols Zunge an seinem Paul, und obwohl er binnen kurzer Zeit zweimal furchtbar abgespritzt hatte, war er schon wieder geil. Nicht diese Geilheit, wo er schon einen Riesenhammer mit sich herumschleppte und ihn am liebsten in die nächste Tussi gestopft hätte, sondern vielmehr eine langsame, genüßliche Geilheit.

Sein Paul war nicht hart, aber auch nicht völlig lahm. Er fühlte sich so leicht an, leicht geschwollen, gekrümmt, rötlich gereizt durch die morgendlichen Eskapaden und auf jede Berührung besonders empfindlich reagierend.

Der letzte Orgasmus hatte seine aufgepeitschte Wollust durch Carols unbeschreiblichen Zungenschlag nur vorübergehend stillen können. Noch immer spürte er ihre Zungenspitze auf seiner Schwanzspitze trommeln, und wenngleich ihm sein Sack auch gänzlich leer vorkam, so verzeichnete Paul doch schon wieder Verlangen in seinen Lenden.

Er schob seinen Teller beiseite.

»Ich muß ins Büro«, kündigte er an, stand auf und ging zum Bad.

Als er da stand, kam seine Frau unaufgefordert herein.

»Oh, was sehe ich denn da?«

»Wieso?« meinte er und guckte schuldbewußt auf seinen habgierigen Paul II.

»Na, in der Mittagspause mit so einer Latte dazustehen, ist doch eine Wucht!«

Er reagierte sofort. Noch ehe ihre Hand ihn fest umschlossen hatte, so kam es ihm vor, stand sein Kamerad stramm, ihr sein zornigrotes Gesicht entgegenstreckend.

Schnell drehte Paul sich um und langte seiner Frau unter den Rock. Der knappe Slip gab nach, und er zog seinen Finger durch ihre warme Ritze.

»Hast du noch genug Zeit?« wollte sie wissen. Ihr Atem ging schneller.

»Wenn du dich beeilst, schon«, meinte Paul.

Schnell hatte sie ihren Rock hochgezogen und streifte den kleinen schwarzen Slip herunter. Sie machte ihm die Hose auf und zog hastig seine Unterhose aus.

Er griff ihr zwischen die Beine und fand das jetzt schon heiße Loch. Sie stöhnte auf, als er ihr den Finger tief hineinschob, während er mit dem Daumen über ihren Kitz fuhr.

Er langte hinter sich und setzte sich, ohne dabei seinen Finger aus ihrer engen Scham herauszuziehen. An den Pobacken zog er sie näher zu sich heran, drehte sie herum und fuhr ihr nun mit langen tiefen Zügen von hinten zwischen die Beine.

»Komm«, bat er sie, »setz dich auf mich drauf!«

Sie manövrierte sich in die richtige Spreizposition, und während er mit beiden Händen ihre Pobacken weit auseinander hielt, führte sie seinen Paul zum Eingang ihrer pochenden Grotte. Behutsam ließ sie sich auf das steife Glied nieder.

Während er von hinten ihre Backen spreizte und ihre Reize freilegte, hielt sie von vorne ihre Schamlippen hilfsbereit auseinander. Zentimeter um Zentimeter sah er seinen Strammi in ihrem feuchten Loch verschwinden, und er war unheimlich geil.

Als die ganze Länge seines Schwanzes endlich in ihr steckte, seufzte sie erleichtert. Dann begann sie langsam auf dem Leitpfosten auf- und abzufahren. Er lehnte sich etwas zurück, um besser sehen zu können.

Er kam sich vor, als ob er sich selbst in einem Pornofilm zuschauen würde und dabei gleichzeitig furchtbar am Rammeln war. Er war Zuschauer und Teilnehmer zugleich – unwahrscheinlich erregend.

Er dachte nicht mehr an Carol, spürte nur, wie überdeutlich seine Schwanzhaut auf die engen Konturen der Tussi ansprach und ihn schon wieder ins Schwitzen brachte. Er half ihr bei den Auf-und-Ab-Bewegungen in der etwas unbequemen Position. Es geilte ihn noch mehr auf, daß er seine eigene Frau so richtig nuttenhaft liebte, viel nuttenhafter als er kurz zuvor Carol geliebt hatte. Seine Stange war hart wie Eisen, und immer wieder beobachtete er fasziniert, wie sie feuchtglänzend bis zur Eichel herauskam, um dann wieder bis zur Wurzel in der weitgespreizten Oase zu verschwinden.

Mit Erstaunen stellte er fest, daß ihm dieser schnelle Trip in der Mittagspause mit der eigenen Frau unheimlich gut gefiel. Die mit Carol verbrachten Stunden hatten ihn aus der normalen Routine der ehelichen Pflichtreiterei gerissen, und so genoß er dieses Spiel viel mehr, als er es sonst hätte tun können.

Wie gebannt starrte er auf die prallen, herrlich gespreizten Pobakken über seinem Stab. Es berauschte ihn, machte ihn trunken vor Lüsternheit. Er konnte sich an diesem Anblick einfach nicht satt sehen, und als es ihnen endlich beiden gleichzeitig kam, waren sie beide in Schweiß gebadet. Nach einer Weile der Entspannung nahm sie ein Handtuch, und während sie mit dem einen Ende ihre tropfende Tussi zuhielt, trocknete sie ihn mit dem anderen Ende ab. Das rauhe Handtuch tat ihm weh, und fast hätte er etwas zu ihr gesagt. Wie liebevoll Carol ihn dagegen gewaschen hatte!

3

Es war genau vierzehn Uhr, als Paul sein Büro wieder betrat. Seine Sekretärin, Fräulein Engel, hatte seine Post säuberlich geordnet und auf seinen Schreibtisch gestapelt, und als Eddy eine knappe Stunde später sein Büro betrat, hatte er die wichtigsten Sachen bereits erledigt.

»Mein lieber Mann«, grinste Eddy, »du siehst völlig verschmust aus!«

Hastig fuhr sich Paul durch die Haare und gab ein etwas hohl klingendes Lachen von sich.

»Kein Wunder«, antwortete er, »ich bin ja auch total fertig!«

»Wirklich? Also komm, erzähl mal!« forderte Eddy ihn auf.

Paul schüttelte den Kopf. »Weißt du, im Moment habe ich so ein Gefühl, als ob ich die nächsten zehn Jahre nicht mehr zu toben brauchte. Das Weib hat den letzten Tropfen Samen aus mir herausgeholt.«

»So gut, ja?«

»Gut?« echote Paul. »Gut ist schon kein Ausdruck mehr dafür. Ich brauche dringend eine Gehaltserhöhung, denn ich habe so das Gefühl, als ob ich da in den nächsten Wochen einige Flöhe lassen könnte. Die Frau ist einfach sagenhaft.«

»Im Ernst?«

»Einfach Klasse, sage ich dir. Die Telefonnummer lerne ich auswendig.«

»Also, komm, erzähl schon«, forderte Eddy.

»Das habe ich doch gerade getan«, erwiderte Paul. »Die Frau ist Spitzenklasse. Einmalig. Dieser Zungenschlag. Und dann hat sie eine Muskulatur, die sich sehen lassen kann. Sie verhält sich völlig still, nur ihre Süße bewegt sich, aber wie. Das ist, als ob der Pimmel von einer Hand umklammert wäre, nur daß man eben ganz tief in ihr drinsteckt. Eine Massage, wie sie im Buche steht!«

»Wirklich? Da muß ich dringend mit hin!« meinte Eddy und faßte sich unbewußt zwischen die Beine. »Bläst sie wirklich so gut?«

»Ich sagte es doch. Ich weiß auch nicht, wie sie das macht, aber auf jeden Fall habe ich schon fast abgespritzt, ehe sie meinen Kameraden richtig im Mund hatte. Nur mit der Zungenspitze an dem Übergang von Vorhaut zur Eichel. Weißt du, so ganz genüßlich, bedacht. Ihre Zungenspitze bewegte sich wie so ein Klapperschlangenschwanz. Ein Gefühl, das besser war als jeder richtige Trip. Und das andere macht sie übrigens auch nicht schlecht!«

»Das habt ihr also auch gleich gemacht, wie?«

»Na klar. Sogar als erstes. Sonst hätte ich doch vom Blasen gar nichts gehabt. Die hätte mich doch mit ihrem geilen Mund nur anzugucken brauchen, und ich hätte abgespritzt. Die hat sich erst mal mit einem herrlichen Riesenapparat von Gummipenis zünftig bearbeitet, und dann fing sie an zu brüllen, ich sollte sie endlich lieben. Einmalig, kann ich dir sagen!«

»Aber bezahlt hast du doch, oder?«

»Ha, ja, freilich. Leider. Einen großen Blauen. Aber nicht so wie im

Puff. Von Geld war nicht die Rede. Ich habe ihr einfach beim Hinausgehen den Schein unter den Aschenbecher geschoben, und sie hat sich
natürlich nicht einmal anmerken lassen, daß ich das tat. Die Frau hat
Format. Sie ist einfach Klasse. Sie liebt das Leben und sagt sich,
warum soll ich meine Lieblingsbeschäftigung umsonst wahrnehmen,
wenn so viele Männer darauf warten, es mir zu bezahlen. Die Frau
müssen wir uns unbedingt warmhalten!«

»Macht die auch Gruppensex?« wollte Eddy wissen.

Paul zuckte mit den Schultern. »Ich habe sie nicht gefragt, aber ich
bin absolut sicher, daß sie alles mitmachen würde. Vorausgesetzt, die
Männer sind ihr sympathisch. Echte Perversitäten macht sie allerdings
nicht, behauptet sie.«

»Was heißt hier schon ›echte Perversitäten‹«, gab Eddy geringschät-
zig zurück. »Als Nutte kann das doch allenfalls eine Frage des Preises
sein, oder?«

»Ich bin mir nicht so sicher«, gab Paul zurück.

»Wie sieht es denn mit einer Freundin aus?«

»Kein Problem. Im gleichen Haus hat sie eine, allerdings noch sehr
jung. Es ist eine Ausländerin, die hier studiert und sich nebenher ein
bißchen Geld verdient. Mit der kann man alles machen, sagt Carol.«

»Machen die beiden auch auf lesbisch?«

»Keine Ahnung.« Er grinste.

Es klopfte an der Tür, und Pauls Sekretärin schaute herein.

»Ach, entschuldigen Sie, Herr Ehrlich«, sagte sie, »ich wußte nicht,
daß Sie Besuch haben.«

»Was gibt es denn, Fräulein Engel?«

»Ich kann hier etwas nicht lesen«, gestand sie und kam zu ihm hinter
den Schreibtisch, um ihm das handschriftlich ausgefüllte Formular
vorzulegen. Dabei lehnte sie sich nach vorne, und er spürte deutlich,
wie sie bewußt ihre rechte Brust gegen seine Schulter preßte.

Eddy schien nicht weiter aufzupassen, und während Paul so tat, als
ob er auch Schwierigkeiten beim Entziffern seiner eigenen Handschrift hätte, ließ er langsam seine linke Hand zwischen Fräulein Engels Beine gleiten. Sie zuckte zusammen und blickte ihn fragend an.
Der Rock, den sie anhatte, war absolut Mini.

Während er das Formular studierte, sogar laut vorlas, und Fräulein
Engel mit ihrem Busen seine Schulter provokativ berührte, ließ er
langsam seine Hand höher gleiten. Oberhalb des Knies mußte er etwas
Druck ausüben, aber dann bewegte sie wie zufällig ihre Beine, und

schon hatte er die Hand unmittelbar unter ihrer Süßen. Er spürte die feuchte Hitze an seinen Fingern und kniff sie zart in das weiche Fleisch an der Innenseite ihrer Schenkel. Sie drückte fester auf seine Schulter, und er versuchte ein völlig unbekümmertes Gesicht zu behalten. Vorsichtig versuchte er eine Fingerspitze unter ihren engen Slip zu schieben.

Er wußte nicht, wie sie reagieren würde. Er hatte sie noch nie berührt, außer daß er beim Betriebsausflug ein paarmal mit ihr getanzt hatte. Aber schon lange hatte er ihren sinnlichen Mund beobachtet, hatte verstohlen geguckt, wenn sie mit ihrem Supermini hinter der Schreibmaschine saß und ihr der Rock so hoch gerutscht war, daß er ihren Slip sehen konnte. Letzteres mußte sie unbedingt gemerkt haben, und sie hatte keinen Versuch unternommen, ihren Rock wieder herunterzuziehen. Daraufhin hatte er sich in letzter Zeit angewöhnt, verstohlen auf das süße Dreieck zu starren, wann immer sich die Gelegenheit dazu ergab. Sie hatte dabei seinen geilen Blick mit einem Zwinkern in den Augen und einem schmollenden, zugespitzten Mund erwidert.

Als sie sich nun so frech gab und in Eddys Gegenwart ihren üppigen Busen unauffällig, aber unmißverständlich gegen seine Schultern drückte, mußte er an Carols Worte denken, und schon hatte er den Finger unter dem Slip.

Sie sagte nichts. Er stellte nur mit Erstaunen fest, daß sie sich so geschickt bewegte, daß ihm der Eingang zu ihrer Grotte freigemacht wurde. Sie war triefend naß.

Während er das Formular laut vorlas, spielte er behaglich. Sie drückte ihre Oberschenkel zusammen und gab ihn wieder frei. Sein Kerlchen begann zu pochen. Er machte große, kreisende Bewegungen in ihrem Loch, und der Saft floß und floß. Es regte ihn unheimlich auf, so hinter dem Schreibtisch zu sitzen, seinem Chef direkt gegenüber, und dabei seiner Sekretärin mit dem Finger in der Tussi herumzufahren. Er war erstaunt über ihr Verhalten und ärgerte sich, daß er sie nicht schon längst versucht hatte.

Plötzlich spürte er sie die Beine kräftig zusammenkneifen. Es kam ihm vor, als würde sie seine Hand zerbrechen. Er konnte sich nicht mehr bewegen, sie hielt seine Hand gefangen. Und dann kam sie. Es war ein heftiger Orgasmus, und ihre Muschi entlud sich reichlich. Seine Hand schmerzte, und er spürte, wie der Orgasmus durch ihren Körper jagte, begleitet von wilden Zuckungen.

»Kannst du deine eigene Handschrift nicht lesen?« fragte Eddy endlich, und Paul wurde aus seiner Traumwelt abrupt herausgerissen.

Er konnte seine Hand noch immer nicht befreien und wurde unter Eddys strengem Blick verlegen.

»Ja, ich weiß auch nicht, was ich mir dabei gedacht habe.« Langsam ließ der Druck an seiner Hand nach. Ihr Slip fing den herauslaufenden Saft auf, und vorsichtig schob er seine Hand in die Tasche, um sie an seinem Taschentuch abzuwischen.

Fräulein Engel hatte einen leicht unsicheren Gang, als sie das Zimmer verließ.

An der Tür drehte sie sich um.

»Vielen Dank«, sagte sie. Es war sicherlich neutral gemeint, aber für ihn war es ein klares Dankeschön für das diskrete Fertigmachen mit der Hand.

Er lächelte sie an, und dann war er wieder mit Eddy allein.

»So ein scharfes Luder haben wir lange nicht mehr in der Firma beschäftigt«, meinte Eddy, breit grinsend. »Hast du die schon mal geküßt?«

»Nein«, erwiderte Paul, »leider noch nicht. Was aber nicht heißen soll, daß ich es nicht gerne tun würde. Aber du sagst ja selber, daß Firmenpersonal nicht geküßt werden darf. Leider!«

»Ja, sicher ist das schade. Ich würde die Engel auch gerne mal auf die Eichel stülpen und ihr meinen kleinen Zornigen zu spüren geben«, gestand Eddy, »aber es führt doch zu nichts. Wenn du erst anfängst, deine eigene Sekretärin zu bürsten, ist doch die ganze Disziplin futsch. Und für was? So eine Affäre kommt unweigerlich heraus. Die Leute reden zuviel. Wenn du anfängst, hier die Frauen zu bumsen, ist der Ofen aus!«

Mit dieser warnenden Note verließ Eddy Pauls Büro.

4

Es war zwei Tage später. Eddy befand sich auf Dienstreise. Fräulein Engel kam in Pauls Büro, grüßte freundlich und brachte ihm die Postmappe. Ihre Augen zwinkerten, und als er sie nicht weniger freundlich anlächelte, spitzte sie ihre sinnlichen Lippen in einer Art und Weise, wie nur sie es verstand. Paul spürte förmlich, wie sie sich dabei vorstellen mußte, einen schönen, steifen Riemen zwischen den Lippen zu haben. Er schluckte, dachte an Eddys Warnung und bekam trotzdem einen Riesenknaller.

»Das sollten Sie nicht tun, Fräulein Engel«, sagte Paul schroff.

»Was sollte ich nicht tun?« wollte sie wissen, die Augenbrauen leicht hochziehend.

»Ihre Lippen so zu spitzen als ob . . . als ob . . .«

»Als ob was, Herr Ehrlich?« fragte sie mit großen unschuldigen Augen.

»Sie wissen genau, was ich meine. Jedesmal, wenn Sie das tun und ich dann noch diesen Blick in ihren Augen sehe, kriege ich eine Spontanerektion.«

Sie lachte. »Das glaube ich nicht.«

»Ob Sie das glauben oder nicht, ist völlig uninteressant. Auf jeden Fall hätte ich große Lust, es Ihnen einmal zu zeigen.«

»Dann tun Sie es doch«, forderte sie ihn heraus.

»Sie wissen doch, daß das zu nichts führt!«

Sie zuckte mit den Schultern, aber ihr Gesicht behielt den geilen Ausdruck.

»Schade«, meinte sie, »ich hätte zu gerne gewußt, wie das neulich weitergegangen wäre, wenn der Chef nicht mit im Zimmer gewesen wäre. Ich hätte Ihnen am liebsten in die Hose gelangt und Ihnen einen abgekaut.«

Sein Atem ging schneller. Prüfend ließ er seinen Blick über ihren ganzen Körper gleiten. Sie war keine ausgesprochene Schönheit, strahlte aber einen geradezu animalischen Sex aus. Ihr kurzgeschorenes, dunkelblondes Haar umrahmte ein etwas zu breites Gesicht. Sie hatte einen kleinen Mund mit vollen, festen Lippen, die zum Knutschen prädestiniert waren.

Paul stellte sich vor, wie ihre Tussi aufgrund ihres Mundes aussehen mußte, denn er war schon immer von der Parallele zwischen Scham- und Mundlippen fasziniert. Er vermutete, daß ihre Kleine ebenso lekker aussehen würde wie ihr Mund. Sein Blick wanderte zu ihrem prallen Busen.

»Tun Sie sich keinen Zwang an, Fräulein Engel. Wenn Sie mir neulich gerne einen abgekaut hätten . . . na ja, nun sind wir ja allein!«

Wenn er erwartet hatte, sie in Verlegenheit gebracht zu haben, so hatte er sich geirrt. Er sah, wie sie mit ihrer Hand zu ihrer Schnucki herunterfuhr und sie durch den Rock hindurch zu streicheln begann. Langsam kam sie um den Schreibtisch herum.

100

»Haben Sie keine Angst, daß jemand hereinkommt?« fragte er etwas heiser.

»Nicht mehr als Sie auch. Außerdem ist mir das im Moment scheißegal. Meine Kleine brennt wie Feuer. Ich habe seit drei Tagen keinen Stenz mehr zwischen den Beinen gehabt, und wenn mir nicht bald jemand mit seinem Saft den Brand löscht, werde ich noch wahnsinnig. Ich bin zur Zeit so geil, ich könnte Ihnen mit dem nackten Arsch ins Gesicht springen.«

»Das ist eine hervorragende Idee«, meinte er und schob seinen Sessel etwas vom Schreibtisch zurück.

Noch immer ihre Kleine reibend, kam sie auf ihn zu und setzte sich auf seinen Schoß. Er zog sie an sich, und ihre Lippen trafen sich. Gierig schoß ihre heiße Zunge hervor und begann seinen Mund von innen zu erforschen. Er saugte und lutschte ihre Zunge und ging auf die orale Bewegung ein. Seine Hand schob sich unter ihren Rock, und mit Erstaunen stellte er fest, daß sie kein Höschen anhatte. Sie öffnete ihre Beine, und mühelos fanden seine Finger den Eingang zu ihrem Paradies. Es war glühend heiß und naß.

Geschickt zog sie den Reißverschluß auf, drückte seine Unterhose herunter, und sein Riemen sprang kerzengerade heraus. Sie umklammerte ihn und hielt sich an ihm fest.

»Ich kann nicht länger warten«, flüsterte sie mit stockendem Atem in sein Ohr.

Sie kniete sich neben seinen Hüften und kam rittlings auf ihm zu sitzen. Ihre blonden Schamhaare glänzten. Mit dem Daumen fuhr er über den steifen Kitz. Sie nahm seine Hand weg.

»Los, machen Sie schon!« befahl sie. »Ich will jetzt keinen Finger, ich brauche einen anständigen Rums, der mich aufspießt!«

Kaum fünf Zentimeter steckten in ihr drin, da erhob sie sich schon ein wenig, machte eine kleine kreisende Bewegung und ließ sich erneut kräftig auf sein Stück nieder.

Ein wollüstiges Stöhnen entwich ihrer Kehle. Er umklammerte ihre Pobacken und unterstützte ihre Bewegungen. Auf, nieder, auf und wieder herunter ging sie, bis er endlich bis zur Wurzel in ihr verschwunden war. Er malmte seine Schamhaare gegen ihren Kitz, langte von hinten und verrieb den Saft an der zuckenden Knospe.

Wie besessen ritt sie ihn. Sein Drehsessel quietschte. Mit beiden Händen stützte sie sich auf die Armlehnen. Er starrte auf ihren Muff, in dem er auf und nieder rutschte. Sie hatte eine selten enge Grotte, geradezu jungfräulich, und er merkte, daß er ihre wilden Bewegungen, ihren galoppierenden Ritt nicht lange aushalten würde. Sie stieß immer fester herunter, umschloß seine Wurzel mit ihren Lippen, erhob sich so weit, daß er fast aus ihrem Loch herausrutschte, hielt ihn dort auf der Kuppe für unsagbar quälende Minuten und warf sich dann mit aller Gewalt auf seinen steifen Schaft.

»O du herrlicher Kerl! Du geiler Kerl. Gib mir alles, was du hast! Tu mir gut!«

Er grunzte nur. Der Schweiß lief ihm am Rücken entlang.

»Aaaa...« preßte sie aus ihren Lippen. Sie hielt sich an den Armlehnen fest, um so noch fester gegen ihn drücken zu können.

»Ich spür dich am Muttermund«, keuchte sie. »Ich habe dich im Leib, ich schmecke deinen Saft auf meiner Zunge. Komm rein! Los! Fester!«

Klatschend vereinigten sich ihre Körper. Ihre Schamhaare klebten zusammen. Purpurrot stach ihr Kitz heraus, wenn sich ihr Po erhob. Er krallte seine Hände in ihren prallen Backen fest und drückte sie wild auf seinen pochenden Pfahl.

Sein Bürosessel drohte unter den wilden Bewegungen und dem doppelten Körpergewicht umzukippen.

»Hoffentlich störe ich nicht?« fragte plötzlich eine weibliche Stimme.

Fräulein Engel erstarrte inmitten einer heftigen Abwärtsbewegung, Pauls glänzenden Riemen zu zwei Dritteln in ihr steckend, mit ihrer Zunge weit in seinem Rachen, mit ihrem nackten Po frech in die Gegend guckend. Das Bild, das die beiden abgaben, ließ an Deutlichkeit nichts zu wünschen übrig.

Paul fing sich als erster. Instinktiv zog er Fräulein Engels hochgerutschten Rock herunter, obwohl alles offensichtlich war.

Er löste sich von ihrem Mund und schaute zur Tür. Dort stand, lässig am Türrahmen lehnend, Fräulein Riedel, die Telefonistin und zugleich beste Freundin von Fräulein Engel.

In Sekundenschnelle hatte er ihre lüstern-neugierige Haltung registriert. Sie hatte ihre Arme über der Brust gefaltet und musterte die eindeutige Stellung des Paares kritisch und zugleich anerkennend. Was sie sah, schien ihr zu gefallen. Ihre Augen glänzten. Durch die dünne Bluse sah Paul deutlich die harten Knospen auf den kleinen festen Brüsten hervorstehen. Ihre Beine hatte sie gekreuzt, als ob sie etwas zwischen den Oberschenkeln festhalten wollte.

»Also, Fräulein Riedel«, begann Paul, »nur damit wir uns richtig verstehen. Was Sie jetzt zu sehen glauben, ist nichts anderes als eine optische Täuschung.«

»Wenn das Stück Fleisch eine Täuschung ist, würde mich die Realität wahnsinnig interessieren!« meinte sie frech.

Mit Wonne spürte er Fräulein Engel wieder langsam ganz auf seinen Ständer niedersinken.

»Nun machen Sie keine Dummheiten und schließen Sie wenigstens die Tür ab.«

Fräulein Engel hatte sich wieder gefangen und setzte langsam, aber bestimmt und unbekümmert und deutlich spürbar ihre leichten, kreisenden Bewegungen fort. Es fiel Paul schwer, sich zu konzentrieren.

»Die Tür ist schon seit zehn Minuten abgeschlossen«, erwiderte Fräulein Riedel gelassen.

»Wollen Sie damit sagen, daß Sie uns schon so lange zuschauen?«

Fräulein Riedel nickte leicht und fuhr sich mit der Zunge über die Lippen.

»Kommen Sie«, mischte sich Fräulein Engel ungeduldig in das Gespräch ein, »lassen Sie sie doch gucken, solange und soviel sie will. Mach endlich weiter! Ich war kurz davor!« Und schon setzte sie mit erneutem Eifer fort.

Aber Paul verhielt sich weiterhin passiv. Das plötzliche Erscheinen von Fräulein Riedel hatte ihn ernüchtert und ihm seine recht prekäre, um nicht zu sagen unmögliche Lage gnadenlos klargemacht. Wieder mußte er an Eddys ermahnende Worte denken, und er ließ Fräulein Engel auf seiner Stange rauf- und runtergleiten, ohne zu reagieren.

»Ja, machen Sie ruhig weiter«, fügte Fräulein Riedel hinzu. »Mich stört das nicht im geringsten – vorausgesetzt, du bist nicht zu egoistisch, Christel, um mich auch mal heranzulassen. So einen anständigen Bürotrip wollte ich schon immer mal mitmachen!«

Sie trat näher an den Schreibtisch und beugte sich vor, um besser sehen zu können.

Paul wurde wieder schwach. Auf die Dauer konnte er dem engen Loch, das seinen Paul eisern umklammerte, doch nicht widerstehen.

»Du weißt, daß ich nicht kleinlich bin, Magitta«, sagte Fräulein Engel, »aber jetzt halt endlich mal die Schnauze, damit ich fertig werden kann!«

»Mach nur weiter«, flüsterte Fräulein Riedel heiser und trat nun ganz um den Schreibtisch herum. Sie hob Fräulein Engels Rock wieder hoch und starrte gebannt auf den nackten, prallen Po. Sorgfältig langte sie unter dem Po entlang, bis sie Pauls Sack in die Hand bekam. Behutsam drückte sie die Eier und strahlte vor Freude. Sie ging in die Knie. Jedesmal wenn Fräulein Engel sich anhob und Pauls Paul frei wurde, fuhr sie ihm erregend kitzelnd an der Wurzel entlang.

Paul guckte auf Fräulein Engels Engelchen und sah, wie sich Fräulein Riedels Hand, von hinten kommend, nach vorne vorschob, um seinen Riemen zu liebkosen, und plötzlich war er wieder voll da. Er gab sich seiner Vögelfreude bedingungslos hin, begegnete Fräulein Engels Stößen mit harten Gegenangriffen und langte hinter ihrem Rücken nach Fräulein Riedels kleinen, festen Brüsten. Er nahm die Nippel zwischen die Finger und knetete sie wollüstig durch den dünnen Stoff.

Langsam entzog sie sich seinen forschenden Fingern. Ihr Kopf ging noch weiter nach unten. Durch Fräulein Engels weitgespreizte Beine hindurch sah er bei jeder Aufwärtsbewegung Fräulein Riedels Gesicht in unmittelbarer Nähe seines Ständers. Und plötzlich hatte er ihre Zunge an seinem Sack. Geschickt leckte sie ihm die Wurzel, bestrich mit ihrer Zunge seine vollen Eier und spielte an Fräulein Engels hervorstehendem Kitz.

Er platzte vor Geilheit. Er vergaß sich. Wild zerrte er Fräulein Riedel hoch.

»Los, zieh den Slip runter!« befahl er.

Sie ließ es sich nicht zweimal sagen. Schnell hatte sie den Rock gehoben, schob ihre Finger unter den Slipbund, und mit einer geschmeidigen Bewegung bot sie ihm ihren stark behaarten Venushügel dar.

Fräulein Engels Reiterei wurde immer wilder, unbeherrschter, lüsterner. Ihr Atem kam schnell und stoßweise. Sie hatte den Kopf zurückgeworfen, die Augen geschlossen und pumpte wie irr.

Bereitwillig spreizte Fräulein Riedel ihre Beine. Paul langte in den dicken Pelz. Ohne Mühe fanden seine Finger die gierig wartende Öffnung. Mit dem Daumen massierte er ihren Kitz, und mit der anderen Hand knetete er Fräulein Engels erigierten Kitz.

Seine Eier drohten zu bersten. In jeder Hand einen Kitz, seinen Paul tief in einer engen Tussi, zwei Finger in der süßen Musch einer zweiten Frau vergraben – es war ein neuer Höhepunkt.

Fräulein Engel zog ihren Pullover hoch und drückte ihm eine heiße Knospe in den Mund. Gierig nahm er sie auf und stopfte sich den Mund mit dem zarten, knusprigen Fleisch voll. Seine Zunge massierte die erigierte Zitze, und neben ihm nahm Fräulein Riedel die andere

Knospe in den Mund und begann geschickt und liebevoll mit erfahrenem Mund an dem Nippel zu saugen.

Fräulein Engel schrie auf. Mit beiden Händen langte sie nach Fräulein Riedels Brüsten, fand sie und knetete sie.

»Macht weiter, ihr geilsten aller Typen!« ächzte sie. »Oh, laßt mich kommen! Macht mich richtig fertig! Hört nicht auf!«

Sie schüttelte sich, wand sich wie ein Stier, bäumte sich auf und pumpte und kreiste und drückte ihnen ihre Ballons noch fester ins Gesicht.

Paul kam es vor, als hätte er eine Dauererektion, als ob er noch stundenlang so weitermachen könnte. Sein Sack war berstend voll und schmerzte, sein Paul hart und fest und glitschig und zornig.

»Fester, fester!« befahl Fräulein Engel keuchend mit verbissenen Zähnen.

»Oh, ist das gut«, fuhr sie fort, »ist das herrlich! Du köstlicher Rammler! Du Bumser, du Befriediger! Du Guter! Stoß zu! LOS!«

Ihre Schreie gingen in ein heiseres Röcheln über.

»ICH KOMME! ICH KOMME...«

Aber dieser Ausruf war überflüssig. Ihr Orgasmus kam und kam und kam. In heißen Wellen überfiel er sie, ließ den Saft aus ihr herausschießen. Ihr Kitz bäumte sich auf, begann heftig zu zucken.

Sie ritt ihn aus, malmte ihre Schamhaare gegen ihn, drückte sich mit voller Kraft gegen ihn und massierte seinen Schaft mit ihren Muskeln. Der Orgasmus ließ ihre Muschi krampfartig kontrahieren, und ihre ohnehin schon so enge Grotte wurde noch kleiner, zog sich spastisch zusammen. Sie hielt ihn so fest umklammert, daß er Angst haben mußte, überhaupt nicht wieder aus ihr herauszukommen.

Und während Fräulein Engel seinen Riemen in dem Schraubstock festhielt, richtete Fräulein Riedel sich wieder auf. »Los, Christel, nun mach schon, daß du runterkommst! Meine Kleine brennt. Ich brauche einen Guß, um den Brand niederzuschlagen. Ich werde noch wahnsinnig. Ich kann euch nicht mehr zugucken, ich brauche jetzt selber einen richtigen Süßen zwischen den Beinen!«

Nur zögernd wich die Sekretärin unter Fräulein Riedels heftigen Anstrengungen zurück, bis schließlich mit einem deutlich hörbaren FLUP Pauls purpurn glänzender Schaft wie ein strammer Fahnenmast in die Höhe ragte.

Mit schwachen Beinen stand sie da, der Saft lief ihr an den Oberschenkeln herunter, und ihre Knie zitterten. Sie hatte einen völlig verklärten Blick, als Fräulein Riedel ohne Umschweife den freigewordenen Platz einnahm.

Durch die massive Bearbeitung mit Pauls Fingern war ihre Tussi mehr als voll aufnahmebereit. Mit einem Schwung kniete sie über ihm, peilte ihr Ziel kurz an, und schon spießte sie sich in voller Länge auf.

Ein tiefes, zufriedenes Seufzen kam aus ihrer Kehle, und sekundenlang saß sie still da, das Völlegefühl in ihrer geilen Grotte stillschweigend genießend. Dann begann sie langsam und genüßlich mit den Hüften zu rotieren. Aufgepeitscht durch das Kneten ihres Kitzlers, das Saugen an Fräulein Engels praller Brust und den geilen Anblick des tollen Paares, war sie nicht mehr zu bändigen. Sie warf sich ihm entgegen, drückte beim Reiten ihren Kitzler mächtig gegen seinen rauhen Schaft und brauchte kaum länger als zwei Minuten, um fertig zu werden.

Erschöpft sackte sie auf Paul zusammen. Er wußte nicht, was mit ihm los war.

»Was ist denn los mit Ihnen, Herr Ehrlich?«

Die Worte drangen nur vereinzelt in seine schweifenden Gedanken.

»Waren wir nicht gut?« wollte Fräulein Riedel besorgt wissen.

»Hat er etwa noch immer nicht abgespritzt?« mischte sich Fräulein Engel erstaunt in das Gespräch ein.

»Was heißt hier noch immer nicht?« erwiderte er. »Ihr glaubt doch nicht etwa, daß ihr beiden mich hier so ruck-zuck fertigmachen könnt, oder? Das würde euch so passen. Ich bin jetzt erst so richtig scharf geworden nach diesem kleinen Probelauf. Los, Fräulein Engel, Sie setzen sich hier vor mir auf den Schreibtisch. Sie, Fräulein Riedel, gehen jetzt mal schön brav herunter. Wenn ihr das hier noch öfter machen wollt, will ich erst mal sehen, was ihr Schönen sonst noch alles könnt. Ich will jetzt anständig einen getutet haben, und zwar von Ihnen, Fräulein Riedel. Wenn ich Ihren geilen Mund so sehe, geht mir fast spontan einer ab.« Die beiden zögerten keine Sekunde. Auch ihre Lust war noch nicht endgültig gestillt. Fräulein Engel hatte bereits wieder die Finger an der Muschi und strich gemächlich durch die nasse Ritze und an ihrem Kitz entlang.

Jetzt ging sie zu seinem Schreibtisch. Mit einem kleinen Schwung saß sie auf der Vorderkante, direkt vor Paul, ließ sich langsam nach hinten kippen, bis sie mit dem Rücken flach auf der Schreibtischplatte lag. Dann hob sie ihre Beine an, bis sie auf der Vorderkante der Platte ruhten. Ihre Knie gingen auseinander, und er starrte in das naßglän zende, duftende Dreieck. Sie fuhr sich noch immer, oder vielmehr schon wieder, über den Kitz. Verträumt schaute sie nach oben und kaute auf ihren Lippen.

Schnell rutschte Fräulein Riedel von seinem Schoß und ging vor ihm auf die Knie. Er drückte sie so weit zurück, bis er mit seinem Gesicht zwischen Fräulein Engels gespreizten Beinen war. Fräulein Riedel wartete nicht länger. Sie nahm seinen hochstehenden Paul in die eine Hand, und mit der anderen kraulte sie ihm den Sack. Plötzlich fühlte er sein Glied von einer warmen, feuchten, weichen Höhle umgeben, und Fräulein Riedels Zunge liebkoste seine Eichel.

Er streckte seine Zunge raus, und während er mit den Fingern Fräulein Engels Schamlippen auseinanderzog, fuhr er mit der Zungenspitze um den Kitz herum.

Die zarten Lippen, die seinen Riemen umschlossen hielten, waren wie Balsam auf seinem pochenden Paul. Die drei Verliebten bewegten sich jetzt im Rhythmus zueinander. Durch die enge Vereinigung waren sie wie eine Person, und wie bei einer Person kam es ihnen allen dreien gleichzeitig.

Mit einer gewaltigen Explosion zischte der erste heiße Samenstrahl in Fräulein Riedels hungrige Kehle, und er fühlte und schmeckte, wie die Ergüsse Fräulein Engel aus der Grotte flossen. Gierig schleckte er den leckeren Saft auf, und der zweite satte Strahl schoß aus seiner Eichel und klatschte gegen Fräulein Riedels Gaumen. Sie schluckte heftig, gewaltsam, saugte aus Leibeskräften und knetete weiter seinen Sack von außen und nun auch noch seine Prostata von innen. Jetzt zuckte und spuckte sein Schwanz in kurzen, ruckartigen Bewegungen, und Fräulein Riedel arbeitete wie wild, um Herr der Lage zu bleiben. Sie schluckte und schluckte und schmatzte mit der Zunge. Und Paul saugte Fräulein Engels Kanne leer.

Fräulein Riedel hatte bei sich selbst nachgeholfen, und ihre eifrigen Finger hatten das Ihrige getan. Gleichzeitig wichste sie ihre Muschi gegen seinen Unterschenkel, und das, zusammen mit der ausgiebigen Leckerei, hatte ihr einen vollauf befriedigenden Orgasmus beschert.

Es herrschte völlige Harmonie, und nach einer kurzen, dringend erforderlichen Ruhepause konnten sie restlos entspannt und befriedigt wieder an ihre unterbrochene Arbeit gehen.

»Was ist das hier eigentlich für ein Saustall, Paul?« wollte Eddy am nächsten Morgen recht barsch wissen.

»Wieso?«

»Menschenskinder. Ich war gestern sehr zornig. Über eine Stunde habe ich versucht hier anzurufen, aber glaubst du, jemand wäre ans Telefon gegangen? Nicht die Bohne! Kein Schwein hat es für nötig gehalten, mal an das verfluchte Telefon zu gehen!«

»Das gibt es doch nicht!« meinte Paul.

»Was? Das gibt es nicht? Und ob es das gibt! Pausenlos habe ich es versucht. Ich kann dir sagen, ich habe vielleicht gekocht. Kaum bin ich aus der Firma, ist kein Schwein an seinem Arbeitsplatz. Was macht ihr eigentlich den ganzen Tag, wenn ich mal nicht da bin, um euch auf die Finger zu gucken?« fragte er.

»Na, was sollen wir schon machen? Arbeiten, natürlich«, beantwortete Paul seine eigene Frage. »Ich kann es mir auch nicht erklären. Ich meine, ich glaube dir das natürlich, aber ich hätte schwören können, das Telefon sei die ganze Zeit besetzt gewesen.«

Und dann fiel ihm plötzlich ein, warum niemand ans Telefon gegangen war.

Beiläufig griff er nach einem Stapel Post, den er für eine Rücksprache mit Eddy aufgehoben hatte.

»Ich bestehe darauf, daß die blöde Ziege Riedel an der Zentrale bleibt, sonst kann sie was erleben!« drohte er.

»Vielleicht war es auch irgendeine Störung«, versuchte Paul beschwichtigend einzulenken. »Übrigens haben wir hier noch ein paar ganz wichtige Sachen zu besprechen!«

»Das interessiert mich nicht«, meinte Eddy.

Aber nach einem Augenblick hatte er es sich doch anders überlegt.

»Also los, was gibt's?«

»Dieser Brief von Tom Patterson...«

Aber schon wurde Paul wieder unterbrochen.

»Verstehst du wenigstens, warum mich das so wurmt, Paul? Verdammt und zugenäht. Wir sind noch eine kleine Firma. Wir brauchen jeden Auftrag, und was, glaubst du, passiert, wenn ein Kunde hier innerhalb einer Stunde zwei-, dreimal anruft, um eine eilige Bestellung aufzugeben, und niemand meldet sich? Der wendet sich doch sofort an die Konkurrenz.«

Paul nickte nur, verständisvoll schweigend.

»Schließlich würden wir es doch auch nicht anders tun. Du weißt selber, daß die Telefonzentrale nach außen hin die gesamte Firma repräsentiert, und wenn wir da bereits unsere Kunden verärgern und unser gesamtes mühselig aufgebautes Image kaputtmachen, können wir doch gleich den Laden dichtmachen! Die blöde Riedel soll sich bloß nicht einbilden, daß ich so etwas dulde, nur weil sie ihre Schamlippen im Gesicht zur Schau trägt.«

»Das hat doch damit nichts zu tun«, meinte Paul, nicht sicher, wie weit er im Moment gehen durfte, um Fräulein Riedel vor Eddy in Schutz zu nehmen. Er traute ihr durchaus einen kleinen Erpressungsversuch zu, falls es mal hart auf hart zugehen sollte. Die Tatsache, daß sie ihn dabei erwischt hatte, wie er gerade Fräulein Engel geliebt hatte, konnte ihm bei Eddys Einstellung ganz schön zum Verhängnis werden, und daß sie dann selber ihre Beine bereitwillig auseinander gemacht hatte und ihm schließlich einen Saftigen geblasen hatte, änderte an dem Tatbestand auch nichts. Trotz aller Freundschaft mußte er damit rechnen, daß Eddy ihn in hohem Bogen herausschmeißen würde. Bei aller Bumserei war er beim Beglücken der eigenen Betriebsangehörigen knüppelhart. Hier kannte er kein Pardon.

»Komm, hol sie mal herein. Ich möchte doch zu gern mal wissen, was sie zu ihrer Verteidigung zu sagen hat.«

Paul griff zum Telefonhörer.

»Fräulein Riedel, kommen Sie doch bitte mal eben zu mir!«

Wenige Augenblicke später klopfte es an der Tür, und Fräulein Riedel trat ein. Mit dem flotten Hosenanzug, der ihre knabenhafte Figur noch betonte, ihren langen Haaren, dem kleinen festen Busen und dem süßen Mund sah sie sehr einladend aus, und der Gedanke an den gestrigen Tag setzte seinen Hampel bereits wieder in Bewegung.

Er machte ein bewußt unfreundliches Gesicht, um ihr zu zeigen, daß ihre jetzige Anwesenheit auf einem völlig anderen Platz stand als die wilde Gruppentoberei von gestern.

Auch sie verhielt sich weitgehend neutral, obwohl Paul sicher war zu sehen, wie in ihren Augen ein loderndes Feuer flammte, als sie erst ihn und dann seinen strammen Hosenschlitz anguckte.

»Ja, bitte, Herr Ehrlich?«

»Es geht um folgendes, Fräulein Riedel. Gestern vormittag hat Herr Schulz über eine Stunde lang versucht, die Firma anzurufen.

Obwohl das Rufzeichen jedesmal durchging, nahm niemand das Gespräch entgegen.«

Fräulein Riedel machte ein bestürztes Gesicht, das ehrliches Unverständnis widerspiegelte.

»Das kann aber nicht sein. Ich war bestimmt die ganze Zeit an der Zentrale. Wenn ich einmal aus irgendeinem Grunde kurz das Zimmer verlassen mußte, habe ich jedesmal Fräulein Engel gerufen und sie gebeten, auf das Telefon zu achten. Also ehrlich, die Zentrale war die ganze Zeit besetzt«, beteuerte sie, und ihr Blick wanderte dabei von Paul zu Eddy und wieder zurück.

Eddy erwiderte den Blick mit unverhohlenem Mißtrauen.

»Na, ja«, meinte er schließlich, »wie dem auch sei. Auf jeden Fall habe ich die Firma nicht erreichen können, und ich kann Ihnen eins sagen, Fräulein Riedel, wenn ich das noch einmal erlebe, sind Sie die längste Zeit bei uns gewesen.«

Fräulein Riedel wurde erst rot, dann sehr blaß. Sie preßte die Lippen zusammen, und Paul sah, wie sie unbewußt ihre Fäuste ballte.

»Haben wir uns richtig verstanden?« fügte Eddy noch hinzu.

Fräulein Riedel nickte lediglich kurz mit dem Kopf und verließ eingeschnappt das Büro.

»Das ist doch ein blödes Suppenhuhn! Dieses saudumme Frauenzimmer, was bildet die sich eigentlich ein. Die brauche ich nur anzugucken, und schon kriege ich zuviel.«

»Wieso?« meinte Paul. »Ich finde die wirklich nicht so schlecht.«

»Ach, komm, hör doch auf, Paul! Du denkst doch nur wieder ans Schnuckeln.«

»Na und?«

Eddy stutzte. Kritisch prüfend sah er Paul an.

»Also was ist mit Tom?« fragte Eddy.

»Er kommt sehr früh in Frankfurt an. Sonntag. Soll ich ihn abholen?«

»Bei Tom, würde ich sagen, sollte man das schon machen. Sonntag ist natürlich blöd. Wann landet seine Maschine?«

»Zehn Uhr.«

»Machen wir doch folgendes. Du triffst ihn am Flughafen, fährst mit ihm ins Hotel, gehst mit ihm essen und kommst dann hierher. Arrangiere es so, daß ihr gegen fünf hier eintrefft. Ihr könnt dann zu mir herauskommen, und wir trinken zusammen einen Whisky. Ruf mal eben Karl-Heinz an, ob der auch mit will.«

Paul nickte und ließ sich sogleich mit Karl-Heinz verbinden.

»Karl-Heinz? Folgendes. Am Sonntag kommt Tom Patterson für eine Woche ... Ja, genau, die ganze Woche. Ich hole ihn am Flughafen ab und bringe ihn gegen Abend auf einen Drink zu Eddy. Hast du Zeit zu kommen?« Paul wartete Karl-Heinz' Antwort ab. Dann legte er den Hörer auf die Gabel.

»Alles klar. Karl-Heinz kommt, wenn es nicht zu spät wird.«

»Nein«, wehrte Eddy ab, »das wird es auf keinen Fall. Die Woche wird noch schlimm genug, wenn wir uns pausenlos um Tom kümmern müssen.«

»Man könnte natürlich auch Carol einen kleinen Besuch abstatten«, meinte Paul.

»Also, du bist doch ein geiler Vogel! Ist die denn wirklich so gut?« fügte Eddy noch hinzu.

»Gut?« wiederholte Paul. »Gut ist kein Wort dafür. Die ist einsame Klasse. Wirklich, Eddy, die mußt du unbedingt mal gesehen haben!«

»Das ist vielleicht keine schlechte Idee. Wir werden aber zu viert sein, vergiß das nicht. Da müßte auf jeden Fall ihre kleine Freundin noch mitmachen. Kannst du das arrangieren?«

Paul zuckte die Schultern.

»Warum nicht? Ich werde es gleich versuchen und sage dir dann Bescheid.«

6

Mit der Verabredung hatte alles geklappt. Carol hatte sich gefreut, so schnell wieder von ihm zu hören. Allerdings war sie nicht sonderlich über die Nachricht, daß sie zu viert kommen wollten, erfreut.

»Muß das unbedingt sein, ja?« hatte sie nochmals gefragt. Er hatte ihr die näheren Umstände erläutert, und zum Schluß hatte sie dann versprochen, ihre Freundin Sylvia zu fragen. Bezüglich Sylvia könnte sie allerdings nichts Definitives versprechen, schränkte sie ein.

Als er sie anrief, gegen die Mittagszeit, hätte sie ihn fast soweit gebracht, sofort zu ihr hinzufahren.

»Komm doch auf einen Sprung herüber, Paul«, hatte sie gesagt. Ihre Stimme klang sehr einladend.

»Ich kann nicht, Carol, ich habe irrsinnig zu tun. Du kannst es mir glauben, ich wäre sonst auf der Stelle bei dir«, versicherte er.

»Kannst du deine Arbeit nicht verschieben? Ich habe heute den ganzen Tag frei, und ich brauche unbedingt einen Mann. Ich glaube, ich kriege bald meine Tage. Wenn ich nicht bald anständig durchgebibert werde, gehe ich noch auf die Straße und suche mir den nächstbesten Mann und schleppe ihn mit in meine Wohnung.«

»So schlimm ist es?« fragte Paul, mit einer riesigen Erektion zwischen den Beinen bei dem Gedanken, daß Carol darauf wartete, gevögelt zu werden.

»Noch viel schlimmer. Ich habe heute bereits zweimal meinen kleinen Freund aus der Schublade in Gebrauch gehabt, aber der hat mich anscheinend nur richtig auf den Geschmack gebracht. Komm doch vorbei, Paul.«

»Carol, du glaubst nicht, wie gerne ich das tun würde. Der Gedanke allein hat bei mir schon zu einem hervorragenden Samenstau geführt. Aber ich kann im Moment beim besten Willen nicht.«

»Ist es wegen des Geldes?«

»Ach was, kein Stück. Ich bin in Zeitnot. Aber mal etwas anderes. Wenn du jetzt gerade deine Tage bekommst, dürfte Sonntag doch wohl etwas schlecht sein, oder?«

»Weißt du denn nicht, daß eine Frau am allergeilsten ist, wenn sie ihre Regel hat?«

»Doch, doch, schon. Aber es ist nicht jedermanns Sache. Wobei ich hinzufügen möchte, daß es mir persönlich beim Vögeln nicht das geringste ausmacht. Aber du weißt, daß meine Freunde Eddy und Karl-Heinz mitkommen, und vor allen Dingen unser amerikanischer Amigo Tom. Ich weiß nicht, wie die darüber denken!«

»Na ja, mach dir man keine Sorgen. Ich wollte nur sehen, wie du reagierst. Bis Sonntag abend dürfte der Film gelaufen sein.« Sie schwieg einige Sekunden, dann setzte sie fort: »Ich sage dir, du würdest es nicht bereuen! Das neulich war nur eine kleine Kostprobe. Heute könntest du mich mal richtig privat kennenlernen, verstehst du? Hier, paß mal auf!«

Paul bildete sich ein zu hören, wie sie den Telefonhörer gegen ihre Schamhaare drückte. Ihm wurde ganz heiß im Sack, und er spürte, wie sich seine Eier füllten.

»Mensch, Carol, hör auf! Du machst mich ganz verrückt! Ich spritze gleich ins Telefon!« flehte er.

Ein paar Augenblicke war es still in der Leitung. Dann kam ihre Stimme wieder.

»Hast du es gehört, Paul?«

Ihre Stimme war tief und heiser. Sinnlich. Das Verlangen nach einem Freund war unverkennbar.

»Stell dir vor, Paul, ich hätte deinen Steifen jetzt im Mund. Jetzt sauge ich ganz zart an deiner Eichel. Jetzt öffne ich deine Urethra etwas und fahre ganz leicht mit meiner Zungenspitze hinein. Ich kraule dir deine Eier und wichse deinen langen Schaft. Spürst du es, Paul?«

»Herrschaft noch mal, ja, ich spüre es. Und wie ich es spüre! Mir geht gleich einer in die Hose ab, wenn du es genau wissen willst, aber ich kann wirklich nicht, Carol, glaube es mir doch bitte!«

Sie seufzte tief.

»Ach, Paulchen, was bist du doch für ein Scheißkerl! Solch ein Esel. Ich biete dir den besten Trip deines Lebens, und du ziehst es vor, in deinem blöden Büro zu hocken und dich hinter deinem Schreibtisch zu amüsieren. Oder bumst du vielleicht deine Sekretärin? Willst du deswegen nicht zu mir kommen?«

»Schön wär's. Aber du weißt, ich habe dir schon gesagt, da spielt sich nichts ab!«

Er wußte nicht, warum er sie anlog. Macht der Gewohnheit. Sage nie einer Hure die Wahrheit über dich selbst.

»Ich finde es trotzdem schade. Wir könnten es stundenlang machen. Du könntest so oft abspritzen, wie du möchtest. Überleg es dir noch mal. Ich bin noch etwa eine Stunde zu Hause. Wenn du kommen kannst, würde ich mich freuen. Ehrlich. Du hast mir neulich irgendwie gefallen. Und du würdest es auch nicht bereuen, das verspreche ich dir.«

»Okay, Carol, ansonsten bis Sonntag gegen neun, ja?«

»Okay.«

7

Der Hausmeister machte ein etwas erstauntes Gesicht, als er gleich vier Männer vor sich stehen sah, die zu Carol wollten, aber nach kurzer Rückfrage bei ihr ließ er sie schließlich eintreten.

Paul ging voraus und zeigte den anderen den Weg.

Carol schien schon auf sie gewartet zu haben, denn sie öffnete die Tür, noch bevor Paul den Finger so recht von der Klingel genommen hatte.

»Grüß dich, Paul!«

»Tag, Carol. Carol, darf ich bekannt machen, dies sind Eddy, Tom Patterson aus USA und Karl-Heinz. Meine Herren... Carol.«

Tom und Karl-Heinz begnügten sich mit einem formellen Händedruck, aber Eddy zwinkerte sie an, führte ihre Hand langsam zu seinen Lippen und gab ihr einen Handkuß, der sofort einen intimen Akzent setzte. Sie genoß es offensichtlich, wich dann aber doch zurück und gab Paul einen kurzen, aber herzhaften Kuß.

Auf den Tisch vor dem Sofa hatte Carol eine Flasche Wein und fünf Gläser gestellt. Sie nahmen Platz, Paul neben Carol mit Eddy auf der Couch, Tom und Karl-Heinz in den beiden Sesseln. Eddy schenkte ein und ergriff sofort das Wort.

»Wo ist denn deine kleine Freundin, Schatz?«

»Sylvia? Ich weiß es nicht. Sie hatte heute nachmittag etwas vor und ist noch nicht zurückgekommen. Sie weiß aber Bescheid und hat fest versprochen vorbeizukommen. Ihr habt's doch nicht so eilig?«

»Kein Stück«, antwortete Eddy für sie alle.

Carol stand auf und legte eine Langspielplatte auf. Sie griff nach einer Zigarette, und Paul reichte ihr Feuer. Er selbst rauchte nicht. Dann saß sie wieder zwischen den beiden Männern und legte vertraut eine Hand auf ihre beiden Knie.

Das Eis wurde eigentlich erst gebrochen, als sie alle das erste Glas ausgetrunken hatten und Eddy unaufgefordert nachschenkte.

»Wie wär's mit einem kleinen Tänzchen, Carol?«

Es war Tom. Er hatte wieder an letztes Jahr und an Maritza gedacht und war dabei so erregt worden, daß er unbedingt eine Frau in den Armen haben mußte.

Bereitwillig stand Carol auf und schmiegte sich in seine Arme. Sie tanzten gut miteinander, und die Musik hatte einen ausgesprochen sinnlichen Rhythmus. Auch die anderen drei spürten Leben in ihren Lenden, als sie sahen, wie Tom seinen Schwanz gegen ihren Schoß drängte und sie seinen Bewegungen mit kreisenden Hüften begegnete. Sie hatte die Augen geschlossen, und ihr langes, seidig glänzendes Haar verdeckte ihr Gesicht fast vollständig.

Tom hielt sie mit der Hand fest umschlungen, wodurch ihr ohnehin kurzes Kleid noch höher rutschte und die verlockende untere Kante ihres knappen schwarzen Höschens freigelegt wurde. Die langen, schlanken Beine waren strumpflos. Paul lief das Wasser im Mund zusammen, als er an den Tag zurückdachte, wo sie mit gespreizten Beinen vor ihm in dem Sessel gesessen hatte.

Gewaltsam riß er seine Augen von dem verträumten Paar los. Er guckte zu Eddy hinüber und sah dessen Blick an, daß auch er von dem Mädchen angetan war.

»Klasse?«

Eddy nickte nur. Zweifellos spürte er auch ein Brennen in den Eiern.

Karl-Heinz dagegen schien noch gar nicht in Form zu sein. Er machte einen gelangweilten Eindruck, saß tief zurückgelehnt mit übergeschlagenen Beinen im Sessel und genoß eine Zigarette nach der anderen.

Jedes Wort hätte im Moment nur gestört, obwohl Paul nicht einmal sicher war, daß Tom und Carol sie überhaupt gehört hätten. Sie hatten längst aufgehört, sich im Takt der Musik zu bewegen. Es war sicher kein Tanzen mehr, sondern eher ein öffentlicher Koitus mit allen Kleidungsstücken an. Allerdings hatte Tom inzwischen seine Hand unter ihr nach oben gerutschtes Kleid gebracht und war eifrig damit beschäftigt, seine Finger unter ihren Hosenbund zu schieben. Sie hatte ihre Hände um seinen Hals gelegt und streichelte verträumt und spielerisch seinen Hinterkopf. Er bückte sich leicht, schob ihre langen Haare hinter das Ohr und fuhr mit seiner Zunge in ihr Ohr. Sie erschauderte.

Hin und wieder schien Tom einzufallen, daß sie beim Tanzen waren, und bewegte pflichtbewußt ein Bein. Das diente aber nur dazu, ihr seinen Hammer noch fester zwischen die Beine zu pressen und mit seiner Zunge noch besseren Zugang zu ihrem Ohr zu finden. Seine Hand war jetzt unter ihrer Hose verankert, und sinnlich knetete er ihre zarten, runden Popobacken, wichste mit einem Finger in die leicht schwitzende, enge Ritze und drückte sie fester an sich.

Sie machte sich von ihm frei, flüsterte in sein Ohr und nahm ihn bei der Hand. Ohne auf die anderen Anwesenden zu achten, verließen sie das Wohnzimmer.

Paul guckte Eddy an, Eddy Karl-Heinz, und Karl-Heinz wiederum Paul.

»Dieser geile Bock«, sagte Eddy schließlich. »Er hätte uns ja wenigstens mitnehmen können.«

»Das stimmt«, pflichtete Paul bei. »Habe ich nicht gesagt, daß das eine Klassefrau ist? Die ist so scharf wie wir alle zusammen.«

»Aber hör mal, Paul, das hier gefällt mir ganz und gar nicht. Ich meine, Tom ist natürlich unser Gast und furchtbar wichtig für uns, aber dies ist doch lächerlich. Ich sitze mit einem Sack voller Samen herum, und der Tom schleppt die einfach ab. Ich meine, so geht es ja nun auch wieder nicht. Die hätten wenigstens so viel Anstand zeigen können, uns zugucken zu lassen. Die Frau hat ja eine sagenhafte Figur.«

»Nicht nur das, Eddy. Aber was das Zugucken anbetrifft, so bin ich sicher, daß Carol nichts dagegen hätte. Ich will mal sehen, ob sie die Schlafzimmertür offengelassen hat.« Er stand auf und ging in leicht gekrümmter Haltung, um seine Erektion etwas zu verbergen, aus dem Zimmer. Der weiche Teppichboden schluckte seine Fußtritte. Vorsichtig drückte er auf die Türklinke des Schlafzimmers, aber die Tür gab seinem vorsichtigen Druck nicht nach.

Er ging zurück.

»Leider nichts zu wollen, aber ich habe eine andere Idee«, kündigte Paul an.

Auf Zehenspitzen öffnete er die Glasschiebetür und trat hinaus auf den Balkon. Er hatte Glück. Die Übergardinen des Schlafzimmers waren nicht zugezogen, und die kleine Nachttischlampe erleuchtete das Zimmer.

Schnell schritt er zurück ins Wohnzimmer und winkte die beiden anderen heraus.

»Los, kommt, aber seid gefälligst leise!« raunte er ihnen zu. Im Nu waren sie auf dem Balkon vor dem Fenster.

Carol war splitternackt, und als sie sich nach vorne beugte, um Tom die Unterhose abzustreifen, kamen ihre herrlichen Brüste mit den steil hervorstehenden Knospen voll zur Geltung.

Paul hörte, wie Eddy den Atem schnell einzog, und auch Karl-Heinz hatte seine vorherige Langeweile gänzlich abgeschüttelt.

»Mein lieber Mann!« preßte er mit unterdrückter Stimme hervor.

8

Eine halbe Stunde verging, bis die beiden endlich wieder ins Wohnzimmer zurückkehrten. Carol sah man deutlich an, daß sie soeben frisch aus der Dusche kam, und Tom machte einen leicht lädierten und fast etwas verlegenen Eindruck. Carol hatte sich nicht die Mühe gemacht, sich wieder richtig anzuziehen. Unter dem dünnen, fast durchsichtigen Umhang zeichneten sich ihre dunklen Brustwarzen und der schwarze Schatten ihres wollüstigen Dreiecks deutlich ab. Bei jedem

Schritt pendelten die vollen Brüste sanft und verlockend auf und ab, und drohten den dürftigen Umhang zu durchbrechen. Ihre langen Beine öffneten das Gewand, so daß man die geschmeidigen Bewegungen ihrer klassischen Oberschenkel genießen konnte.

Sie nahm wieder zwischen Paul und Eddy Platz, zündete sich rasch eine Zigarette an, und griff nach ihrem warm gewordenen Glas Wein.

»Zum Wohl!«

»Das haben wir allerdings sehr nötig«, erwiderte Eddy, von Ohr zu Ohr sehr eindeutig grinsend. »Ihr wart ja eine Ewigkeit verschwunden! Wir wären hier fast eingeschlafen.«

»Deswegen habt ihr wohl auch so wenig von dem Wein getrunken? Oder schmeckt er euch nicht?«

»Doch, doch. Haben wir wirklich so wenig getrunken? Ja, richtig. Aber ich muß dir ehrlich sagen, das hat auch noch einen anderen Grund.«

»Oh?«

Sie hob leicht prüfend eine Augenbraue. »Und das wäre?«

»Eure Abwesenheit, um präzise zu sein. Wir machten uns Sorgen. Tom hat eine lange, anstrengende Reise hinter sich, und wir befürchteten schon, er würde plötzlich keinen mehr hochkriegen!«

»Das hätte euch wohl so gepaßt«, gab Tom zurück. »Ihr geilen Böcke seid doch nur eifersüchtig, weil ihr keine sehenswerte Erektion auf die Dauer aufrechterhalten könnt. Für mich dagegen ist es kein anständiger Koitus gewesen, wenn die Frau nicht mindestens dreimal gekommen ist, bevor ich das erste Mal abspritze!«

Karl-Heinz räusperte sich lautstark.

»Die Ausdauer«, meinte er, »hättet ihr Amis mal in Vietnam zeigen sollen. Dann hättet ihr vielleicht von den Vietkong nicht so einen vor den Latz geknallt bekommen.«

»Aber genau das war doch unser Problem, Karl-Heinz. Wir Amis sind nun mal solche Top-Ficker, und wenn du mal im Fernen Osten gewesen wärest, wüßtest du genau, daß dort die Frauen es wirklich verstehen, einem Mann den letzten Tropfen Samen aus den Eiern zu holen. Dadurch waren wir laufend im Puff beim Vögeln, und auf dem Kriegsschauplatz waren wir dann total enteiweißt und zu erledigt, um noch große Heldentaten zu verrichten.«

»Sind die Frauen wirklich so gut?« wollte Carol wissen.

»Allerdings. Nichts gegen dich, Carol, aber in puncto Verwöhnung können die Frauen hier schon noch einiges lernen.«

117

»Da ergibt sich nur die Frage«, ergriff Paul das Wort, »was besser ist. Verwöhnt zu werden oder anständig rammeln.«

»Genau«, pflichtete Carol bei. »Ich kann einen Mann bestimmt auch verwöhnen, aber wenn ich richtig geil bin oder, so wie eben, spontan scharf gemacht werde, dann will ich möglichst auf dem schnellsten Wege einen anständigen, tüchtig stoßenden Hammer zwischen den Beinen spüren. Und ich glaube, daß die meisten Männer auch so sind: Wenn euch erst der Pimmel steht, und der erste Tropfen an der Eichel hängt, dann wollt ihr nicht mehr lange verwöhnt werden, sondern langt nach dem ersten besten Loch, das euch vor die Flinte läuft.«

»Carol, Schatz, du hast vollkommen recht«, bestätigte ihr Eddy. »Schau nur mal«, und er machte seine Hose auf und ließ seinen halbsteifen Kameraden in der frischen Luft baumeln, »wie es mir geht. Da zieht der erste Tropfen bereits lange Fäden zwischen Vorhaut und Eichel, und ich sage dir, ich stecke ihn auf dem schnellsten Wege in die nächste Möse, die sich mir anbietet.«

Und schon hatte er seine Hand tief zwischen ihre Beine geschoben. Carol lachte auf.

»Das finde ich herrlich. Allerdings würde ich gerne mal wissen, wo der Tropfen bei deiner Wünschelrute so schnell herkommt.«

»Lach nicht«, sagte Karl-Heinz, »der Eddy ist zwar nicht groß, aber er hat einen furchtbaren kleinen zornigen Draufgänger zwischen den Beinen. Ich habe es schon erlebt, daß der Eddy im Laufe eines Abends ohne Schwierigkeiten diversen Frauen acht- oder neunmal eine Ladung in den Bauch gespritzt hat.«

»Wirklich?«

In ihrer Stimme lag echtes Erstaunen, und sie betrachtete das an ihrem Schenkel ruhende und langsam steifer werdende Glied mit Interesse.

»Das sieht man dir aber gar nicht an, du kleiner Schelm!« sie umfaßte Eddys Riemen mit einer Hand und begann ihn leicht zu wichsen. Mit der anderen Hand rauchte sie weiter an ihrer Zigarette. Es war ihr anzusehen, daß sie noch ein paar Minuten Erholung brauchte, um wieder richtig in Schwung zu kommen.

»Also komm, Carol, nun laß diese blöde Wichserei. Das kann ich schließlich auch selber.«

»Aber bestimmt nicht so gut wie ich«, gab sie zuversichtlich zurück, und ihre Finger leiteten einen kleinen Tanz mit seinem Eddy ein.

»Das mag schon sein, aber ich würde eine etwas persönlichere, eine intimere Befriedigung vorziehen«, sagte Eddy.

»Sei nicht so ungeduldig«, bat ihn Carol.

Sie stand auf und holte eine neue Flasche Wein.

Als sie wieder ins Zimmer trat, hatte Eddy Hemd und Krawatte abgelegt und saß mit nacktem Oberkörper, offener Hose und heraushängendem Eddy wartend da.

»Ich will jetzt endlich was erleben!« kündigte er nachdrücklich an.

»Wer will das nicht?« fügte Paul hinzu.

»Genau das meine ich auch!« bestätigte Karl-Heinz.

Nur Tom schwieg. Er schien durch seinen Dauertrip fürs erste befriedigt worden zu sein.

9

Mühselig schleppten sie sich unter die Dusche. Eddy stand vor dem Waschbecken und wusch sich. Karl-Heinz benutzte ungeniert das Bidet, und Tom wartete darauf, Eddys Platz einzunehmen. Sie waren ausgepumpt.

Nur Paul bildete eine Ausnahme. Er hatte wieder diese eigenartige, hundeähnliche Halberektion, die eigentlich gar keine war und doch so eindrucksvoll aussah. Sein Paulowitsch stand nicht, war aber auch in einem gewissen Stadium der Erregung, und die leichteste Berührung hätte ihn wieder voll anschwellen lassen.

Durchgeschwitzt trat er unaufgefordert zu Carol unter die Dusche.

Sie wehrte nicht ab. Durch nur halbgeöffnete, erschöpfte Augen lächelte sie ihn an. Ihr Blick wanderte unbewußt zu seinem gekrümmten Teil.

»Du siehst aus, als ob du noch etwas Samen zurückgehalten hättest«, meinte sie, und langte spielerisch an seinen Sack.

Er verspürte sofort ein leichtes Prickeln, und ein erhöhter Blutstrom begann den Paulus auszufüllen. So ganz von hinten her, so daß seine Spitze spitz wurde.

Sie sah es, bückte sich kurz, und gab ihm einen zärtlichen Kuß auf die glänzende Vorhaut.

»Ich mag dich«, gestand sie ihm, und dieses so ehrlich klingende, einfache Kompliment einer Frau berührte ihn eigenartig.

Sie drehte ihm den Rücken zu.

»Würdest du mich waschen?« fragte sie und krümmte leicht ihr Rückgrat.

Schweigend nahm er das Stück Seife und begann sie zärtlich einzuseifen. Am Hals beginnend, über die feminin geschwungenen Schultern, an den Lenden entlang und über die runden, festen Kugeln ihres Hinterns. Hier weilten seine Hände besonders lang. Er spreizte ihre Backen ein wenig und rieb genießerisch mit dem Zeigefinger in der Ritze entlang.

Bereitwillig öffnete sie die Schenkel, und durch die Seife geschmeidig gemacht, glitten seine Finger durch das glänzende Haar, über den Kitz, und wieder zurück in ihr heißes Loch. Beim Waschen massierte er sie sanft. Er übertrieb es nicht, zog seine Hand zurück und legte seine Arme um sie herum, um ihr auch den Busen reinigen zu können. Liebevoll fuhr er ihr über die festen Hügel und ließ ihre Knospen an den Innenflächen seiner Hand entlanggleiten. Er vergrub seinen Schwanz zwischen ihren Pobacken. Warm und geborgen kam er sich da vor. Er machte keinen Versuch, in sie einzudringen. Sein Riemen behielt seine leicht angeschwollene, aber keinesfalls steife Form bei. Sie kniff ihre Backen zusammen und hielt ihn so lüstern fest.

Das Wasser prasselte auf ihre Köpfe und nahm Paul die Sicht. Er schloß die Augen und hielt Carol mit ihrem Rücken fest an seine Brust gepreßt. Die ganze Vorderseite seifte er ihr ein. Sie genoß es. Sie half ihm, streckte ihm die verschiedenen Körperteile entgegen, damit er leichter herankommen konnte.

Der harte Strahl des Wassers, die Geschmeidigkeit der Seife, der unmittelbare, liebevolle Kontakt der Haut und die zwanglose Vereinigung zwischen seinem Schaft und ihrer scharfen Ritze hatten etwas unwahrscheinlich Sinnliches an sich. Er versetzte sie beide in eine Traumwelt. Sie hätten auf einer Tanzfläche sein können oder liebevoll im Bett eng miteinander verschlungen – sie nahmen ihre eigentliche Umgebung gar nicht wahr.

Im Gegensatz zu der noch vor wenigen Minuten so ergreifenden, rein körperlichen Vögelfreude, dem Drang der sexuellen, ja vielleicht etwas oberflächlichen Befriedigung wurden sie jetzt von einer sehr sinnlichen, intimen Stimmung kaptiviert. Sie waren Liebhaber geworden, ohne überhaupt geschlechtlich vereinigt zu sein.

Es war ein neues Gefühl für Paul. Es gefiel ihm. Er schmiegte sich enger an ihren Rücken, legte seinen Kopf auf ihre Schulter und bedeckte ihren Hals mit unzähligen Küßchen. Seine Hände setzten das tanzende Spiel um ihre aufreizenden Brüste fort. Ihre leckeren Nippel standen als kleine, rötlichbraune, steife Höhepunkte von den Brüsten weg. Ebenso wie sein Kerlchen, hatten sie noch nicht den äußersten Erektionsgrad der wollüstigen Erregung erreicht. Er vergaß, wo er war, und mit wem er da war. Er wollte die Frau in seinen Armen liebhaben. Und er spürte, wie sehr sie auf seine Gefühlswallungen einging.

Durch das Wechselspiel zwischen zusammengekniffenen und entspannten Pobacken knetete und massierte sie seinen Paul. Er vergrub sich fester in ihrem hügeligen Tal und begann eine leichte Auf-und-ab-Bewegung mit den Hüften. Er stieß gerade so weit vor, daß seine Eichel in Kontakt mit ihren Schamhaaren kam.

Sie drehte ihren Kopf zur Seite, und durch die herabströmenden Strahlen küßten sie sich. Tief, innig, leidenschaftlich. Er bohrte ihr seine Zunge weit in den offenen, wartenden Mund, und sie erwiderte den Kuß. Sie saugte an seiner Zunge, sie preßte sich gegen ihn, ihre Knospen drückten fester gegen seine Hände. Er bedeckte ihren Körper mit seinen wandernden Händen. Er ließ sie um den Busen, über ihren Bauch und ihre Seiten, zurück zu den Schultern und über den Hals gleiten. Er erforschte ihren ganzen Körper, und die einfache Berührung ihres weißen Fleisches regte ihn genauso auf, als ob er seine Finger tief in ihrem Loch stecken gehabt hätte.

»Was macht ihr denn da?« wollte Eddy wissen, indem er die Glastür der Duschkabine einen Spalt weit öffnete.

»Mach die Tür zu!« befahl sie kurz, und schon hatte sie ihre Zunge wieder tief in Pauls Mund geschoben. Das war aber schon kein Kuß mehr. Sie liebte ihn mit ihrer Zunge. Die Gewandtheit, die sie schon vor einigen Tagen gezeigt hatte, als sie seinen Kumpel oral bearbeitet hatte, bestätigte sie nun. Ihre Zunge war überall. Hart und fest drang sie tief in seinen Rachen, zog sich erneut zurück und strich mit breiter Zunge über seine eigene. Sie umkreiste ihn, saugte an seiner Zunge, biß ihn leicht, holte sie tief in ihren Mund, schleckte mit der Spitze seinen Gaumen ab, malmte ihre Lippen gegen seine und versetzte ihn in eine ungeheure Geilheit.

Sein Schaft stand jetzt knochenhart zwischen den weichen Mulden ihrer Oberschenkel. Seine Eichel lugte vorne zwischen ihren Lippen hervor, und sie streichelte sanft über die höchst erregte Spitze mit geschickten, flinken Fingern.

Ihre Hüften begannen zu kreisen, mit den Beinen hielt sie ihn fest und setzte sich fest auf seinen steifen Riemen. Dann ließ sie ihn wieder los. Sie drehte sich zu ihm um und berührte ihn nur mit ihren harten Brustwarzen. Andächtig strich sie ihm mit diesen beiden Vorposten über die Brust, und er bekam Gänsehaut. Ganz bewußt und gezielt reizte sie ihn weiter, mal mit der einen Knospe, mal mit der anderen, dann wieder mit beiden. Dann drückte sie kurz und fest gegen ihn. Sie ging wieder zurück, und jetzt machte er unten mit der Spitze seines Kumpels, was sie mit den Spitzen ihrer Brüste oben machte.

Sie spielten miteinander. Überall berührte er sie mit der Eichel, nur nicht da, wo sie sich am meisten danach sehnte: am Kitz und der Muschi. Überall berührte sie ihn mit den Brustwarzen, nur nicht da, wo er sie am meisten haben wollte: im Mund. Sie schauten sich dabei durch die Wasserstrahlen an, und ihre Augen hatten diesen unverkennbaren Ausdruck der Wollust und Sinnlichkeit und Verlangen nach Inhalt für ihre brennende Grotte angenommen. Sie hielt die Lider leicht gesenkt, ihre Pupillen waren eng und schwarz.

Ganz langsam, bedächtig kamen sie einander näher, und dann hatte er sie fest umschlungen in seinen Armen und drückte sie an sich. Ihre Lippen fanden sich, ihr fester, runder Busen wurde gegen seine Brust flachgedrückt, und sie öffnete die Beine ein wenig, um Platz für seinen eisernen Stab zu machen. Dann schlossen sich ihre Beine fest um ihn.

Seine Hand umklammerte ihren Hintern, knetete ihn, erforschte ihre warme Rille. Den Zeigefinger hielt er hart an ihre Knospe gedrückt.

Sie löste sich ein wenig aus der innigen Umarmung und vergrub ihren Kopf an seinem Hals. Ihr Atem ging schneller, und leichte Töne der Wollust und Zufriedenheit drangen aus ihrer Kehle.

»Du! Du!« stöhnte sie.

Er fuhr mit seiner Zungenspitze in ihr Ohr. Sie erschauerte.

»Küß mich«, flüsterte sie mit leicht bebender Stimme. »Bitte. Bitte küß mich endlich. Komm zu mir. Ich brauche dich so. Bitte!«

Er bohrte mit seiner Zunge weiter in ihrem Ohr. Seine Hand wanderte zu ihrer vor Erregung zitternden Tussi.

»Ja doch, mein Schatz«, nuschelte er undeutlich, ohne mit der Zunge abzulassen. »Ich will dich doch auch lieben.«

»Bitte komm«, keuchte sie. »Ich will dich ganz haben. Warum quälst du mich so? Du weißt, wie ich dich brauche. Willst du mich verhungern lassen? Los, küß mich endlich!« bettelte sie mit erregter Stimme.

Er setzte sich hin. »Komm her zu mir!«

Er zog sie zu sich herunter. Sie setzte sich zwischen seine gespreizten Beine.

Auch sie hielt still. Hielt ihre Hüften bewegungslos, damit sein Daumen nicht den Kontakt zu dem ihr solche Wonne bereitenden Kitz verlieren sollte. Es machte sie verrückt. Er quälte sie, und sie genoß die Qual in vollen Zügen. Mit ihren Händen hinter seinem Nacken und den Beinen um seinen Rücken hielt sie sich an ihm fest und gab ihm großzügigen Zugang zu ihrer Klit.

Er rieb sie jetzt fester. Er nahm die empfindliche Haut zwischen die Fingerspitzen und massierte sie zärtlich. Ihre Beine verkrampften sich. Sie atmete heftig vor Anstrengung. Sie konzentrierte sich darauf, sich nicht zu bewegen. Bis tief in ihren Leib hinein war ihre Grotte mit dem mächtigen Stab gefüllt, der sie gefangenhielt. Warmes, pulsierendes Leben steckte in ihr, und sie gab sich ganz ihrer selbst auferlegten Qual hin.

Immer fester rieb er jetzt. Immer heftiger massierte er ihren Kitz. Er zupfte an der Perle ihrer Weiblichkeit, knetete sie, fuhr mit seiner ganzen Hand durch ihre Furche. Er strich nur mit der Daumenspitze über die deutlich hervorstehende Fahne und zog daran.

Sie hielt still. Sie versteifte sich. Ihre Augen schlossen sich.

Sie kam.

Es war unheimlich. Völlig bewegungslos, mit seinem Paul fest in ihrer Perle verankert und diese völlig ausfüllend, empfand er an der ganzen Länge seines Schaftes die rhythmischen Zuckungen ihres Orgasmus. Noch nie hatte er einen Orgasmus so isoliert, so vollständig bewußt, so tief gefühlt wie diesen.

10

Es klingelte an der Wohnungstür. Es war fast 11 Uhr. Carol und Paul waren ins Wohnzimmer zurückgekehrt. Eddy, Tom und Karl-Heinz hatten bereits mit Ungeduld auf sie gewartet.

»Ihr liebt euch wohl, was?« hatte Eddy spöttisch gefragt, als die Glocke läutete.

»Und wenn schon?« warf Carol im Aufstehen über ihre Schulter hinweg.

»Freilich«, fügte Paul in leicht sarkastischem Ton hinzu.

»Ach, grüß dich, Sylvia!«

»Hi, Carol.«

»Ich dachte schon, du würdest gar nicht mehr kommen.«

»Habe ich dich schon jemals im Stich gelassen?«

»Na, reden wir lieber nicht darüber«, meinte Carol lächelnd. »Komm herein!«

»Sylvia, das ist Karl-Heinz, Tom, Eddy. Und dies ist mein spezieller Freund Paul. Von dem läßt du gefälligst die Finger, verstanden?«

Tom stieß einen leisen Pfiff des Erstaunens und der Bewunderung aus. Karl-Heinz wurde plötzlich wieder ganz wach. Eddy stand schon und ging auf Sylvia zu. Auch Paul konnte den erstaunten Ausdruck auf seinem Gesicht nicht verbergen.

Wie gebannt starrte er auf Sylvia. Sie war groß, schlank, aber nicht zu schlank, mit einem etwas kleinen, offensichtlich festen Busen. Ein zartes Gesicht, lange, goldene Ohrringe, eine prachtvolle Afro-Frisur. Sie trug hautenge Hosen, knallgelb, und eine dünne, langärmelige Bluse, lila, von der die oberen vier Knöpfe offenstanden und den Ansatz des reizvollen Tals zwischen ihren Brüsten freigaben.

Sie war schön. Ausgesprochen schön.

Und sie war schwarz. Pechschwarz. Eine bildschöne, junge Negerin.

»Geliebter Schatz«, grüßte Eddy sie und nahm ihre ausgestreckte Hand liebevoll entgegen. Über den ausgedehnten Handkuß hinweg schaute er ihr tief in die Katzenaugen.

»Das darf doch wohl nicht wahr sein«, meinte er, und sich an Carol wendend, sagte er:

»Carol, du hättest uns Sylvia ruhig schon vorher etwas ausführlicher beschreiben können. Das ist ja ein ganz traumhafter Schatz. Komm, Sylvia, gib dich nicht mit diesen Banausen ab, sondern setze dich lieber gleich zu mir aufs Sofa. Los, Paul, rutsche mal etwas hinüber, mach Platz für uns.«

Eddy war wieder in Hochform und ganz in seinem Element. Sylvia lächelte freundlich, ihre schneeweißen Zähne blitzten, und die feine rosa Spitze ihrer Zunge spielte über ihre ausgeprägten Lippen.

Tom und Karl-Heinz hatten sich in ihren Sesseln vorgebeugt. Auch sie hätten sich gern zu Sylvia gesetzt. Sie strahlte etwas unwahrscheinlich Animalisch-Magnetisches aus. Sie schien nur aus einem wandelnden Geschlechtsteil zu bestehen. Sex und Leidenschaft strömten von ihr aus, und ihre Wirkung auf die Männer war unverkennbar.

»Nett von dir, daß du noch gekommen bist, Sylvia«, bestätigte ihr Carol noch einmal.

»Ja, ich hatte erst keine rechte Lust mehr, aber die Neugierde, dich hier mit vier Männern gleichzeitig zu wissen, trieb mich dann doch noch herein. Und jetzt bin ich eigentlich sogar ganz froh, daß ich es getan habe.«

Und dabei guckte sie mit einem tiefen Augenaufschlag zu Eddy herüber und fuhr mit ihren außerordentlich langen, rot lackierten Fingernägeln über Eddys Handrücken.

»Was habt ihr nur die ganze Zeit ohne mich gemacht?« wollte Sylvia mit leicht schelmischem Tonfall wissen.

»Du wirst lachen, aber keiner der vier hat noch einen vollen Dingdong.«

»Im Ernst?« meinte Sylvia erstaunt. »Da mußt du ja schon ganz schön erledigt sein, Carol.«

»Es geht«, grinste Carol. »Weißt du, ich habe heute mal etwas ganz anderes ausprobiert. Ich habe sie alle vier gleichzeitig fertiggemacht.«

»Warum hast du mir das nicht gesagt? Das hätte ich zu gerne auch mal gesehen!«

»Ich habe es doch vorher auch nicht gewußt. Es hat sich einfach so ergeben.«

»Keine Angst, Sylvia«, lenkte Eddy tröstend ein, »wir sind alle noch voll da. Tom und Paul haben zwar schätzungsweise schon zweimal abgespritzt, aber ich bin sicher, daß du auch sie noch mal fertigmachen könntest.«

»Mag sein«, antwortete sie verträumt. »Vier harte, spuckende Schwengel auf einmal. Mensch, Carol, du bist wirklich beneidenswert!«

»Na ja, nun. Das braucht ja keine einmalige Sache zu bleiben. Wenn du gerne willst, können wir dir schon mal zeigen, wie das im einzelnen geht«, versicherte ihr Paul.

»Keine schlechte Idee«, gab sie zu.

»Nun aber langsam«, sagte Eddy. »Für diese Massenknutscherei ist auch nachher noch Zeit. Im Moment ist es so, daß ich unheimlich auf Sylvia stehe, und ich will sie erst mal ganz alleine haben. So eine schwarze Haut auf einem weißen Tuch war schon immer mein Traum. Sylvia muß mich erst mal so durch und durch verwöhnen. Ich habe das Gefühl, daß ich mit dir, mein lieber Schatz, mindestens noch achtmal abspritzen könnte, und am liebsten würde ich sofort damit anfangen.«

Frech grinste er ihr ins Gesicht, nahm eine ihrer Brüste fest in die Hand und massierte sie durch die dünne Bluse, seinen Daumen an ihrer steifen, harten Knospe.

»Angeber!« gab sie schroff zurück, aber man sah ihr an, daß sie der Versuch schon reizen würde.

»Ich bin mir nicht so sicher, daß es nur Angabe ist«, kam Carol zu Eddys Verteidigung. »Der Eddy hat die zwei größten Eier, die ich wohl bis jetzt gesehen habe, und das will schon etwas heißen. Ich möchte annehmen, daß der Eddy innerhalb weniger Minuten wieder eine volle Ladung zur Verfügung hat.«

Mit einem Lächeln bedankte sich Eddy bei ihr. »Recht hast du«, fügte er hinzu.

11

Es war Montag morgen. Paul hatte gerade seinen Schreibtisch aufgeschlossen. Eddy kam in sein Büro. Er sah müde und mitgenommen aus, dicke Ränder unter seinen Augen, sein Gesicht leicht geschwollen.

»Bist du auch noch so kaputt?« fragte er als Begrüßung.

Paul nickte.

»Total!« bestätigte er, und man sah es ihm an.

»Also so etwas habe ich noch nie erlebt.«

»Ich auch nicht, Eddy. Mein Paul fühlt sich an, als ob er keine Haut mehr hätte. Heute morgen beim Duschen habe ich zweimal hinschauen müssen, bis ich meine Eier endlich fand.«

Eddy lachte.

»Ich auch. Diese Sylvia ist die reinste Nymphomanin. Nur, daß sie selber auch kommt. Und wie. Die hat sogar den Tom geschafft.«

»Wann kommt Tom eigentlich?«

»In Anbetracht des gestrigen Abends habe ich das Taxi erst um 9 Uhr 30 bestellt.«

»Das ist gut.«

»Sag mal, hast du eigentlich das Geld dagelassen?«

»Ja. Beim Hinausgehen habe ich Carol dreihundert Mark in die Hand gedrückt.«

»Ganz schön verrückt«, meinte Eddy. »Die beiden haben doch genausoviel Spaß an der Sache gehabt wie wir. Aber vielleicht hast du recht. Man sollte diese ewige Vögelei auf einer professionellen Ebene lassen. Paß auf, hier ist ein großer Blauer von mir, und Karl-Heinz werden wir auch noch zur Kasse bitten. Der hat zwar am wenigsten gefiedelt, aber zweimal hat er auch abgespritzt, und ich sehe nicht ein, warum wir ihm seine Bumserei finanzieren sollen, zumal er ja, wenn er gewollt hätte, auch noch öfter hätte abspritzen können.«

Paul nickte zustimmend.

»Und Tom?« fragte er.

»Ich würde sagen, der war unser Gast. Der kann sich bei Gelegenheit revanchieren. Vielleicht heute abend?«

»Mensch, hör auf«, erwiderte Paul. »Bei mir spielt sich heute abend gar nichts ab. Aber auch gar nichts. Ich könnte auf der Stelle umkippen und einschlafen.«

»Kommt überhaupt nicht in Frage. Aber vielleicht hast du recht. Eine kurze Ruhepause kann nichts schaden. Aber eins sage ich dir: Bevor Tom wieder abreist, besuchen wir die zwei Damen noch mal.«

»Ich bin sofort dabei«, versicherte Paul.

»Also weißt du, Eddy, was mir an den zwei Frauen so richtig gefällt, ist die absolute Beteiligung, die bedingungslose Hingabe. Bei denen macht das Bumsen echten Spaß, egal mit wem sie es gerade tun, und sie machen keinen Hehl daraus. Und sie spritzen ab, daß es eine wahre Freude ist.«

»Das kann man wohl sagen. Das sind eben tolle Bienen, die sich ihr Vergnügen nebenbei auch noch bezahlen lassen, wobei ich überzeugt bin, daß die beiden es auch ohne Belohnung tun würden, wenn man sie erst etwas besser kennenlernt.«

»Ja, das könnte drin sein«, stimmte Paul zu. »Vor allen Dingen die Carol. Die spricht so richtig auf etwas Liebe an. Auf die Frau stehe ich unwahrscheinlich!«

»Mach keine Dummheiten, Paul. Das sind bei aller Vögelfreudigkeit zwei ganz gewöhnliche Huren, zwar überdurchschnittlich gut und mit Format, aber dennoch Huren, und das darfst du nie vergessen.«

»Keine Angst. Aber ich stehe nun mal zur Zeit auf Liebe. Mit irgendeiner Nutte zu verschwinden, die sich automatisch nach der Bezahlung breitbeinig irgendwo hinlegt, einem einen Pariser überstreift und einen möglichst schnell abspritzen läßt, interessiert mich überhaupt nicht mehr. Menschenskinder, wenn ich noch so ein oder zwei Jahre zurückdenke, da bekam ich doch schon einen Riesenhammer, wenn ich nur eine Nutte irgendwo stehen sah. Und heute – da brauche ich nur an das Mechanische, an das Strumpfüberziehen, an die Aufforderung, man möge doch endlich abspritzen, zu denken, und schon kriege ich überhaupt keinen mehr hoch. Es ist wirklich deprimierend. Ich habe schon gemeint, ich würde langsam, aber sicher impotent. Aber so ein blöder Pariser ist wie eine plötzliche kalte Dusche geworden. Ich brauche einfach neuerdings das Gefühl der Liebe. Das Gefühl, daß das Mädchen es gerne mit mir tut und es ihr auch selber Spaß macht. Und das ist es, was mich bei Carol, zum Beispiel, so richtig scharfmacht. Da ist Gefühl dabei. Da spürt man deutlich, wieviel Vergnügen sie selber dabei hat, wie sehr sie es genießt. Die spricht auf Liebe an und erwidert sie auch in vollen Zügen.«

»Du spinnst doch! Mit dem Pariser gebe ich dir ja recht, aber an eine Hure – egal wie gut oder schön sie auch sein mag – irgendwelche Gefühle zu verlieren ist doch absolut hirnverbrannt. Mensch, Paul, reiß dich mal am Riemen. Von einer Hure Liebe zu erwarten ist doch nun wirklich Scheiße! Das führt doch zu nichts.«

»Wir werden sehen. Ich mache jede Wette, daß Carol mit jedem Mal besser werden wird. Bevor die richtig bei der Sache ist, muß sie sich nämlich auch ein wenig verliebt haben. Dieses Gefühl mag bei ihr von nur ganz kurzer Dauer sein, sie verliebt sich vielleicht auch nicht in dich als Person, sondern nur in deinen speziellen Schwanz oder deine Ausdauer, aber daß sie sich dem Gefühl der Liebe hingibt, wenn sie richtig loslegt, davon bin ich überzeugt. Und das werde ich ausnutzen.«

»Dann viel Spaß«, wünschte Eddy. »Aber mach nicht den Fehler und verliebe dich in sie. Ich meine echt. Liebe die Liebe. Aber nicht mehr als das, sonst kommst du nur in Schwierigkeiten.«

»Keine Sorge«, beruhigte Paul ihn.

»Also Schluß jetzt. Hör endlich auf, über die ewige Vögelei zu quatschen. Schließlich werden wir bezahlt, um zu arbeiten, und nicht, um die Vorteile der liebevollen Damentänze zu diskutieren.«

»Das macht aber viel mehr Spaß«, meinte Paul und grinste.

»Gibt es noch irgendwelche Probleme?« fragte Eddy.

»Im Moment nicht. Allerdings habe ich die heutige Post noch nicht gesehen, und montags gibt es ja praktisch immer irgendwelche Überraschungen. Und Ärger.«

»Ja, leider. Okay. Also, dann wollen wir mal.«

Eddy stand auf und ging mit schleppendem Schritt zur Tür. Paul hielt ihn an.

»Denkst du übrigens daran, daß ich heute nachmittag nicht im Büro sein werde?«

»Na und?« gab Eddy zurück. »Wo fährst du denn hin?«

»Du weißt doch. Ich muß nach Frankfurt, zu der Werbegeschenkausstellung. Aber ich müßte gegen 6 Uhr wieder zurück sein.«

»Ach ja, richtig. Das hatte ich völlig vergessen. Mal sehen, wenn ich Zeit habe, komme ich vielleicht auch mit. Fährst du mit deinem Wagen?«

»Ja. Ich wollte Fräulein Engel mitnehmen, damit sie sich so langsam in das Gebiet einarbeiten kann, um mich endlich etwas zu entlasten.«

Eddy nickte bedächtig.

»Meinetwegen. Aber keine Dummheiten, verstanden? Du weißt, wie allergisch ich da bin!«

»Ja, ich weiß. Ich werde doch nicht so dumm sein und mich an meiner eigenen Sekretärin vergreifen.«

»Ach, komm, tu doch nicht so heilig. Du würdest nicht der erste Chef sein, der seine Sekretärin vernascht. Und deine ist so gebaut und so geil, daß du doch am liebsten sofort über sie rutschen würdest. Ich kenne dich doch!«

»In der Beziehung vielleicht doch nicht«, gab Paul zu bedenken.

Mit einer abwinkenden Handbewegung verließ Eddy das Büro. Paul griff zum Telefon und bestellte Fräulein Engel zu sich.

12

Als Paul vom Essen zurückkehrte, wartete Fräulein Engel bereits auf ihn.

»Alles klar?« erkundigte er sich.

Sie nickte kurz, nahm ihre Handtasche und die Mappe mit den Unterlagen in die Hand.

»Also gut, dann wollen wir mal.«

Er hielt ihr die Tür auf, und sie gingen auf den Parkplatz zu seinem Wagen. Da er es nicht übertreiben wollte und sich auch nicht unbeobachtet vorkam, stieg er auf seiner Seite ein, um ihr dann erst die Beifahrertür von innen zu öffnen.

Sie machte es sich in dem komfortablen Sitz bequem, legte ihre Handtasche hinter sich auf die Rückbank, kreuzte ihre Beine und zündete sich eine Zigarette an. Erwartungsvoll schaute sie Paul an.

Paul öffnete das Schiebedach ein wenig und setzte das Fahrzeug in Bewegung. Sie verließen das Betriebsgelände und rollten in Richtung Autobahn.

Fräulein Engel schaltete das Stereoradio ein. Ein heißer Beat ertönte aus den beiden Lautsprechern, die in die vorderen Türen eingebaut waren. Fräulein Engels Fußspitze bewegte sich im Takt der Musik.

»Herr Schulz konnte also doch nicht mitkommen?« fragte sie nach einer Weile.

Paul schüttelte den Kopf.

»Nein, er hatte noch eine Reihe von Problemen mit Mr. Patterson zu besprechen. Es stört Sie hoffentlich nicht, daß wir beide alleine nach Frankfurt müssen?«

»Sie machen Witze, Herr Ehrlich.«

»Keineswegs. Nach unserer Eskapade neulich im Büro wäre es durchaus denkbar.«

»Wieso? Mir hat das unwahrscheinlichen Spaß gemacht, wenn man mal davon absieht, daß uns Fräulein Riedel in so einem ungünstigen Augenblick überraschte. Tut es Ihnen denn leid?« fragte sie.

»Leid nicht gerade. Ich habe es bestimmt mindestens ebenso genossen wie Sie. Aber das ändert nichts an der Tatsache, daß Sie meine Sekretärin sind, und abgesehen davon, daß es mich meinen Job kosten könnte, wenn jemand erfahren würde, was sich zwischen uns abgespielt hat.«

»Es braucht doch niemand zu erfahren. Schon im eigenen Interesse würde ich nicht darüber reden, und Sie werden es ja wohl auch kaum an die große Glocke hängen. Und Fräulein Riedel war selber zu sehr beteiligt, um die Geschichte unter die Leute zu bringen.«

Er warf einen kurzen Blick zu ihr hinüber. Mit Erstaunen stellte er fest, daß ihr kurzes Röckchen noch höher gerutscht war, und zwischen den prallen, weißen Oberschenkeln lugten einige kurze, krause Haare frech hervor. Nur mit Mühe richtete er seine Augen wieder auf die Straße und konzentrierte sich auf den Verkehr.

Er wagte einen erneuten, kurzen Blick zur Seite, und als sie das bemerkte, öffnete sie ihre Beine ein wenig, und er sah den gesamten dunklen Busch.

»Was versprechen Sie sich davon?« fragte er schroff.

»Versprechen? Wovon?«

»Sie wissen genau, was ich meine.«

»Nein, wirklich nicht«, beteuerte sie, nicht ganz überzeugend. Sie wollte es hören, das war klar.

»Muß ich denn so deutlich werden?«

Sie schwieg, ihn durch ihre Schweigsamkeit herausfordernd.

»Warum haben Sie keinen Slip an?«

»Ach so, das meinen Sie«, tat sie ganz überrascht.

»Ja, das. Also, was ist?«

»Nichts weiter. Ich dachte nur, daß es Ihnen vielleicht gefallen würde. Außerdem geilt es mich auf, so mit meiner nackten Kleinen auf diesen schönen Sitzen herumzurutschen.«

»Sie sollen weder sich selbst noch mich aufgeilen. Wie soll ich denn vernünftig Auto fahren, wenn Sie mir da einfach Ihre Schamhaare so frech entgegenstrecken? Schließlich bin ich doch auch nur ein Mensch. Wenn ich das sehe, will ich auch hinlangen.«

»Tun Sie es doch«, forderte sie ihn auf und streckte ihm ihren herrlichen Unterleib entgegen.

»Herrschaft noch mal, lassen Sie das gefälligst, Fräulein Engel!«

»Schade«, seufzte sie. Verspielt fuhr sie mit einer Hand langsam durch ihre Schamlippen, kraulte sich die Haare, strich genüßlich über den Kitz. Mit ihrem Fuß schlug sie weiterhin den Takt zur Musik.

»Reizen Sie mich nur nicht zu sehr«, warnte Paul das Mädchen.

Mit forschend prüfendem Blick schaute sie ihn an, aber ihre Hand setzte ihr kleines, verträumtes Spielchen fort. Sie ließ die Rückenlehne weiter zurück, um sich einen besseren Zugang für ihre Finger zu verschaffen.

»Würden Sie nicht bitte wenigstens einmal kurz hinlangen, Herr Ehrlich? Ich würde mich so freuen!«

Er fluchte.

»Gucken Sie doch mal, Herr Ehrlich. Würde Sie das gar nicht ein bißchen reizen?« Ganz langsam zog sie ihre Schamlippen weit auseinander. Es war ein herrlicher Anblick. Das zarte, rosa Fleisch.

Er verlor die Beherrschung über seine Hand. Blitzartig vergrub er seinen steifen Mittelfinger bis zum Knöchel in dem einladenden Loch. Die festen, jugendlichen Muskeln schlossen sich um seinen Finger und hielten ihn fest. Sie schloß die Beine. Er war gefangen. Er begann seinen Finger hin und her zu bewegen. Ihre Drüsen öffneten sich, und der Saft floß und ließ seinen Finger genießen.

»Oh, ist das schön! Tut das gut!« Sie drückte ihre Beine noch fester zusammen.

Sie öffnete seinen Hosenschlitz, schob ihre Hand hinein und angelte nach seinem Riemen.

Endlich hatte sie sich weit genug vorgewühlt. Scharfe, lange Fingernägel fuhren über die steife Haut, schlanke, kräftige Finger umfaßten sein steifes Glied und begannen leicht zu reiben.

Sie beugte sich weiter zu ihm herüber und nahm die andere Hand zur Hilfe. Mit der einen Hand seinen Kumpel festhaltend, schob sie durch den offenen Hosenschlitz mit der anderen die Unterhose so weit herunter, bis der nackte Bolzen freigelegt war und steif und steil herausfordernd in die Höhe stand. Nur wenige Zentimeter trennten ihn vom Lenkrad.

Es fiel ihm schwer, das Auto auf geradem Kurs zu halten. Er fuhr automatisch, das Lenkrad mit der linken Hand festhaltend, gelegentlich schnell ausscherend, um einen besonders langsamen Lastwagen zu überholen.

Genüßlich drückte Fräulein Engel einen Liebestropfen aus seiner Eichel und verstrich die klebrige Flüssigkeit mit ihrer Fingerspitze gleichmäßig auf dem purpurnen Kopf. Ein neuer Tropfen drang an die Oberfläche, blieb an der Spitze hängen und begann langsam an der Eichel entlangzulaufen.

Fasziniert beobachtete sie den Tropfen. Er kam zum Rande der Vorhaut. Sie zog die Vorhaut weiter zurück, rollte sie wieder hoch und hatte den Tropfen gefangen. Mit geschmeidigen Bewegungen wichste sie ihn liebevoll.

Von ihrer vorgebeugten Stellung sah sie durch ihre langen Augenwimpern zu ihm empor. Ihre lüsternen Lippen waren ein wenig gespitzt, die kleine Zungenspitze gerade sichtbar.

»Gefällt es dir so?« wollte sie wissen.

Mit Gewalt zog er seine Hand aus der engen Umklammerung ihrer Grotte, packte das Mädchen im Genick und drückte ihre Lippen auf seinen pochenden Typ.

»Paß auf!« konnte er noch brüllen, und schon schoß ein dicker Strahl Samen in ihren geöffneten Mund. Er klatschte gegen ihren Gaumen. Sie schluckte und saugte und schluckte noch mehr. Der Nektar floß ihr durch die Kehle, kitzelte sie, schmeckte ihr.

»Das war nicht schlecht, für den Anfang«, sagte er.

Sie antwortete nicht.

»Bist du auch schon gekommen?« wollte er wissen.

Sie schüttelte nur den Kopf, wagte nicht zu sprechen.

»Das ist natürlich schade«, gab Paul zu. »Ich kann mir gut vorstellen, daß du nach dem vielen Blasen ganz schön geil geworden bist. Möchtest du jetzt gerne drankommen?«

»Oh, ja, bitte! Ich halte es einfach nicht mehr aus.«

13

Fräulein Engel erwachte, als sie bereits in Frankfurt waren. Sie guckte verloren um sich, versuchte sich zu orientieren.

Langsam kehrte die Erinnerung zu ihr zurück. Selbstbewußt schaute sie zu ihren Beinen herunter, wo ihre nackte Muschi noch herausfordernd unter dem zu kurzen, hochgerutschten Rock hervorschaute. Sie hob ihre Hüften und strich sich ihren Rock glatt, versuchte ihre Scham zu verbergen.

»Haben Sie keinen Slip dabei?«

»Doch... doch... natürlich...« stotterte sie. Sie holte das Fähnchen aus ihrer Handtasche, befreite sich von ihrem Sicherheitsgurt und schaffte es, das hautenge kleine Höschen über ihre strammen Schenkel zu ziehen.

»Ich müßte mich irgendwo waschen gehen«, stellte sie fest.

Paul nickte. Er überlegte kurz. Viele Möglichkeiten gab es nicht. Am Messegelände vorbei lenkte er den Wagen in Richtung Innenstadt und Bahnhofsviertel. Es war nicht schwierig, ein Hotel zu finden.

»Kommen Sie«, forderte er Fräulein Engel auf, nachdem er endlich einen Parkplatz gefunden hatte. Es war bereits fast 3 Uhr. Um sechs hatten sie im Büro zurück sein wollen. Sie würden es unmöglich schaffen, das stand bereits fest. Paul führte das sichtlich ruhig gewordene Mädchen in die kleine rauchige Empfangshalle des Hotels. Der Portier betrachtete sie mit einem allwissenden, gelangweilten Blick.

»Wie lange?« wollte er nur wissen.

»Höchstens eine Stunde. Wir wollen uns nur etwas frisch machen«, erwiderte Paul.

»Das macht dann 30 Mark, bitte schön. Zahlbar sofort.«

Schweigend nahm er den Zimmerschlüssel. Der Portier machte keine Anstalten, ihnen ihr Zimmer zu zeigen.

Das Zimmer war nicht nur größer, sondern auch erheblich sauberer, als er erwartet hatte. Eine offensichtlich nachträglich eingebaute blecherne Dusche füllte eine Ecke des Zimmers aus.

»Es ist schon reichlich spät, und wir haben eine Menge Zeit verloren. Seife und Handtücher sind da. Darf ich Ihnen den Vortritt lassen?«

Paul versuchte geschäftlich zu sprechen, um das richtige Verhältnis wiederherzustellen.

Jetzt grinste sie ihn mit gewohnter Offenheit, ja wohl gar mit Frechheit an, zuckte mit den Schultern und begann ohne Umschweife ihre Bluse aufzuknöpfen.

Paul setzte sich aufs Bett und beobachtete ihre geschmeidigen Bewegungen.

Ihren Minirock hatte sie neben ihre abgelegte Bluse auf das Bett geworfen. Bewußt provokativ streifte sie ihren kleinen Slip von ihren Hüften, guckte Paul dabei an, forderte ihn erneut heraus. Verlockend sahen die kurzen, krausen Schamhaare ihm ins Gesicht.

Er spürte Leben in seinen Lenden. Versuchte es zu unterdrücken.

»Ich bekomme meinen Büstenhalter nicht auf, Herr Ehrlich!«

Sie kam auf ihn zu und hielt ihm ihren weiblich geschwungenen Rücken einladend entgegen.

Der Büstenhalter ließ sich leicht öffnen. Es war ein leicht zu durchschauender Trick von ihr gewesen, der dennoch seinen Zweck erfüllte.

Seine Hände folgten ihren Schultern über die Arme, glitten nach vorne und erfaßten die sinnlichen, festen Kugeln. Er fühlte die erigierten Knospen an den Innenflächen seiner Hände und drückte. Ihre Brüste gaben nach, paßten sich der hohlen Form seiner Hände an, glitten zwischen seine leicht gespreizten Finger, er quetschte sie leicht. Sein Paul hob sich, drückte hart gegen seine Hose, und er ließ Fräulein Engel die starke Ausbeulung spüren.

Sie nahm seine Hände weg von ihrem Busen.

»Laß mich erst duschen«, sagte sie.

Triefend naß trat sie wenig später aus der Dusche.

»Würden Sie mir bitte ein Handtuch geben?«

Nackt, mit leicht angeschwollenem, pendelndem Paulchen, ging Paul zum Waschbecken, nahm eins der Handtücher und brachte es ihr. Er machte keine Anstalten, sie abzutrocknen, obgleich sie darauf zu warten schien.

Schnell stellte er sich unter die Dusche, zog den Vorhang zu und drehte das Wasser an. Mit Genugtuung ließ er seinen Körper von den prickelnden Strahlen massieren. Es war mehr als eine körperliche Reinigung, es war eine Seelenwäsche.

Als Paul endlich den Vorhang beiseite schob, hatte Fräulein Engel zu seinem Erstaunen die Decke des Bettes zurückgeschlagen und lag völlig nackt da. Er konnte nicht umhin, er mußte ihren geilen Körper wieder bewundern. Mit großen, unschuldigen Augen sah sie ihn an.

»Was soll denn das?« versuchte er sie einzuschüchtern.

»Nichts«, beteuerte sie. »Ich möchte mich nur ein paar Minuten ausruhen. Der Nachmittag war ziemlich anstrengend.«

Das konnte er nicht abstreiten. Im Gegenteil, er konnte sich der Feststellung nur anschließen. Er erinnerte sich an seine Pflichten.

»Also, komm, jetzt laß das mal. Ich bin auch müde. Aber wenn wir uns nicht beeilen, macht die Ausstellung zu, bevor wir überhaupt angekommen sind. Ziehen Sie sich bitte an.«

Sie machte einen Schmollmund.

14

»Tag, Paul.«

»Tag, Carol«, grüßte er.

Sie hielt ihm die Tür auf. Er nahm das Mädchen kurz in seine Arme, drückte sie an sich, gab ihr einen flüchtigen Kuß. Sie schritt ihm voraus in das Wohnzimmer.

»Einen Whisky? Ein Glas Wein? Was darf ich dir anbieten?«

»Ein Glas Wein, bitte. Vielen Dank.«

Carol setzte sich neben ihn auf das Sofa. Er spürte ihre Wärme, wurde an den herrlichen Abend vor zwei Wochen erinnert.

Es war sein dritter Besuch bei Carol. Das Mädchen hatte eine unheimliche Anziehungskraft auf ihn. Von der Seite her beobachtete er sie, fragte sich, was es an ihr war, das ihn so anzog.

»Warum schaust du mich so an?« fragte sie.

Paul lächelte.

»Nur so«, antwortete er. »Du gefällst mir.«

»Danke!«

»Möchtest du es gerne gleich machen?« fragte Carol unverblümt.

»Um ganz ehrlich zu sein, ich würde lieber noch ein paar Minuten warten und mich mit dir unterhalten.«

»Ich scheine nachzulassen«, meinte sie.

»Ich bitte dich. Außerdem weiß ich ja inzwischen ganz genau, wie geil du sein kannst.«

Carol hielt seinem tiefen, forschenden Blick stand. Ihre Augen waren zärtlich weich. Worte waren überflüssig, sie küßten sich.

»Warum bist du eigentlich gekommen, wenn nicht zum Bumsen?«

»Das habe ich doch gar nicht behauptet.«

Kopfschüttelnd blickte sie ihn an.

»Du bist schon ein eigenartiger Typ«, meinte sie. »Hast du Sorgen?«

»Freilich«, gestand er spaßhaft. »Ich mache mir Sorgen, wo ich das viele Geld hernehmen soll, um dich regelmäßig zu besuchen.«

Sie warf ihm einen komischen Blick zu und schwieg.

»Na ja«, schränkte er ein. »Ganz so schlimm ist es natürlich nicht. Aber als alter Familienvater muß ich da schon dran denken.«

»Es zwingt dich doch niemand, hierherzukommen«, stellte Carol mit ziemlich kühl gewordener Stimme fest.

»Ich weiß auch nicht, was mit mir los ist. Ich sagte ja schon, ich kann dir noch nicht einmal genau sagen, warum ich dich heute überhaupt angerufen habe.«

Einen Moment schwieg er, sammelte seine Gedanken. Dann sagte er: »Weißt du, ich betrachte dich eben nicht wie eine Nutte. Das zwar auch, aber das ist im Moment nur sekundär. Ich weiß auch nicht weshalb, aber irgendwie fühle ich mich zu dir hingezogen. Ich komme mir vor, als ob ich dich schon eine Ewigkeit kennen würde. Ich habe das Bedürfnis, dir alles zu erzählen. Meine Wünsche, meine Träume, meine Probleme. Ich weiß, daß das verrückt ist. Ich kann auch nichts dafür. Aber irgendwie habe ich das Gefühl, dich furchtbar gut zu kennen, dich zu brauchen, und es ist bestimmt nicht nur das Rummachen. Letztes Mal mit dir unter deiner Dusche. Du kannst sagen was du willst, aber das war kein bezahlter Trip. Jedenfalls nicht für mich. Ich wollte mich heute mal so richtig ausquatschen, und da habe ich dich angerufen. Frage mich nicht, weshalb ausgerechnet dich. Es war einfach instinktiv. Ich hatte das Gefühl, hierher zu gehören.«

Mit leicht fragendem, nicht ganz ernstem Blick schaute sie ihn an.

»Soll das eine verkappte Liebeserklärung sein?«

»Ach was. Kein Stück. Vielleicht doch. Ich weiß es nicht. Ich weiß nicht einmal, was Liebe ist. Du etwa?«

Carol ging auf seine Frage nicht ein.

»Hast du Sorgen?« fragte sie noch mal.

»Erinnerst du dich noch an neulich? Ich weiß nicht mehr, ob es das erste oder zweite Mal war, als ich bei dir war und dir von meiner geilen Sekretärin erzählte.«

Sie nickte kurz bestätigend.

»Erinnerst du dich noch an den Rat, den du mir gabst?«

»Freilich«, antwortete Carol. »Ich sagte dir, du solltest sie mal anständig durchficken, wenn du die Gelegenheit dazu haben würdest.«

»Ja«, sagte Paul, »genau das war es. Und genau das habe ich auch getan.«

»Na, das ist doch herrlich!« meinte Carol, sehr ehrlich. »War es gut? Wo habt ihr es denn gemacht?«

»Oh, ja, gut war es allerdings. Und wie gut! Aber ich hätte es gescheiter doch nicht tun sollen.«

»Wieso nicht?« wollte Carol sofort wissen. »Erzähl doch mal. Das interessiert mich wahnsinnig!«

»Na, ja«, fing Paul an, »das erste mal war gleich ein oder zwei Tage nachdem ich dich kennengelernt hatte. Es war morgens in meinem Büro. Ich war spitz wie Nachbars Lumpi. So ein richtiges PAG-Syndrom...«

»PAG?« unterbrach sie. »Was ist denn das?«

»Post-alkoholisches Geilheits-Syndrom. Ein medizinischer Begriff. Abends vorher zu viel getrunken, den nächsten Morgen schon gleich mit einer Riesenlatte aufgewacht. Und ausgerechnet zu diesem Zeitpunkt dackelt Fräulein Engel – so heißt meine Sekretärin – halb nackig in mein Büro. Ich weiß auch nicht mehr genau, wie es dann schließlich dazu kam, aber auf jeden Fall dauerte es nicht lange, da hatte sie auch schon ihre Hose heruntergezogen, hatte meinen Reißverschluß geöffnet, meinen steifen Hengst herausgeholt und hockte rittlings auf mir drauf.«

»Einfach so im Büro?« fragte Carol mit Unglauben in ihrer Stimme.

»Freilich. In meinem Schreibtischsessel. Ich saß da, und sie setzte sich breitbeinig auf meinen Schaft. Es war schon gut. Ich sage dir, Carol, die könnte sich ihren Lebensunterhalt auch damit verdienen. Die bläst und vögelt wie eine Eins. Na ja, auf jeden Fall reitet die wie wild auf mir herum, wir stehen beide unmittelbar vor dem Orgasmus, und was passiert?«

»Dein Chef kommt rein!« meinte Carol.

»Gott sei Dank nicht. Unsere Telefonistin, die zufällig die beste Freundin meiner Sekretärin ist.«

»Ja, und? Komm, erzähl schon!« forderte Carol ihn auf.

Die Vorstellung dieser höchst peinsamen Situation regte sie offensichtlich sehr an. Ihre Hand an seinem Sack wurde zudringlicher, begann seinen Hosenstall zu öffnen.

Carol atmete heftig. Sie war unheimlich geil geworden. Jetzt hatte sie seinen Reißverschluß endlich ganz auf. Ihre Finger fanden den Schlitz in seiner Unterhose, suchten seinen steifen Kameraden, fanden ihn, wühlten ihn aus der Einengung heraus und begannen ihn gekonnt zu streicheln. Seine Hand fand die Öffnung in ihrem Kleid, zwängte sich unter den dünnen Büstenhalter, umklammerte ihre warme, üppige Brust.

»Erzähle weiter, Paul. Was passierte dann?«

Paul zuckte mit der Schulter.

»An dem Tag eigentlich gar nichts. Aber einige Tage später mußte ich mit Fräulein Engel nach Frankfurt zu einer Ausstellung fahren. Wir fuhren gleich nach dem Mittagessen los, und wir waren noch nicht richtig auf der Autobahn, da zeigte sie mir, daß sie unter ihrem verdammt kurzen Minirock keinen Slip anhatte.«

»Klasse!« meinte Carol . . .

15

Carol hatte Paul wieder sehr liebevoll und gründlich gewaschen.

Als sie beide wieder im Wohnzimmer saßen, setzte Paul seine unterbrochene Geschichte fort. Seine Stimmung hatte sich durch den kurzen, aber sehr befriedigenden Trip sichtlich gebessert.

»Du kannst dir vorstellen, wie wir uns nach dem kleinen Erlebnis fühlten. Und wir sollten doch zusammen die Ausstellung in Frankfurt besuchen.«

»Ja, und dann?« wollte Carol wissen. Sie saß wieder eng neben ihm, hatte sich lediglich in ein kurzes, dünnes Gewand gehüllt. Es war aber vorne offen. Ihr Busen war fast völlig frei, und zwischen ihren übergeschlagenen Beinen schauten ihre dunklen Schamhaare hervor. Paul selbst saß lediglich in seinem offenen Oberhemd da.

»Eins stand fest«, erzählte Paul weiter. »So wie wir waren, konnten wir keine Ausstellung besuchen. Also fuhr ich zu einem alten Hotel im Bahnhofsviertel und nahm ein Zimmer für eine Stunde. Wir wollten nur duschen und uns wieder etwas frisch machen, aber als ich aus der Dusche trat, lag doch dieses geile Weib nackt auf dem Bett und wollte schon wieder geliebt werden!«

»Im Ernst?« Carol schüttelte mit einigem Erstaunen den Kopf. »Und so etwas verschwendet ihre Zeit als gewöhnliche Sekretärin. Aber da kannst du wieder sehen, mit was für Konkurrenz wir Professionellen es zu tun haben.«

»Da mach dir man keine Sorgen. Du wirst schon nicht verhungern.«

Paul umklammerte ihre herrlichen Brüste, drückte sie zärtlich, rieb sanft über ihre wohlgeformten Knospen.

»Hör nicht auf«, bat sie ihn unnötigerweise. »Ich mag das, wenn du so ganz zart mit mir spielst und mich da streichelst. Wenn du mich so gerade eben noch berührst, reagiere ich am stärksten. Ich habe dann immer Angst, du würdest den Kontakt ganz verlieren, und dadurch sind dann wohl meine Gefühle und Nervenenden aufs äußerste gespannt. Mach bitte weiter.«

Sinnlich strich Paul mit seiner Hand über ihren lieblichen Busen, spürte, wie sich ihre Brustwarzen aufrichteten, sich mit Erregung versteiften.

»Die Ausstellung hatte natürlich schon die Tore geschlossen, als wir ankamen. Ich kann dir sagen, Carol, ich war ganz schön nervös und wußte nicht, was ich tun sollte.«

»Und was hast du getan?«

»Nichts. Ich bin auf dem schnellsten Wege wieder nach Hause gefahren.«

Paul liebkoste weiterhin Carols Brust, beugte sich zu ihr hinüber, küßte ihren Nacken, ihre Ohren, fuhr ihr mit seiner anderen Hand zwischen die Beine. Sie wurde schon wieder naß.

»Ja, aber du mußt doch Eddy irgend etwas erzählt haben«, meinte Carol ganz richtig.

»Sicher. Aber natürlich nicht die Wahrheit. Ich habe so getan, als ob ich den ganzen Nachmittag mit Fräulein Engel auf der Ausstellung gewesen sei, und die Geschenke, die wir benötigten, habe ich dann aus den Katalogen bestellt, ohne sie vorher gesehen zu haben. Das wird noch Ärger geben, schätze ich.«

»Warum hast du Eddy nicht einfach die Wahrheit erzählt? Der macht's doch mindestens ebenso gerne wie du.«

»Eddy?« erwiderte Paul. »Sicher ist er einer der leidenschaftlichsten Bumser aller Zeiten, aber nur zur richtigen Zeit, am richtigen Ort und mit der richtigen Frau. Und die eigene Sekretärin, im Auto auf der Autobahn, während der Dienstzeit, ist etwas, wo sein Verständnis absolut aufhört. Er hat mich davor gewarnt. Nein, wenn er das erfahren würde, könnte ich mir eine neue Firma suchen.«

»Ja, und nun? Was machst du jetzt?« fragte Carol.

»Ich weiß es nicht. Wirklich nicht. Was würdest du an meiner Stelle tun?«

Carol zuckte mit den Schultern.

»Es ist wirklich zum Kotzen«, stellte er fest.

»Das kann man wohl sagen«, gab Carol ihm recht. »Aber etwas anderes«, fügte sie hinzu. »Sagtest du, dies sei nicht das erste Mal, daß du in solch eine Situation geraten bist?«

Paul nickte.

»Ja«, antwortete er. »Allerdings nicht bei meiner jetzigen Firma. Aber Eddy weiß darüber Bescheid.«

»Was hast du denn da gemacht?« wollte Carol wissen.

Ihre Finger nahmen ihre unterbrochene Tätigkeit an seinem Sack wieder auf, und seine Hand setzte das Streicheln ihrer Brust ebenfalls fort.

»Das war vor etwa drei Jahren. Es war unser alljährlicher Betriebsausflug. Ich weiß noch, daß ich ziemlich weit hinten saß, neben irgendeinem jungen Ding aus der Buchhaltung. Auf jeden Fall hatte ich den ganzen Abend mit ihr verbracht. Wir hatten eine Menge Wein getrunken, hatten mehrmals sehr eng zusammen getanzt, und sie reagierte sehr gut aufs Küssen. Je später es wurde, desto heftiger rieb sie ihre Musch beim Tanzen gegen mein Bein und nahm jede Gelegenheit wahr, um mir ihre Titten in die Hand zu drücken. Es war schon toll, und sie war für die Rückfahrt gut vorbereitet. Auf der Bank vor uns saß mein damaliger Chef. Allein. Voll wie eine Strandhaubitze. Ich dachte, er würde schlafen, aber das stimmte nicht. Es war völlig dunkel in dem Bus. Das Radio war schwach zu hören, und ich hatte meine Hand an dem Busen des Mädchens. Ungefähr so wie jetzt bei dir, Carol. Ich strich mit meinem Daumen über ihre kleinen, harten Warzen, drückte, knetete und versuchte sie in meinen Mund zu bekommen. Sie wurde ganz schön geil, und sie hatte überhaupt keine Mühe, im Dunkeln meinen steifen Kumpel zu finden. Langsam hatte ich sie auch soweit. Sie hatte meinen Hosenstall aufgemacht, und als sie den Kameraden erst in ihrer Hand spürte, konnte sie sich auch nicht mehr zurückhalten. Ich konnte ihr ohne Widerstand die Hose herunterziehen. Dann holte ich meinen Riemen ganz heraus, hob sie hoch und setzte sie gekonnt auf meinen Lümmel.

140

»Ja? Weiter, Paul, erzähle weiter. Hör nicht auf«, bat Carol ihn, drückte seine heißen Eier und fuhr mit ihrer Zungenspitze über seine empfindliche Eichel. Ein kleiner Tropfen kam zum Vorschein.

Paul hatte jetzt seine freie Hand zwischen Carols Beinen, rieb ihren Kitz, fand darunter ihr nasses Süßes. Sie öffnete ihm ihre Beine, drückte ihre Tussi gegen seine Hand, versuchte seine Finger in ihr zuckendes Loch zu bekommen. Es gelang ihr auch. Sein steif ausgestreckter Mittelfinger wurde von den heißen Wänden ihrer Kleinen umklammert, festgesaugt. Sie rutschte mit ihren Hinterbacken unruhig auf dem Sofa hin und her. Sie wollte seinen Finger, diesen lustbringenden Stab, überall haben, suchte Befriedigung.

»Ja«, keuchte Carol, »und dann? Habt ihr da so im Bus einfach gevögelt?« fragte sie.

»Klar«, antwortete Paul. »Zwar nicht so wild, denn es durfte ja niemand merken, aber herrlich auf jeden Fall. Und wir konnten uns auch bewegen. Sie saß quer über meinen Beinen, der Bus ließ uns vibrieren. Wir waren so schön im Bumsen, da dreht sich mein Chef plötzlich zu uns um. Anscheinend hatte der Schock ihren Höhepunkt vorzeitig ausgelöst. Und dann fängt die dumme Ziege auch noch an zu stöhnen! Der Chef guckte erst sie und dann mich an. Ich konnte einfach nicht länger zurückhalten. Diese zuckende, enge, heiße Grotte so quer auf meinem pochenden Spritzer sitzend und ihn mit ihrem Orgasmus massierend, hatte mich einfach rasend gemacht, und ich kam und kam. Und dieser Idiot von Chef sitzt da vor uns und guckt uns an, während sich unter dem Rock des Mädchens mein heißer Samen mit ihrem geilen Saft vermengt. Ich kann dir sagen, das war vielleicht eine Situation!«

Ein heiseres Röcheln drang aus Carols Kehle. Unaufhörlich lutschte und saugte sie an seinem steifen Paulchen. Ihre Zungenspitze spielte ein Flötenkonzert an der unteren Seite seiner Eichel, und dazu blies sie ein Trompetenkonzert auf seinem langen Rohr. Sie hatte sich jetzt auf dem Sofa ausgestreckt, auf ihrem Bauch liegend, und hatte seine Beine auseinander gezwungen, um besser arbeiten zu können. Sie schickte heiße Schauer der Wollust durch seinen Körper. Sein Samen kochte schon wieder in seinem Sack, drohte überzubrodeln, aus seinem gereizten, harten Kanonenrohr herauszuschießen. Ihre Zungenspitze flatterte um seine Eichel, fand wieder diese ganz besondere kleine Stelle, an der er sämtliche Engel im Himmel jauchzen hörte. Sie fand die Stelle, beharrte da, trieb ihn auf die Spitze seiner Empfindungen und hielt ihn da gefangen.

»Mein Chef mußte dreimal fragen«, setzte Paul mühsam fort, »bevor er endlich eine Antwort von mir bekam. Ich hörte ihn zwar, verstand ihn aber nicht.

Und gerade als ich glaubte, wir sind mit einem blauen Auge davongekommen, der Chef wollte sich soeben wieder abwenden, da macht es irgendwo im Bus einen ungeheuren Lärm, und diese Knalltüte von Fahrer, dieser hirnverbrannte Vollidiot, schaltet die Innenbeleuchtung ein! Kannst du dir das vorstellen?«

Es war eine rhethorische Frage, denn Carol hatte ihren Mund so voller Paulchen, daß sie unmöglich antworten konnte. Vielleicht hörte sie Paul auch gar nicht mehr.

Sie wälzte sich, umklammerte seinen Kopf mit starken Schenkeln, hielt ihn fest, nahm seine baumelnden Eier in den Mund, tanzte mit ihrer Zungenspitze über seine Eichel. Durch ihre eng an seine Ohren gepreßten Schenkel hörte er sie, wie aus der Ferne.

»Paul, Paul, komm. Komm zu mir.«

Nachspiel

Carol und Paul hatten ein wenig geschlafen.

Es war nach Mitternacht, als er aufwachte. Carol schlummerte friedlich, auf der Seite liegend, ihren nackten Hintern gegen seinen Bauch gepreßt. Er hatte Durst, und als er aufstand, um sich etwas zu holen, wurde sie wach. Gähnend streckte sie sich, das Bettuch rutschte zurück, legte ihre prallen Brüste frei. Er bückte sich, streichelte sie zärtlich, küßte die beiden schlummernden, braunen Knospen.

»Was ist?« wollte sie wissen.

»Ich habe Durst.«

»Im Kühlschrank steht Bier, wenn du das möchtest.«

»Ja, gerne. Trinkst du auch ein Glas mit?«

Carol nickte.

Er fand das Bier, suchte in den Schränken, bis er zwei Gläser gefunden hatte, und brachte alles zurück in ihr Privatgemach. Er schenkte ein. In großen, durstigen Zügen kippte er das Glas hinunter. Eine echte Wohltat.

»Ah, das tut gut«, meinte er.

Sie lächelte, zog leicht an ihrem Glas.

»Und jetzt?« fragte sie plötzlich.

»Wieso? Was meinst du damit?«

»Ganz einfach. Vorhin. Was du mir von deiner Sekretärin erzählt hast. Was wirst du jetzt tun?«

Einen Augenblick lang schwieg er. Dann war sein Entschluß gefaßt.

»Ich gehe als erstes morgen früh zu Eddy und erzähle ihm die ganze Geschichte. Er hat mich ja auch damals eingestellt, obwohl er genau wußte, weshalb ich bei der anderen Firma rausgeflogen war. Wenn ich ihm die Umstände richtig erklärt habe, läßt er mich vielleicht doch noch mal mit einem blauen Augen davonkommen, und nachdem ich dich jetzt etwas näher kennengelernt habe, dürfte es mir auch nicht mehr schwerfallen, meine Finger von meinen zukünftigen Sekretärinnen zu lassen.«

»Ich will dir gerne dabei helfen«, bot Carol ihm an.

»Vielen Dank. Drück mir die Daumen für morgen früh und laß mich heute nacht bei dir bleiben, damit ich nicht in der Zwischenzeit wieder umkippe.«

Carol antwortete nicht. Sie stellte ihr Glas auf den Nachttisch, nahm Paul sein Glas aus der Hand und stellte es ebenfalls beiseite. Dann zog sie ihn zu sich, zurück ins Bett und in ihre süßen Arme.

RICK T. BOWLER

Henry kommt in Fahrt

Zeitungsnachricht *(statt eines Vorworts)*

SAN DIEGO (AP) – Ein junger Mann wird heute nicht heiraten können. Statt dessen liegt er nämlich im Krankenhaus. Die Flitterwochen
müssen warten.

Der 23jährige Henry Tinker aus San Francisco hört heute keine
Hochzeitsglocken, auch wenn alles vorbereitet war und auf ihn war-
tete. Statt dessen hatte es gestern abend geklingelt, als er mit seinem
Motorrad an der Kreuzung Interstate 8 und Mission Boulevard einem
Streifenwagen der Polizei in die Seite fuhr, und zwar noch vor der
Autobahnabfahrt in die Stadt.

Tinker erlitt eine Knöchelfraktur, möglicherweise eine Gehirnerschütterung, innere Verletzungen und Prellungen. Der Polizeibeamte
G. R. Hockley, der Fahrer des Wagens, blieb unverletzt. Das Motorrad erlitt Totalschaden, während der Polizeiwagen nur an der linken
Seite beschädigt wurde.

Tinker ist Student. Er sollte an diesem Tag Miss Pamela McIver
heiraten, die 22jährige Tochter des Konteradmirals i. R. Oskar O.
McIver der US-Navy und seiner Frau, und zwar um 14 Uhr in der St.-
Johns-Kirche.

Miss McIver, die Braut, hat bis zum Juni d. J. die Stanford-Universi-
tät besucht. Ihr Vater ist heute Chefberater der Federal Steel and
Shipyard Corp. Er hat 20 Jahre mit Auszeichnung in der Navy gedient.

Mrs. McIver gehört zur hiesigen Gesellschaftsprominenz und ist,
zusammen mit ihrem Gatten, in zahlreichen Wohltätigkeitsvereinen
wie in der Kommunalpolitik tätig. Sie ist die Tochter des vormaligen
Bürgermeisters von San Diego, Milton Scott, der sich hier ein Vermögen in der Importbranche erwarb.

Das erste Hochzeitsgeschenk, das Tinker erhielt, war eine Strafan-
zeige wegen rücksichtslosen Fahrens.

1

Als Henry endlich zu sich kam, versuchte er sich zu erinnern. Die ganze Geschichte hatte eigentlich vor zwei Tagen angefangen. Damals saß er auf einem Sitzkissen in Hazels Privatpuff in North Beach. Er sah zu, wie Hazel sich abmühte, ihm einen von der Palme zu schütteln. Dabei kam ihm der Gedanke, sich bei ihr mal richtig auszuquatschen.

Hazel schielte ihn aus ihren Schweinsäuglein an. Sie war fett und sie schwitzte; außerdem war sie viel zu männlich – obwohl sie eine richtige Sexbombe war.

Hazel kriegte endlich die dreckigen und schwülstigen Lippen auseinander und ließ den längsten Satz, den sie in der ganzen letzten Stunde gesprochen hatte, aus der Schnauze: »Du bist nicht mehr ganz bei Trost, Kleiner!«

Er blinzelte sie an. Schon das war nicht einfach in diesem schäbigen Loch, das eigentlich spätestens seit dem Erdbeben von 1906 abbruchreif gewesen wäre. Der Raum war dunkel und verräuchert, die Luft schmeckte sauer wie der Atem eines Matrosen am Morgen nach dem ersten großen Landurlaub. Der Geruch von Hasch und was man so zum Fixen nahm, hing darin; er war so stark, daß Henry sich einbildete, er sei inmitten eines sumpfigen, irre- und wildwuchernden Urwalds.

Klar, er war natürlich high, aber nicht so, daß er nicht mehr hätte denken können. Er war high genug, um dieses Weibsstück und ihren Palast der Lüste zu ertragen, aber er hatte auch genug Probleme vor sich, die er schon lange mit sich herumschleppte, und darum wollte er nicht noch höher in die Wolken, sondern hübsch dicht überm Teppich bleiben.

Er schüttelte den Kopf. »Nein«, sagte er, aber er dachte: Ich muß was loswerden, ich versuch's. Er streckte langsam die Hände in die Höhe. »Verdammt noch mal, warum mach' ich diese ganze Scheiße hier bloß!«

Hazel zog den Schnodder hoch. Sie langte sich mit ihren plumpen Fingern eine Praline vom Tisch, stopfte sie in den Mund und schluckte sie runter. »Mag sein, daß ich wie durchgedrehte Leber aussehe«, lamentierte sie resigniert, »trotzdem bin ich auch ein Mensch. Jedenfalls hast du hier drinnen dein Vergnügen gehabt. Warum schmeißt du jetzt mit Gemeinheiten um dich?«

Hazel trug ihr neuestes Kostüm, und zwar bereits seit einigen Wochen, seitdem sie diesen Schreier kreiert hatte. Es war eine große amerikanische Flagge mit einem Loch in der Mitte; so hatte sie das Ding einfach übern Kopf gezogen und trug es nun wie einen National-Poncho. Man drehte sich nach ihr um und warf ihr böse Blicke hinterher, und das hier in der Gegend, wo fast nur Hippies wohnten, aber das kratzte sie nicht. Sie wollte, daß sich die Leute nach ihr umdrehten, denn schließlich wußte sie nur zu genau, daß sie alt, dick und häßlich war und sauren Mief verströmte. Sie wollte ihre Umwelt dazu bringen, etwas gegen ihren Willen zu tun. Wie zum Beispiel ein zweibeiniges Schwein anzustarren.

Einen Augenblick lang betrachtete er ihr Doppelkinn und ihr verfilztes Haar, dann sagte er: »Ich kann hier nicht einfach so rumhocken und darauf warten, daß sie mich aufstöbern. Onkel Sam braucht Figuren zum Verheizen, und ich bin eine prima Type für Vietnam.«

Sie grinste: »Glaub' ich nicht, daß du ein guter Soldat bist. Gib doch zu: In Wirklichkeit willst du doch nur das Mädchen heiraten, sie vollpumpen, und dann drückst du dich vors Militär.«

Er zog ein langes Gesicht. »Klar, das gebe ich gerne zu. Aber es gibt noch andere Gründe. Ich hab's so rum probiert, jetzt will ich's mal andersrum probieren. Himmelarsch, was kann mir schon passieren? Sie ist nett, sieht gut aus, und ihre Leute haben Geld.«

»Und wenn's dann doch nicht klappt?« fragte Hazel lauernd.

»Die kalifornischen Scheidungsgesetze sind inzwischen liberalisiert worden«, sagte er lächelnd. »Übrigens hab' ich so ein Gefühl, daß wir zwei, wenn's nicht klappt, gleich wissen, was wir zu tun haben. Das ist so wie mit 'nem neuen Kleid, das nicht paßt. Kommt in 'n Schrank oder kriegt 'n anderer. Die Ehe wird eben für nichtig erklärt, und jeder geht seiner Wege. Dabei hat keiner was verloren, nicht mal 'ne schlaflose Nacht ist drin.«

Hazel zog die Brauen hoch. Genauer gesagt, ihre Stirn warf Falten, denn Augenbrauen hatte sie nicht. Damals, als sie ihre buddhistische Tour hatte, hatte sie sich die Haare einzeln ausgerupft, und nur ein zarter Flaum deutete die Stelle an, wo sie mal wieder wachsen würden. »So ernst ist es dir also, Liebling?«

»Ja.«

Er meinte es wirklich ernst.

Morgen würde er seine Maschine starten und die Küste entlang südwärts brausen, um zeitig zur Hochzeit am Sonntagnachmittag an Ort und Stelle zu sein. Das wäre dann übermorgen. Wenn er erst mal da wäre, würde er sich keine Gedanken um Kleider, Geld und Flitterwochenpläne machen. Die Familie seiner Braut war sowieso über seinen Mangel an Verantwortungsgefühl schockiert, aber er würde ihnen an besagtem Nachmittag trotzdem kein Telegramm schicken, in dem er sein Kommen zur Trauung fest zusagte.

Wenn sie nicht auf Pam Rücksicht genommen hätten, dann hätten ihre Angehörigen diese Beziehung ganz bestimmt längst unterbunden. Sie hatten ihn akzeptiert, als sie Ostern besuchte, aber seit er die Uni verlassen hatte, war er nicht mehr so häufig aufgekreuzt. Im Moment schien alles ziemlich unklar.

Sie glotzten sich mit leeren Augen weiter an. Dabei dachte er darüber nach, was er nun mit sich anfangen sollte.

Wie fast alle Kommilitonen in Berkeley hatte auch er im Juni versucht, einen Mordswirbel um die Abschlußfeier zu veranstalten. Er beschloß, sie nicht zu schwänzen, sondern aufzukreuzen. Und zwar erschien er mit dem Friedenssymbol auf der Mütze wie auf dem Rücken seines Talars. Er stand wie alle anderen auf und streckte dem Vizegouverneur einen Finger hin, als der Mann aus Sacramento sich erhob, um seine Ansprache zu halten.

Seitdem war er ziellos die Küste entlanggestreift in der Hoffnung, die Einberufung werde ihn auf diese Weise nicht erreichen, und alle Drogen wurden mal wieder ausprobiert, die er gemieden hatte, seitdem er mit Pam ging. Nach der Abschlußfeier in Stanford war Pam nach Hause gefahren, um die Hochzeit mit allen Schikanen vorzubereiten. Henry hatte indessen eine Junggesellenabschiedsfeier gestartet, die sollte sechs Wochen dauern.

Hazel war offensichtlich diese kurze, glückliche Zeit immer an seiner Seite gewesen. »Also, deine Braut aus San Diego ist wirklich in Ordnung?«

Er nickte. »Hundertprozentig!«

»Dann frag' ich mich nur, wie das möglich war, daß die an so einem Schuft wie dir klebenbleiben konnte«, sagte Hazel.

Er zuckte die Schultern. »Hab' einmal mit ihr nach dem großen Spiel vergangenen November getanzt. Ihre Verbindung war eine der Gastgeberinnen des Abends. Ich tauchte mit ein paar Kumpels auf und – zack, schon war's geschehen. Also ein glatter Umfaller.«

Hazel grinste breit, und ihre schlechten Zähne passierten Revue. »Hm, anstatt daß du sie zur Hure gemacht hast, hat sie dich fast zum Heiligen umfrisiert.«

Henry griff nach einem halb aufgerauchten Joint, dessen nasses Ende er abkniff. Er steckte ihn an und inhalierte. Ah, wie das erregte! Er blies den Rauch aus und sagte: »Du hast das nicht kapiert. Ich will immer beides. Ein bißchen Sünde, ein bißchen Heiligsein. Seit Juni war nur Sünde dran. Jetzt will ich mal den Heiligen spielen. Gott ist mein Zeuge, daß ich mit diesem Loch keine Experimente anstellen will.«

»Nun gehst du schon wieder auf deine Gastgeberin los.« Sie sagte letzteres im Tonfall einer englischen Herzogin. »Du weißt genau, wenn du mit so einem braven Mädchen bloß herumspielst, bist du am Ende immer der Dumme, Henry, das ist doch klar.«

»Ich sagte doch, es könnte ja auch klappen.«

»Aber sie glaubt ganz bestimmt daran, daß es klappt.«

»Darin unterscheiden sich eben die Männer von den Frauen. Also, was soll's!«

Er zog noch einmal an dem Joint.

Er war ziemlich weg.

Hazel war auch schon ziemlich weg. Sie hörte schon gar nicht mehr richtig zu, und im Dämmer war er sich klar darüber, daß er bereits morgen weder zählte noch für sie existierte – sie würde ihn nicht einmal vermissen. Freddy, George, Baker oder E. J. würden seinen Platz einnehmen. Hazel war das piepegal, wenn sie nur täglich ihren Schnuckie im Mund hatte, den sie melken konnte.

Das gehörte auch zu ihren Ambitionen. Sie mußte ihren Saft kriegen, und tief in ihrem verschrobenen Kopf fürchtete sie einzugehen, wenn sie nicht alle vierundzwanzig Stunden wenigstens einen vollen Sack abpumpte.

Als er sie so betrachtete, wußte er, daß sie bald wieder eine neue Dosis aus seiner Samenampulle saugen würde. Sie war weg und kümmerte sich einen Dreck darum, worüber sie eben noch gesprochen hatten. Sie schluckte eine LSD-Rakete, um ihren Körper auf dem Drahtseil zu balancieren, schwankend über der Hölle, die sie unter sich sah und in die sie stürzen mußte, wenn sie einen falschen Tritt machte.

Sie saß mit gekreuzten Beinen auf ihrem Kissen, und die Falten vom Kittel der Nation verhüllten ihren Körper. Vor ihr auf dem Kaffeetisch stand bereits die Flasche mit Hals, die sie beide heute nachmittag füllen würden. Als sein Blick darauf fiel, spürte er sofort ein Kribbeln in seinen Lenden. Himmel, es fing doch tatsächlich an, ihm Spaß zu machen! Vielleicht würde er noch gerade rechtzeitig den Absprung ins spießbürgerliche Dasein Amerikas schaffen!

Hazel besaß noch eine weitere Flagge, das Gegenstück zu derjenigen, die sie zu einem Poncho umfunktioniert hatte. Bis jetzt hatte sie 26 Sterne aus ihr mit einer kleinen Schere ausgeschnitten. Sie war bei Montana, der war der nächste. Gestern nachmittag war Missouri dran gewesen und noch etliche andere.

Sie breitete die Fahne auf ihren Knien aus, nachdem sie das blauweiße Feld hochgehalten hatte, um ihm zu zeigen, wo mehr als die Hälfte der Sterne bereits verschwunden war. Dann griff sie sich wieder ihre Schere und sagte, mehr zu sich selbst: »Ich bin bald durch damit. Ich möchte mal ganz Amerika in der Hand halten.«

Dabei hob sie ihren Poncho bis zur Hüfte hoch, und er konnte bis nach China sehen.

»Montana!« kündigte sie an, während sie den nächsten Stern ausschnitt. Sie tat so, als wolle sie den Stern in den Hintern stecken. »Montana ist futsch«, fügte sie kichernd hinzu.

Aber dann brachte sie den Stern wieder zum Vorschein und stopfte ihn nun zwischen die Falten ihrer Grotte. Er sah zu, wie das fünfzackige Stückchen weißen Stoffes darin verschwand. Dann schnitt sie weiter aus: »Nebraska«, sagte sie.

Er versuchte, sich vorzustellen, wie wohl der Admiral reagieren würde, wenn er sich jetzt hier in Hazels Puff befände. Dafür gab es wohl kaum einen Passus in seiner Dienstvorschrift.

»Nevada!« rief sie, und es klang wie der Ausrufer auf einem Parteikongreß der Demokraten. Sie nahm den Stern und stopfte ihn neben die anderen von Montana und Nebraska in ihre Muschi. Stopfte sie feste hinein und kicherte dabei. Sie dachte nie daran, sich fertigzumachen, selbst wenn sich im Zimmer ein ganzer Trupp Matrosen aufgehalten hätte, um sie einer nach dem anderen zu besteigen.

»New Hampshire«, fuhr sie fort, »New Hampshire, der Stolz von New England. Hauptstadt: Concord. Na, was sagst du dazu? Ich habe meine Geographie noch im Kopf.«

»Das waren jetzt vier Bundesstaaten«, sagte Henry höflich. Sein Joint war längst aus, aber er war noch high genug und schwebte im Raum. Er wollte nicht runterfallen und sich dabei weh tun. Zwei Uhr Sonntag nachmittag in der Kirche. St.-Johns-Kirche. Nicht gleich ungeduldig werden, John! Ich werde mich bald auf mein Motorrad setzen.

»Ja, du hast recht«, stimmte Hazel zu, »vier sind genug für heute. Ich muß ja auch an morgen denken. Mein nächster Partner will ja auch seine Sternchen sehen.«

Er wartete auf ihre Aufforderung.

»Nun ist die Medizin wieder dran, Herr Doktor. Die vierundzwanzig Stunden sind fast um. Wenn ich meinen Schuß nicht rechtzeitig kriege, dann trockne ich noch vor Mitternacht wie eine Pflaume zusammen.«

Er starrte immer noch auf die komische Glasflasche mit Hals, auf den Salzstreuer und auf den kleinen Wasserkrug, der vor ihr stand. Sie hätte Gastgeberin einer Teegesellschaft sein können. Alle Anwesenden waren high genug, und dieser Tee stammte auch kaum von Lipton. Plötzlich fühlte er sich müde.

»Ich glaube, du wirst dich schon selbst bedienen müssen«, murmelte er.

»Ganz wie Sic wünschen, Herr Doktor.«

Sie winkte ihm mit den Fingern, und er krabbelte von seinem Sitzkissen runter, bis er an ihrer Seite lag. Sie drehte sich so, daß sie ihn ansah, und dann zupfte sie an den Falten seines Kimonos herum. Er gab den nackten Körper frei, sein Doktor stand Parade, und er wartete auf ihr Kommando.

Sie fummelte mit ihren Fingern an der Eichel, da richtete er sich sofort zu seiner vollen Größe auf. »Phantastisch, Henry, du bist mein Fall. So wie dich krieg' ich keinen zweiten. Leider mußt du mit deiner blöden Heirat unser Verhältnis kaputtmachen.«

Er nahm sich einen neuen Joint vom Tisch, zündete ein Streichholz an und paffte.

»Ich sehe, das kann dich schon nicht mehr kratzen. Läßt sich von einem Weib fertigmachen und raucht 'n Joint dabei.« Sie verzog das Gesicht. »Na ja, solange ich meinen Teil abkriege, werde ich mir über die Einzelheiten unseres Verhältnisses keine grauen Haare wachsen lassen.«

»Herrlich, Hazel, einfach herrlich.« Die Zigarette schmeckte gut.

»Scheißkerl, du«, zischte sie zurück.

»Los, komm, fang an.«

»Na, wie gefällt dir das, Liebling?«

Er stöhnte, und sie grinste. Sie zog, zerrte und wichste an ihm, bis er fühlte, daß sich der Extrakt sammelte und auf den Abschußpunkt wartete. Nicht mehr lange, dann kriegt sie ihre Dosis Samenmedizin ab. –

Aber wenn er sie jetzt noch knudeln wollte, dann mußte er ihr was vorschwindeln. Oder irgendwas erfinden, egal was.

»So kommt er nicht.«

»Geh doch zum Teufel mit deinem Kleinteil!«

»Laß ihn zu dir rein, Hazel. Komm, mach schon. Wir wollen's mal brav wie Mann und Frau machen zur Abwechslung, ja?«

»Der ist ganz schön steif jetzt. Ich fühle doch, wie er zuckt. Dein Motor puppert ganz toll. Sag bloß nicht, du kannst ihn nicht kommen lassen, wenn du es willst! Wenn du noch zurückhalten möchtest, warum sagst du das nicht? Aber wenn du ihn bei mir reinstecken und drinnen fertig werden willst, dann hast nur du was davon.«

Er zog ein Gesicht, als sei er erschrocken. »Du weißt genau, daß ich kein Egoist bin.«

»Na, dann ist es ja gut.«

Sie fing an, die Stoffsterne rauszupuhlen. Einer nach dem anderen wurden die weißen Symbole hervorgezogen.

»Montana«, sagte sie und zählte sie auf in der Reihenfolge, wie sie zwischen ihren Beinen zum Vorschein kamen. »Der nächste ist Nevada. Und jetzt kommt New Hampshire. O. k., dann wollen wir mal anfangen.«

Sie rollte sich rückwärts wie ein Stehaufmännchen, nur daß Hazel nicht wieder aufstand. Henry krabbelte zwischen ihre Beine und tastete nach seinem tropfenden Doktor. Dann ging er selbst noch etwas tiefer. Selten, daß sie noch Spielchen veranstalteten. Jeder wußte, was der andere gerne wollte.

Er schob sich in sie rein, und sie schluckte ihn auf, ohne mit der Wimper zu zucken.

Er rutschte bis zur Wurzel hinein. Sein Lumpi hatte Format genug. Bestimmt war er größer als der Durchschnitt.

Er fing an, mit Hüften und Gesäß zu stoßen, und gleich war das Gefühl wieder da, daß es kam. Bis in die Spitze. Die leichte Droge hatte seine Sinne aufgepeitscht; wenn sich jetzt eine Fliege auf seine Schwanzspitze gesetzt hätte, hätte er sie augenblicklich mit einem Schuß Sperma in die Luft gejagt.

»O. k. Hör auf, es langt!« schrie sie.

Sie sprang hoch, mit den Händen drückte sie auf seine Hüften und schob sich hoch.

Sein Doktor war steif und naß wie ein defekter Feuerwehrschlauch unter Druck.

Sofort langte sie zu ihrem Tisch und griff die leere Flasche.

»Rrrraaach«, grunzte er – und dann kam's ihm. Sein Samen schoß in die Flasche und lief an deren Wänden herunter. Sobald sich die Flasche etwas gefüllt hatte, zog sie sie von seinem noch nassen Schwanz, goß Wasser dazu und tat Salz hinein.

Nun strahlte sie ihn an. »Mensch, war das gut! Das langt für den nächsten Tag, mein Süßer!«

Jetzt zog sie die Stirn in Falten und grapschte an sich rum. Sie brachte noch einen Stoffstern zum Vorschein.

»Sieh dir den Schuft hier an«, sagte sie sauer. »Nebraska, natürlich, sieh mal einer an – der also hat sich da so lange versteckt. Geiler Staat. Die Leute in Lincoln sollten sich schämen.«

2

Er hatte die Szene oft genug im Film und Fernsehen erlebt.

Der Patient erwacht aus der Narkose und blinzelt zur Decke. Er weiß nicht, wo er ist und was geschehen ist. Dann taucht am Fußende seines Bettes das Cheese-Lächeln seiner Miss-Amerika-Braut auf, strahlt auf ihn herab und zieht ihn aus den Tiefen seines Unterbewußtseins.

Bei Henry war die Sache ganz anders. Im selben Moment, wo er die Augen öffnete und die großen Blumensträuße sah, die auf dem Nachttisch standen, wußte er, daß was passiert war. Er hätte sich vielleicht besser nicht erinnert, denn in dem Moment des Zusammenstoßes hatte alles aufgehört. Aber alles kam ihm erst in diesem nervenzerreißenden letzten Augenblick zu Bewußtsein.

Er war mit einem Affenzahn am Morgen aus San Francisco abgebraust, nachdem ihm Hazel noch eine letzte Portion Medizin aus seinem Sack gesaugt hatte. Gas durchtreten und die alte Karre auf Touren bringen und nichts wie ab nach Süden! Anstatt die Bundesstraße 101 zu nehmen, wollte er zur Küste hin abkürzen und runter durch Monterey, Big Sur und Redwood County fahren. Lieber den Umweg als durch den irren Autobahnverkehr. Außerdem, Big Sur war Fixerbezirk, und ihm machte deren Anblick Spaß; überall lagen Hippies high im Gras an den Rändern der Überlandstraße rum.

Schließlich hatte er gestern abend die nördlichen Außenbezirke von San Diego erreicht. Alles ging gut. Auch auf der Autobahn von

Los Angeles war er gut vorangekommen, bis er auf die Ausfahrt kam. Er erinnerte sich genau an den schwarz-weißen Straßenkreuzer, der seine Fahrbahn schnitt, und es fiel ihm auch ein, wie er scharf auf die Bremse getreten hatte. Vielleicht war er den Bruchteil einer Sekunde zu langsam damit gewesen, weil er übermüdet war, aber scheiß was drauf! Er hatte schließlich das gleiche Recht auf der Straße wie die Bullen. Und er war als erster auf dieser Fahrbahn.

Und dann auf einmal: Wrrhumm! Und weg war er. So 'n Blitz, und dann war alles dunkel.

Wie lange lag das denn nun schon zurück? Eine Stunde? Einen Tag? Eine Woche? Heiliger Pimmel, was wird aus der Hochzeit? Jetzt klingelte es in seinem schmerzenden Kopf, und er hatte Mühe, sich aufzurichten. Da ging die Tür auf, und Leute traten ins Zimmer.

Es war ein Mann mittleren Alters in einem weißen Anzug und zwei ganz hübsche Mädchen, auch in Weiß, die etwas hinter ihm standen. Alle sahen sie ihn an, lächelnd, doch besorgt. Die beiden Frauen wirkten sehr sympathisch, so daß er sich plötzlich schämte. Angenommen, man hatte ihm inzwischen schon was wegoperiert! Vielleicht was Wichtiges, die Eier! Langsam schob er die Hand unter die Decke und suchte sie. Nein! Der Sack war noch voll und an alter Stelle.

»Guten Morgen«, brummte der Mann. Er ging doch schon auf die fünfzig zu und war halbkahl. In seinem Mundwinkel hing ein Zigarrenstummel. Henry zweifelte einen Augenblick daran, ob er sich in einem Krankenhaus oder in einer Schaubude befand.

Er versuchte zu nicken, aber Schmerzen in seinem Kopf hielten ihn zurück. Sie hatten wohl gemerkt, daß er zusammenzuckte, obwohl Henry nicht überzeugt war, daß sich sein Gesichtsausdruck dabei irgendwie verändert hatte.

»Bleib ruhig, mein Junge«, sagte der Mann. »Ich bin Greb, der Mann, der dich gestern abend so schön eingewickelt hat. Aber ich glaube kaum, daß du dich an mich erinnerst.«

Henry sah ihn nur verschwommen an. Dann schwenkten seine Augen hinüber zu den anderen. Da war eine schlanke, dunkelhaarige Frau mit großen schwarzen Augen und ein paar Härchen auf der Oberlippe. Nur so eine schwache Andeutung, aber es sah sehr sexy aus. Das andere Mädchen hatte braune Haare, ebensolche Augen, und die ganze Aufmachung war typisch amerikanisches Glamour-Girl. Sie war so, daß sie ihn rumkriegen könnte, ohne es vorher zu probieren. Für jemand, der krank war, fühlte er sich ganz schön geil.

Henry räusperte sich, er wollte herausfinden, ob er noch Stimme hatte. »Die Blumen.« Langsam drehte er den Kopf zum Nachttisch. Da waren Rosen, Nelken und einige andere Sorten, deren Namen er nicht kannte. »Offenbar nahm man an, ich sei schon tot.«

Die drei Besucher lachten. Greb wandte sich an das dunkle Mädchen. »Sagen Sie es ihm, Miss Monique!«

Ihr Lächeln wurde noch breiter, als sie ums Bett herumging und die Blumen ordnete. »Nein, tot sind Sie nicht, und das verdanken Sie Dr. Greb. Aber Ihre Hochzeit, die fällt bestimmt aus, fürchte ich. Als man davon erfuhr, hatten einige Damen auf diesem Flur Mitleid mit Ihnen. Deshalb brachten sie diese Blumen hierher.«

Henry versuchte, diese Angaben in seinem Kopf zu verarbeiten. »Dann ist heute also Sonntag? Und ich bin nur eine Nacht ohne Bewußtsein gewesen?«

Greb grinste und nickte. »Lassen Sie sich nichts erzählen von den beiden hier, mein Junge. Sie haben diese Blumen aus ein paar Zimmern zusammengeklaut, die heute morgen frei wurden. Ich habe noch niemals Schwestern erlebt, die aus eigener Tasche Blumen kaufen.«

»Sonntag!« sagte Henry nachdenklich. »Mein Hochzeitstag!«

»Erst mal aufgeschoben«, fuhr Greb fort, »oder verschoben, bis wir genau wissen, was alles mit Ihnen los ist, und bis Sie wieder ansprechbar sind.«

Er griff sich an den Kopf und entdeckte etwas, das drumherum gewickelt war. Nicht sehr schwer oder dick, aber eben drumherum, von der Stirn bis zu den Ohren, am Hinterkopf auch. Da war eine schmerzhafte Stelle auf der Stirn, und er fühlte eine große Beule. Von dem idiotischen Kopfschmerz abgesehen, war sein Kopf in Ordnung. Sein Gehirn funktionierte.

»Was fehlt mir denn?«

Die Dunkle mit den braunen Augen trat näher. Er sah, wie sie ihren Körper unter dem Kittel beim Gehen wiegte. Seinem Gefühl nach war er aber gut beisammen und nicht kaputt, denn er merkte sofort, wie er darauf ansprach.

»Ich will's mal aufzählen«, sagte Greb, streckte eine Hand aus und zählte ab: »Erstens, wie ich glaube, haben Sie eine Knöchelfraktur. Wollen wir demnächst erst mal röntgen. Ist kein Problem, nur der Gipsverband muß zwei Wochen drumbleiben.«

Henry verzog das Gesicht und versuchte, seinen rechten Fuß zu bewegen. Ging gut. Dort war alles Gefühl drin. Also nichts. Völlig o. k.

Im Moment erschrak er jedoch sehr, als er versuchte, den linken Fuß zu bewegen. Der war wie tot. Hier spürte er eine unglaublich dicke, große, feste Verpackung aus einem Verband unter der Decke. Er stellte mit dem rechten Fuß auch fünf freiliegende Zehen fest. Nun wußte er wenigstens, daß ihm sonst nichts Wichtiges amputiert worden war.

»Zweitens haben Sie wahrscheinlich eine kleine Gehirnerschütterung erlitten. La Monique hier wird später ein paar Aufnahmen machen, damit wir uns das mal ansehen können. Sie haben eine ganz nette Beule auf der Stirn. Haben Sie bereits gefühlt. Und Ihr rechtes Auge zeigt Farben, als hätten Sie mit Joe Louis geboxt. Entschuldigung – das war laut gedacht, oder liegt Ihnen Cassius Clay mehr?«

Henry nickte zu allem. »Den Kopf spüre ich, da drin scheint ja alles gut zu funktionieren.«

Dann beugte sich Greb über ihn. Er schob Henrys Augenlider mit dem Finger zurück und leuchtete mit einer Taschenlampe in die Augen. Dann sah er in die Ohren, in Nase und Mund.

»Alles o. k., Frenchy«, sagte er über die Schulter zu dem Mädchen, das La Monique hieß. »Augen klar. Ohren o. B. Kein Nasenbluten, abgesehen von trockenen Resten von gestern abend. Mit dem blauen Auge sind offenbar keine inneren Schäden aufgetreten. Auch sonst alles in Ordnung.«

Das dunkelhaarige Mädchen nickte. »Trotzdem wollen Sie noch Aufnahmen haben?«

»Sie können Ihr Hinterteil verwetten, daß ich sie haben will.«

Er hatte Henrys Kopf untersucht, und jetzt faßte er Henrys Nacken an, um an der Schnur des OP-Hemdes zu ziehen. Er zog das Hemd vom Hals weg und setzte sein Stethoskop auf die Brust, wobei er verschiedene Punkte abhörte, nachdem Henry jedesmal einen tiefen Atemzug getan hatte. Wieder schien Greb zufrieden.

»Ich kann nichts feststellen, was da drinnen nicht in Ordnung wäre. Die Lungen sind frei, das Herz ruhig und gleichmäßig. Dieser Knabe hat den Sturz phantastisch gut überstanden.«

La Monique schien gleichfalls zufrieden, und als sie sich über Henrys Knie beugte, um dem Arzt über die Schulter sehen zu können, trafen sich seine und ihre Blicke. Ein paar Sekunden lang blickten sie sich an, bis seine Augen auf ihrer Brust ruhten. Sie drangen durch ihren Nylonkittel hindurch. Als er wieder in ihr Gesicht sah, drehte sie den Kopf weg.

»Schließlich«, fuhr Greb fort, »werden wir dann noch ein Pflaster auf Ihren Bauch kleben, wo es einen tiefen Kratzer gegeben hat. Abgesehen von einigen Schnittwunden und Prellungen, die überall verstreut sind, wäre das alles. Nicht schlecht für einen, der mit einem Streifenwagen kollidiert ist.«

Henry sah zu Greb auf. Für einen Arzt quatschte er reichlich vulgär. Doch Henry war ein solcher Kerl lieber als einer von diesen intellektuellen Flötenheinis. Gerne würde er wissen, wie man unter Kollegen über einen Mann wie Greb dachte.

»Wie lange werde ich hier wohl bleiben müssen?«

»Bin kein Prophet. Wir müssen noch Befunde erheben. Doktor Stein ist ein paar Tage nicht im Hause, und ich möchte, daß auch er Sie durchleuchtet, besonders Ihren Kopf. Aber in diesem Zimmer werden Sie bestimmt noch eine Woche bleiben. Hat alles keine Eile.«

Durch Henrys Körper ging ein Zucken. »Und was wird aus meiner Hochzeit? Was ist mit Pam? Man muß sie doch anrufen.«

Greb schluckte grinsend. »Na, meine Damen, dieser Knabe tut so, als sei er weder krank noch lädiert. Er ist besorgter wegen seiner Flitterwochen als seiner Verletzungen wegen. Nur die Ruhe, junger Mann. Die McIvers sind benachrichtigt worden. Sie sitzen draußen und brennen darauf, Ihnen einen echt südkalifornischen Willkommensgruß zu bringen.« Greb zwinkerte: »Gott sei Dank ist nichts zwischen den Beinen kaputt, mein Junge. Es fehlt nicht das geringste.«

Die beiden Frauen taten schockiert; sie lächelten, und eine von ihnen sagte: »Aber Herr Doktor Greb...!«

»Hören Sie sich diese Unschuldslämmer an«, meinte Greb zu Henry, indem er rückwärts mit dem Daumen auf sie zeigte. »Man möchte doch tatsächlich meinen, sie wüßten nicht, wo ein Mann sein Scrotum und seinen Penis hat. Aber seien Sie versichert, die wissen genau, wo die Musik sitzt.«

Die Dunkle rollte mit den Augen. »Unser Doktor Greb sagt immer alles sehr genau. An Deutlichkeit übertrifft ihn keiner.«

»Geiles Stück, du«, sagte Greb und machte eine Bewegung, als wollte er ihr in die Arschbacken fahren, doch sie wich durch einen Sprung zur Seite aus. Wieder blinzelte er Henry an.

»Übrigens, die Klinik gehört uns Ärzten, mein Junge, und einer von ihnen bin ich; wir führen sie in eigener Regie. Ich bin sogar einer ihrer Gründer und hier am Platze so was wie 'ne heilige Kuh. Ich stelle Personal ein und schmeiße es auch raus, einschließlich dieser beiden hier. Ganz klar, daß ich sie mir direkt frisch aus der Schwesternschule hole, und dabei kommen mir meine Instinkte sehr zustatten. Na, ich glaube, Sie verstehen, was ich damit sagen will. Wenn ein Mann krank ist, möchte er trotzdem gerne etwas sehen, was ihm Spaß macht und möglichst für ihn persönlich da ist. Übrigens, ich bin auch kein Kostverächter, und von Zeit zu Zeit suche ich zwischen den Gänseblümchen auf der Wiese nach 'ner besonderen Pflanze. Mein Leib- und Magensprichwort ist immer: An der Quelle saß der Knabe.«

Henry lächelte matt. »Ihr Geist scheint eine Quelle und Ihr Blick ungetrübt.«

»Danke, mein Junge. Es ist nett, so ein Kompliment von einem jungen Mann zu hören. Die meisten jungen Leute von heute finden ja sonst wenig Lobenswertes.« Er richtete sich hoch, streckte sich und steckte die Instrumente in seine Kitteltasche.

»Auf denn, meine Damen. Jetzt wollen wir Mr. Tinker mal etwas Ruhe gönnen.«

Die drei entfernten sich vom Bett und gingen zur Tür. Greb, der sich wie ein Fußballäufer bewegte, führte sie hinaus. Die dunkle Französin war gleich hinter ihm, doch sie sah zu Henry, bis sie zur Tür hinaus waren. Die zweite Schwester ging als letzte, und als die zwei vor ihr außer Sicht waren, zischte Henry.

Die Braunhaarige stoppte und sah zurück. Sie zog die Stirn in Falten, als er sie mit gekrümmtem Finger heranwinkte. Sie sah in den Gang raus und kam dann zu ihm zurück.

Sie war wirklich eine Schönheit, der Typ derjenigen, die an der Spitze der jährlichen Rosenparade am 1. Januar geht. Typisch amerikanisch. Milch und Honig, glänzend braunes Haar, tiefbraune Augen, ein Körper, dessen Kurven nicht übertrieben waren und der sich bestimmt gut ausnahm in Kleidern jeder Mode. Auf jeden Fall ein Knaller. Sie hatte eine Modellfigur. Henry hatte auch bemerkt, daß sie einen schönen Hintern besaß. Er wippte beim Gehen. Einsame Spitze. Nicht viel, doch gerade so, daß der Eindruck entstand, Maschine o. k., Leerlauf weich.

»Ist noch was?« flüsterte sie und beugte sich etwas vornüber. Ihre Stimme paßte zum Aussehen. Hatte offenbar mal Sprechunterricht gehabt, war moduliert, hatte hohe und tiefe Töne wie ein Musikinstrument. »Doktor Greb möchte, daß Sie jetzt ruhen.«

»Sicher«, bestätigte Henry. »Aber ich habe mich schon seit gestern abend ausgeruht. Wie lange ist es seit dem Unfall her?«

Sie schob ihre Ärmelmanschette zurück, um auf die Uhr zu sehen. »Ich würde sagen: Man hat sie vor zwölf Stunden hierher gebracht.«

»Eine schöne lange Nacht war das. Ich möchte jetzt meine Braut sehen. Der Doc sagte, sie sei draußen.«

Die Schwester nickte und verzog den Mund. Der war voll und reizte zum Küssen. »Sie sind zu dritt. Tut mir leid, vorläufig keine Besuche.«

»Na, hören Sie mal, Sie sollten etwas mehr Mitleid mit mir haben. Die anderen können meinetwegen ruhig draußen warten, solange Sie es wünschen. Aber ich möchte Pam sehen. Zwei Monate habe ich ihr Gesicht nicht mehr gesehen.«

Sie nagte an der Unterlippe. »Zwei Monate?«

Er nickte. »An sich würden wir jetzt in die Flitterwochen fahren. Haben Sie doch ein Herz, Schwester! Versetzen Sie sich einmal in ihre Lage!«

Sie dachte darüber nach. »Aber nur einige Minuten, das müssen Sie mir versprechen.« Sie richtete sich auf und hob den Kopf. »Es ist nicht gestattet. Wir haben unsere Vorschriften.«

»Wie heißt du denn, meine Liebe?«

»Ich bin nicht ›deine Liebe‹, das kann ich Ihnen versichern.« Sie versuchte, sich in die Brust zu werfen, aber soviel war's nun wieder nicht. Er wünschte, sie würde sich umdrehen, damit er ihre Hinterbakken noch mal bewundern könnte.

»Und was machen Sie hier auf der Station?«

»Ich bin die Tagesschwester.«

»Wenn ich hier noch zwei Wochen bleiben muß, könnten wir vielleicht Freunde werden. Ich heiße Henry Tinker.«

»Ich weiß.« Sie zeigte auf das Fußende des Bettes, wo sein Krankenblatt hing.

»Na, sehr gut. Und wie heißen Sie?«

Offenbar kämpfte sie einen Augenblick lang mit sich, schließlich gab sie nach und ließ sich herab, ihm ihren Namen zu sagen: »Dawn Johnson.«

»Fein. Dawn. Gefällt mir. Ich werde immer daran denken. Nun, Dawn, möchte ich Sie bitten, hinauszugehen und meine Braut reinzulassen. Sie brauchen nur Ausschau nach einem Kind zu halten, das sich seit Stunden die Augen ausweint. Lassen Sie sie bitte einen Augenblick reinkommen. Sonst tragen Sie die Verantwortung dafür, daß Sie gleich einen weiteren Patienten haben.«

Sie sah ihn an, und er entdeckte, daß sie ihre Nasenflügel einen

Moment hochzog. Das machte ihm Spaß. Er würde das Vergnügen haben, zu sehen, wie sich die Tagesschwester von nun an bei ihm herumdrückte. Im Kopf wollte er sich das Vorhaben merken, Dr. Greb für seinen ungetrübten Blick bei der Auswahl des Personals ein Denkmal zu errichten, sowie er wieder obenauf wäre. Endlich nickte Dawn Johnson zustimmend.

»Na gut, aber nur für eine Minute. Und nur Miss McIver. Die anderen müssen wir auf später vertrösten, wenn Sie wieder auf dem Damm sind.«

»Das werde ich schon noch verkraften«, seufzte er.

Sie ging hinaus, und er betrachtete dabei jeden ihrer Schritte.

Als sie weg war, sah er sich im Zimmer um. Es war sehr groß, hatte breite Fenster mit Blick in den weiten, blauen, kalifornischen Himmel. Zu beiden Seiten des Bettes stand jeweils ein Stuhl und gegenüber dem Bett an der Wand eine Couch. Es mußte natürlich ein Erster-Klasse-Zimmer sein. Bestimmt privat, geräumig, sogar mit Ausblick auf zwei Seiten hin. Irgendwer schmiß hier mit Geld um sich, aber ganz bestimmt nicht Henry. Geld zum Schmeißen hatte er nicht. Dann trat sie ein, und seine Augen saugten sich an ihrem Anblick fest.

Und alle bisher erlebten Augenblicke, Tage, Stunden und Wochen mit Pamela liefen wie ein riesiger Film in seinem Kopf ab. Jede Einzelheit ihres Kopfes mit dem kurzgeschnittenen blonden Haar, ihrer Figur, ihrer Stimme und Bewegungen wurden ihm wieder deutlich. Ja, jetzt waren sie wieder hautnah. Er sah ihre langen Beine, die aus dem Mini herausragten, und seine Phantasie umspielte sie bis ins Uferlose. Himmelarsch war sie doch ein toller Anblick! Alle diese in seinem Kopf schnell abrollenden Bilder verstärkten seine Gefühle für sie.

Selbst ihr Kinn, das ein Familienerbstück war, wurde von ihm mit einbezogen.

»Henry...?«

Er überdachte schnell, wie oft sie schon seinen Namen genannt hatte. Als er nun ihrem Blick begegnete, merkte er, daß sie ihn bereits lange ansah. Sie stand immer noch in der Tür, die Hände über den Hüften gekreuzt, die Beine in einer Knickpose wie ein Mannequin. Sie machte sich Sorgen, die Falte auf ihrer Stirn bewies es.

»Pam«, flüsterte er. »Mach die Tür zu und komm her. Zu mir, so nah, wie's geht.«

Ihre Augen wurden groß, eine Hand ging zum Mund. Sie zitterte etwas unter ihrem Kleid, das ein tolles Nichts war. Ein Kleid mit einem schulterfreien, weiten Herzausschnitt, ärmellos und hauteng. Es war jeden Cent der 100 Dollar wert, die ihr Vater sicher dafür bezahlt hatte.

»Du sollst Ruhe haben, hat man uns gesagt.« Aber sie drehte sich trotzdem zur Tür und schloß sie. Dann stürzte sie zu ihm, und ihre Absätze klackerten auf dem Kachelboden. Sie kniete vor dem Bett und schlang ihre Arme um seinen Hals, drückte ihn fest, ja, sie zog ihn sogar etwas zu sich. Dann nahm sie die Lippen von seinem Hals und preßte sie auf seinen Mund.

In dieser Stellung verharrten sie sicher eine Minute lang. Dann schob er seine Zunge unter ihre Lippen und versuchte so, mit seiner Zunge zwischen die freiliegenden Zähne in ihren Mund einzudringen. Da zog sie ihren Kopf zurück. »Henry«, sagte sie außer Atem, »Hank, mein Liebling. Wir haben uns so lange nicht mehr gesehen, sechs Wochen. Ich hatte direkt Angst, du hättest es dir anders überlegt.«

Und gerade das hatte er tatsächlich oft getan, aber jetzt antwortete er: »Das ist doch nicht dein Ernst, Baby! Warum sollt' ich mir's anders überlegen? Ich bin doch nicht verrückt! Genauso hatte ich Angst, du würdest dir's überlegen und mich sitzenlassen.«

Sie hing an seinem Hals, und ihre Brust preßte sich gegen seine Brust. Er fühlte, wie sie zitterte, spürte ihre Wärme, und er wußte, jetzt würde ihr Rock beim Knien hoch über ihre Muschi rutschen. Sie küßte ihn wieder. Ein herrliches Gefühl. Er konnte im Augenblick nicht unterscheiden, ob es Liebe oder Sex war. Eins aber wußte er: Sie kurierte ihn besser, als Ärzte und Pillen es jemals tun könnten.

Beim Küssen zog er seine Hand unter der Decke hervor und tastete ihren Hals ab. Die nackte Haut war heiß und samtig. Da, wo seine Finger über ihren Hals hinwegglitten, bekam sie eine Gänsehaut. Sie schreckte auf, als ob er seine Finger in eine Steckdose gesteckt hätte. Sie war nervös, aufgeregt, ängstlich-verschreckt, vorsichtig und abgelenkt. Darum zog er seine Hand zurück.

»Was ist denn? Ich bin immer noch derselbe, den du auf der Farm kennengelernt hast«, brummte er.

Sie legte die Stirn in Falten. »Aber du bist doch verletzt. Sag mir doch, wie fühlst du dich?«

»Hm, ich versuchte dir soeben deine Frage bereits im voraus zu beantworten. Ich hatte sie erwartet und wollte dir vorneweg einen Eindruck meiner Funktionsfähigkeit geben.«

Sie blickte ihn streng an. »Du weißt genau, was ich meine. Dr. Greb

163

sagte uns, du seiest verletzt, aber er erklärte nicht, wo und was und ob du Schmerzen hast. Tut dir der gebrochene Fuß sehr weh?«

Im Moment hatte er tatsächlich Schmerzen da unten. Sicher hatte man ihm Beruhigungsmittel gegeben, und nun ging die Wirkung zu Ende. »Nein, aber ich kann auch keine 1000 m laufen, trotzdem werde ich keinen Rollstuhl nötig haben.« Er zog sie zu sich rauf. »Nun mach schon, sei lieb zu mir. Wenn das mit dem Knöchel nicht wäre und mit den anderen Dingen auch nicht, dann wären wir beide jetzt schön im Bett und würden eine ganze Woche lang nicht mehr auftauchen...«

»Henry«, sagte sie warnend, aber doch erfreut über seine Worte. Sie sah über die Schulter. »Die Tür hält doch keinen davon ab, uns zu stören. Das weißt du doch.«

»Wir werden zeitig gewarnt. Wenn die Schwester am Türknopf rüttelt, merkt sie, daß es zu ist, und sie muß dann erst zur Station, den Schlüssel holen. Zeit genug, deine Nase zu pudern.«

Pam wurde zusehends rot. Henry sah, wie es ihr rosigrot vom Nakken ins Gesicht stieg. Puh! Sie war schon Klasse. Wie ein tiefer Zug aus einem Joint oder wie wenn Raquel Welsh ihm an den Eiern spielen würde.

»Nein, nicht in deinem jetzigen Zustand! Es sind doch noch nicht mal zwölf Stunden nach dem Unfall.« Sie entwand sich ihm, hielt aber seine Hand weiter fest. »Wir haben doch noch viel Zeit.«

Er seufzte und sah auf die Blumen. »Na, wenigstens die Schwestern bedauern mich.«

Sie seufzte ebenfalls. »Aber Papa und Mama sind draußen. Sie wollten dich auch sehen.«

»Die Schwester hat gesagt: Nur ein Besucher! Du! Ich mußte ihr dafür versprechen, besonders nett zu ihr zu sein.« Er wirkte eingebildet.

»Sie sieht aber auch ausnehmend gut aus«, mußte Pam zugeben. »Du gemeiner Hund.«

»Ein Kranker kann sich seine Situationen nicht wählen.«

Wieder legte er den Arm um ihren Hals und zog sie an sich. Und wieder küßte er sie. Ah, diese Lippen! Sie waren so voll und frisch. Flüchtig dachte er an Hazels Schlabbermaul. Pams volle Lippen teilten sich, und er ließ seine Zunge zwischen ihnen hindurchschnellen. Er spielte mit ihr über ihre Zähne. Sie atmete aufgeregt durch die Nase, und er fühlte, wir ihre Brustwarzen hart wurden.

Sie versuchte zu sprechen, doch ihre Worte klangen unverständlich.

Er küßte sie fester und preßte seine Zunge wie einen Bolzen in ihren Mund. Es gab noch einen zweiten Bolzen, der stand unter dem Laken und spannte es zum Zelt. Dem wandte sie jedoch ihren Rücken zu, und er war sich nicht im klaren, ob er den Kuß beenden und ihr die Herzlichkeit seiner Zuneigung beweisen sollte. Dafür war später noch Zeit, solange die Schwester – Dawn Johnson –, solange sie – zum Teufel! – draußen blieb. Er wünschte, sie möge das entsprechende Empfinden haben.

Schließlich brauchten ihre Backenknochen eine Atempause, und ihre Münder lösten sich voneinander. Schnell fuhr seine Zunge nach vorn und nahm die Gelegenheit wahr. Er stieß sie tief in ihren Mund und bestrich die Innenseite ihrer Zähne. Dann den Gaumen oben und unten, so weit, wie er in ihn hinein konnte.

Ihr Atem pfiff durch die Nase, jetzt fing sie an zu würgen. Sie zog seinen Kopf zur Seite und schnappte nach Luft. Tränen standen in ihren Augen.

»Du bist so sentimental«, murmelte er.

»Sentimental?« sagte sie, nach Atem ringend. »Ich brauche schließlich Luft zum Leben. Du regst mich so auf. Warum mußtest du alles verzögern, indem du in den Streifenwagen reingerast bist?«

»Ich schätze, die sind in mich reingefahren.«

»Aber im Protokoll hieß es...«

»Laß doch das Protokoll jetzt«, sagte er abrupt, »komm wieder her zu mir.«

Sie kam näher, und nun küßte er sie zarter und gefühlvoller. Seine Hand tastete über ihren Hals. Wieder zuckte sie zusammen. Sie atmete tief und drückte ihre Brust an ihn. Er wünschte, er könnte jetzt ihren Hintern sehen. Vielleicht könnten die Schwestern ein paar Spiegel anbringen...

Seine Hand fuhr der Linie des Halses nach, immer noch nackte Haut, und weiter zur Brust hinab – dreimal Hoch für die Schneider! Langsam fuhr er zur Brust hinunter und fand den Weg in ihren Brustausschnitt. Der war nicht allzu eng. Das Kleid gab ein paar Zentimeter nach. Raum genug für seine neugierige Hand.

Sie unterbrach den Kuß, um Luft zu holen. »Henry, du machst mich ganz schön geil.«

»Tut mir leid, wenn's dir nicht paßt, dann bist du hier auf der falschen Station.«

»Aber, das können wir doch hier nicht...«

Er schnitt ihr das Wort ab, indem er mit einem Kuß ihren Mund verschloß, und seine Hand senkte sich tiefer in ihren Brustausschnitt. Hier wurde es warm und aufregend mit immer neuen Eindrücken, Gefühlen, als er im Büstenhalter steckenblieb. Das war ein ekelhaft enges Ding, und es bedeckte zuviel Haut. Viel zuviel. Er versuchte, wenigstens einen Finger durchzubekommen, aber das Ding saß so fest, es ging nicht.

»Verdammt...«

»Du, das tut mir leid. Ich kann mich aber doch nicht ausziehen, unmöglich.«

»Blödsinn, nichts ist unmöglich.«

Er zog die Hand raus, strich den Hals entlang und ließ sie am Nacken ruhen. Nun fuhr er den Nacken runter. Der Weg war nicht so weit, wie er glaubte, um an den Reißverschluß ihrer Stehtaille zu kommen. Gierig ergriff er den Metallnippel und quälte sich eine Zeit damit ab, bis er ihn ein Stück nach unten schieben konnte.

Als das Ding auseinanderklaffte, gab es vorn Fleisch frei. Ihre zwei vollen Sachen waren endlich von dem sie umhüllenden Gefängnis befreit. Er kehrte mit der Hand wieder nach vorn zurück und fummelte nun an ihren Brüsten rum.

»O Himmel, ich glühe...«

»Der Meister schafft's immer. Behalt deinen Kopf und die Ruhe.«

Und tiefer fuhr er in ihre Stehtaille, bis er fühlte, jetzt war er im Rippenbogen gelandet zwischen ihren baumelnden Hügeln. Erregt tastete er die Höhlung unter den Rippen ab. Sie seufzte. Seine Hand ging etwas höher, und wieder seufzte sie.

»Ich komme mir vor wie ein Schulmädchen.«

»Gut, und warum nicht? Die sind reif zum Abfallen. Was ist schon dabei? So ein bißchen Petting!«

Er tastete die Formen der Brüste in aller Ruhe ab. Sie waren voll, fest und doch samtig, kühl und warm zugleich. Was für ein irrer Einfall der Natur waren sie doch! Die Brust ist die Welt, der Nährstoff des Lebens selbst. Und daß man nebenbei auch noch damit spielen kann, ist wunderschön.

Er war der einen Spitze ganz nahe, da bog sie sich. Sie reagierte schnell und viel feiner als das Schwein Hazel. Diese Mistsau vom Nordstrand Kaliforniens mußte er erst durchkneten mit seinem Prügel und in ihrer Pussy rumstochern wie in einem Ascheimer, ehe sich bei ihr auch nur eine Faser regte. Pam bog sich mehr, und zwischen ihren

Schenkeln wurde es heiß und feucht, sobald er sie nur auf eine gewisse Art ansah.

Sie war geil – er hatte es geschafft. Er wußte genau, wenn sie sich so krümmte, daß sie in die Knie ging und dabei Stoßbewegungen machte. Sie pumpte mit den Knien und stieß mit ihrem herrlichen Hintern zurück. Henry verharrte mit seiner Hand einen Moment, und dann streckte er Daumen und Zeigefinger aus und kniff in den weichen, kleinen Hof um ihre schon harte Pieze.

»Ah, Himmel...!«

»Den kannste jetzt weglassen.«

»Du... du machst mich irre!«

Er kniff wie eine Zange ihren Nippel zwischen Daumen und Zeigefinger, zwirbelte ihn hin und her, und sie bebte wie ein Erdstoß, der ganz wie von unten aus den Tiefen explodiert. Offensichtlich schlief in ihr etwas Unheimliches, das nur darauf wartete, erlöst zu werden. So spielte er eine Zeitlang mit dem einen Nippel, bis dieser hart wie ein winziger Stengel in die Gegend stand – die dunkle Haut hatte sich ganz fest gekräuselt. Sie fühlte sich so geil, so rubbelig an. Dann ließ er los, ging mit dem Kopf zu ihr runter und versuchte, den Zwilling, die noch unbeschäftigte Brustwarze, zu erfassen.

Er grapschte die andere Seite hoch und fühlte dabei, wie sie bei jedem Griff zuckte und zitterte. Das war toll. Henry war am Platzen. Sein Henry, das fühlte er selbst, war wie glühendes Eisen. Er merkte noch, daß sich das Bettuch verschoben hatte, weil sein Steifer es vom Körper wegzog.

Er hatte den zweiten Stift erwischt und knetete ihn von allen Seiten, bis er seinem Bruder in nichts nachstand. Pams Busen war für alles geeignet, reagierte auf alle Touren: Wie reagiert der Rest?

Er zog seine Hand aus ihrem Kleid, fuhr mit ihr außen ihren Körper entlang. Als er ihre Rippen erreichte, stoppte ihre Hand die seine. »Das reicht, Darling. Treib's nicht zum Wahnsinn, du!«

»Und warum nicht?«

Henry drängte nach unten. Noch immer lag ihre Hand auf der seinen, aber sie war schon zu heiß, um noch Kraft zum Widerstand zu haben. Die Rolle der keuschen Susanne lag ihr. Er entzog sich ihrer Hand und schob sich samt seinem Gipsbein etwas runter, ihrem Bauch zu, er schob ihr Kleid hoch und streichelte den Bauch. So zart, wie er konnte, strich er über seine leichte Rundung. Seit dem letzten Zusammensein hatte sie kein Gramm Fett angesetzt. Ihre Taille war schlank und fest, alles war nur samtig und weich, unerhört geil und reizte zum Streicheln.

Es reizte ihn wahnsinnig, tiefer zu gehen und nach so langer Zeit ihren Unterbauch zu erforschen. Pam versuchte ihn zu stoppen.

»Du, laß das. Du gehst zu weit. Ich will nicht die Verantwortung für die Folgen tragen«, sagte sie völlig außer Atem.

»Sei still! Laß mich und mach mit!«

Sie zog die Stirn in Falten. »So darfst du nicht mit mir reden.«

Verdammt, er hatte sich gehenlassen. Sein Umgang war seit seinem Weggang von der Uni nicht der beste gewesen. Himmelarsch, nimm dich zusammen, Henry! Das hier ist nicht Hazel, sondern Pam McIver. Die Frau, die du mal heiraten willst! Irgendwann auf jeden Fall. Im Augenblick ist sie aber ein tolles Weib, das du umlegen möchtest.

»Tut mir leid, Pam«, sagte er leise. »Nimm's nicht übel, ich bin erregt, Liebling. Dein Anblick macht mich fertig, du bist überwältigend.«

»Du redest aber seltsame Sachen«, flüsterte sie. »Ich höre es wohl, kann's aber im Moment nicht verstehen.«

»Pam, bitte, begreif mich doch, versuch's!«

»Tu ich doch, bin ja am Versuchen!«

Er glitt mit der Hand um ihre Taille. Sie stöhnte leise, als er in der Höhe der Hüftknochen drückte. Er glaubte, bald am Gummiband ihres Slips zu sein. Himmelarsch, was hatte sie alles an: Stehtaille und Slip mitten im Sommer!

Er strich weiter über ihre Figur, jetzt nahm er beide Hände und befühlte ihre vollen, festen Hüften und Schenkel bis zum Rücken. Dann griff er langsam hinunter und spürte den Ansatz ihrer Pobacken. Sie atmete tief und bebte von den Schultern bis zu den Knien.

»Bitte, nicht dort! Du weißt, was mir das bedeutet!«

»O ja!«

Er setzte seine Wanderung fort und strich durch die Kimme, immer tiefer, zwischen den Arschbacken. Das Ende der Rille war herrlich und zuckte unter seiner Berührung. Er fuhr ihr jetzt mit beiden Händen von oben in die Grotte. Sie grub ihre Finger in seinen Rücken, da war er froh, daß er nicht auch noch einen gebrochenen Arm hatte. Das wäre eine Katastrophe gewesen.

Er schob seine Hände in ihre Spalte hinein, während sie an seinem Halse stöhnte. Dann verließ sie offenbar ihre Kraft, und sie rutschte vor Erregung, wohl weil's ihr kam, auf den Boden; hier konnte er sie nicht mehr erreichen. Er beugte sich über die Bettkante und langte nach ihr, aber er packte nur ein Knie.

Er war erschreckt und ärgerlich zugleich, daß sie schon soweit war, trotzdem war es ein wunderbarer Anblick. Sie war etwas unsanft gefallen, dabei war ihr Minirock so verrutscht, daß man ihr weißes Höschen sah. Der Slip war eng und durchscheinend über der Stoßwiese gespannt; zwischen zwei vollkommenen Schenkeln war alles naß.

Er zeigte darauf. »Du bist schon fertig?«

»Ja«, sagte sie schwer atmend, »bitte, nicht so primitiv, so billig!«

»Ist Sex billig und primitiv? Hör mal zu, das ist doch unser Hochzeitstag heute, Liebling. Sicher wäre es nicht primitiv gewesen, wenn der Pfarrer vorher ein paar feierliche Worte gesagt hätte, nicht wahr? Aber so ist es jetzt primitiv. Wir sind mehr als das, was wir dem Gesetz nach zu sein scheinen. Du und ich, wir beide sind Menschen und haben menschliche Bedürfnisse. Wenn du meinst, daß das hier was Billiges ist, dann sollten wir besser den Hebel rumwerfen und die ganze Sache noch einmal gründlich durchsprechen.«

Sie schüttelte den Kopf, zupfte ihren Rock zurecht. »Das ist es nicht. Nur – die Umgebung, hier auf einem Krankenbett.«

»Na und? Das hier ist mein Bett und mein Zimmer und mein Körper. Sag mir bloß nicht, du fühlst dich gehemmt, weil du hier in dieser Stadt lebst! Wenn das der Fall sein sollte, müssen wir eben woanders hinfahren, um zu unserem Vergnügen zu kommen. Du warst phantastisch damals in dem Palo-Alto-Motel.«

Wieder schüttelte sie den Kopf, und ihr weizenblondes Haar flog ihr übers Gesicht. Teufel auch, eigentlich sollte sie zu einer Girltruppe der Landwirtschaftsschau gehen. Sie war ein Symbol des Mittleren Westens Amerikas. Tüchtig, guterzogen, gesund, mit Milch genährt und das Schönste, was man je zu Gesicht bekommen hatte. Warum war er nur so ruppig mit dieser Frau umgegangen? Sie, die fleischgewordene Liebe!

»Es hat sich zwischen uns nichts geändert«, stieß sie hervor. »Ich liebe dich noch genauso wie früher.«

»Dann beweise es doch!«

Sie schwankte, ließ sich auf die Knie nieder und hielt sich am Bettrand fest. Sie versuchte, sich den Rock glatt- und runterzuziehen. »Was beweisen?«

Er zeigte auf die Bettdecke, wo die Stange noch immer schön aufrecht ein breites Zelt bildete. Es sah aus wie der Fujiyama an einem

Wintertag. Sie starrte darauf. Ihre Lippen machten ganz automatisch eine O-Form, was dem Zelt einen Ruck nach oben gab. Oh, wenn diese Lippen nur endlich das täten, was er eigentlich wollte!

»Armer Kerl«, murmelte sie, selbst erschöpft, ihn anblickend. »Er ist so erregt. Und es ist schon so – wie lange ist das her? Mehr als einen Monat doch, nicht wahr, Liebling?«

»Du kannst ja deine süße Pussie fragen, ob es so lange her ist, wenn nicht noch länger«, seufzte er. »Nun?«

Sie sah sich im Zimmer um, und er folgte ihren Blicken. Sie sah sich die Möbel an, das Bett mit der Klingelschnur für die Schwester. Sie sah zur Wand rüber, an der ein Bild hing mit einem besorgten Arzt, der am Bett eines kranken Jungen saß (auch sehr komisch, ausgerechnet so was in einem Krankenzimmer aufzuhängen!). Sie sah zu den Fenstern raus. Der Himmel war noch immer blau.

»Nun, machst du's mir?«

»Du bist irre«, antwortete sie, aber sie streckte die Hand doch aus. Sie schwebte über dem Zelt hinweg, wollte sich gerade auf dem Gipfel niederlassen – als es passierte.

Der Türgriff drehte sich. Zunächst zaghaft, dann heftiger, schließlich wurde an ihm gerüttelt. Sie starrten sich beide an. Sie zog die Hand zurück. Sie machte sich die Lippen feucht und ging hin, um die Tür zu öffnen.

Als sie sein Bett verließ, wußte Henry nur eines, er hatte es ganz furchtbar nötig. Irgendwer mußte ihn dann eben erlösen, egal, wer es tat. Pam fiel bereits aus. Irgendwer anders, und zwar verdammt schnell.

3

Pam sah sich nach ihm um, während sie ihren Rock über ihrem Gesäß zurechtzupfte. Sie öffnete die Tür.

Schwester Dawn Johnson stürzte herein; sie sah besorgt und zugleich verärgert aus, und ihre weiße Schwesternuniform sprang ihnen beiden grell in die Augen. Sie sah giftig auf Pam herab, und sicher bemerkte sie auch, wie Pam rot wurde. Dann sah sie zu Henry. Er überlegte einen Moment, ob er die Knie anziehen sollte oder nicht, um den Ständer unter der Bettdecke zu verbergen. Dann aber dachte er: Leck mich doch am . . .

»Wie fühlen Sie sich?« fragte sie beim Nähertreten. Ein schräger Blick ging auf das Zelt, und sie leckte sich die Lippen.

»Gut. Wieso?«

»Sie sagten mir vorhin, es wäre nur für einen Augenblick«, rief sie ziemlich laut.

»Warum regen Sie sich so auf?« gab er ebenso laut zurück. »Sie hat mir nicht den Kopf gespalten in der Zeit und auch nicht den Gipsverband gefressen. Sie können sich überzeugen. Also beruhigen Sie sich langsam!«

Pam trat ans Bett zurück und versuchte, Schwester Johnson gegenüber die Beleidigte zu spielen. »Ich glaub', ich geh' jetzt besser, mein Lieber. Vater und Mutter wollten gern für einen Augenblick ihre Nase hier hereinstecken, wenn die Schwester es zuläßt.«

Dawn schüttelte den Kopf. »Kommt gar nicht in Frage. Er ist viel zu müde.«

»Sie wollen ihn aber kurz sehen.« Pam sah schön aus, wenn sie giftig wurde. Ihre blauen Augen wurden dann zu Eis, und das Rot ihrer Wangen vertiefte sich. Beide waren sie typisch amerikanische Schönheiten, bereit, sich aufeinander zu stürzen.

»Nein!« Dawn verschränkte die Arme über ihrem nicht ganz vorhandenen Busen. »Vielleicht am Nachmittag, wenn Mr. Tinker gegessen und geschlafen hat.«

Pam hüstelte und nahm Henrys Hand. »Na gut, Liebling. Mit Angestellten soll man sich nicht streiten. Wir werden in der Stadt Mittag essen und später wieder reinschauen.« Sie schüttete noch einmal Eiswasser über Dawn aus, als sie fragte: »Ist Ihnen 16 Uhr angenehm, Schwester, oder ist es noch gesundheitsschädlich für ihn?«

Dawn blitzte sie an; das Braun ihrer Augen wurde vor Wut fast grau. »Keineswegs. Das ist reguläre Besuchszeit. Ich halte mich übrigens nur an die Anweisungen von Dr. Greb. Das verstehen Sie doch?«

Pam ignorierte sie völlig, beugte sich über Henry, um seine Lippen zu küssen. Ihr Mund war noch warm, kühlte sich aber schnell ab. Bei dreien ist immer einer zuviel. »Liebling, bis später. Und schlaf gut. Ich will versuchen, es Pap und Mam klarzumachen.«

Als sie weg war, starrte Henry noch eine Weile auf die Tür, ehe ihr Bild verschwunden war. Dann sah er zu Dawn hin. »Schwester, Sie sind reichlich grob mit meiner Zukünftigen umgesprungen. Ihre Eltern hätten ruhig mal für 'nen Moment die Nase zur Tür reinstecken können. Dr. Greb hätte bestimmt nichts dagegen gehabt.«

171

Sie hatte ein kaltes Lachen auf dem Gesicht, während sie sich sehr interessiert am Fußende seines Bettes zu schaffen machte.

»Kennen Sie ihre Eltern denn nicht?«

»Natürlich.«

Sie stopfte das Laken am Fußende zurecht, wobei er zum erstenmal flüchtig seinen Gipsverband zu Gesicht bekam. Es war ein großer, weißer Klumpen und sah aus wie eine Familienportion Vanilleeis.

»Seien Sie doch ehrlich, Sie wollen sie doch gar nicht sehen, oder? Und ob sie um vier Uhr wiederkommen, ist Ihnen in Wirklichkeit auch egal.« Sie murmelte das letzte vor sich hin und vermied es, ihm dabei ins Gesicht zu sehen.

Er sah sie erstaunt an. »Wie finde ich das denn? Sie sind wohl im Nebenberuf Hellseherin, wie?«

Jetzt grinste sie ihm offen ins Gesicht und wirkte plötzlich sehr zufrieden. Die Rivalin war aus dem Feld geschlagen. Nur sie beide waren in diesem Zimmer, ganz allein, privat. »Sie sind noch lange nicht auf dem Posten, das wissen Sie selbst. Der Doktor möchte, daß Sie absolute Ruhe einhalten.«

»So so, nun denn – wir beide wissen doch ganz genau, was ich wirklich nötig habe, oder nicht?« Er blickte in Richtung seines Schwanzes. Der Fujiyama war verschwunden, eingeschrumpft, doch noch war es ein flacher Hügel.

Sie zog das Kinn an. »Ich verstehe absolut nicht, wovon Sie sprechen, Mr. Tinker. Ich bin Krankenschwester und Sie Patient. Ich meine, Ruhe und Alleinsein haben Sie am nötigsten.«

»Aber Sie bleiben doch hier auf Station, nicht wahr? Bis Sie Feierabend machen«, grinste er. »Wann kommt denn Ihre Ablösung?«

»Gegen vier. Wir sehen nicht so genau auf die Uhr.«

»Sie sprachen vorhin von Essen – nun, ich habe ziemlichen Hunger. Ist auch schon lange her, daß ich was gegessen habe. Es war ein Schinkenbrötchen gestern nachmittag. Was halten Sie davon, wenn Sie mir jetzt etwas zu essen bringen? Und Sie setzen sich dann zu mir, leisten mir Gesellschaft, steigern sozusagen meinen Appetit und fördern meine Gesundheit? So ganz privat, nur Sie und ich, o. k.?«

Wieder mal ihre typische Geste: Nase anheben. Offensichtlich spielte sie sich gern auf, aber das würde ihr bald über werden. Das fühlte er, und dafür würde er auch sorgen.

»Dr. Greb sagt, ich solle Ihnen so oft zu essen bringen, wie Sie es wünschen. Appetit ist ein Zeichen der Gesundung.«

172

»Aha. Nun dann bin ich fast gesund, ich hab' 'nen Riesenappetit!«

Sie ging zur Tür, und er sah dabei auf ihren sich wiegenden Po. Sicher, obenrum war es keine tolle Bauart, aber der Popo, den sie hatte, der war Klasse. Sie hatte sehr lange Beine, und ihre Oberschenkel vibrierten beim Gehen. Wie gesagt, alles in allem waren das ihre besten Seiten, und die wußte sie offenbar gut zur Geltung zu bringen.

Er ließ sich in sein Kissen fallen und schloß die Augen. Scheiße auch, wie war er doch wirklich müde! Der Fuß tat auch stärker weh. Das Medikament verlor anscheinend den letzten Rest seiner beruhigenden Wirkung. Er hätte alles drum gegeben, wenn er jetzt mal einen Zug aus Hazels Joint hätte machen dürfen. Und er dachte: Wenn ich nett zu den Schwestern bin, werden sie mich vielleicht hinkriegen und ich sie auch. So ein Krankenhaus hat doch eine eigene Apotheke, und da läßt sich doch durch eine nette Schwester sicher mal was machen.

Sein Kopf tat noch etwas weh, und auch die Prellungen gaben so einen dumpfen Druckschmerz. Nein, er hatte nicht das Gefühl, jetzt in der Lage zu sein, ein Spielchen mit Cassius Clay anzufangen.

Nach kurzer Zeit kehrte Dawn mit einem Tablett zurück, das mit einem Tuch verdeckt war. Sie setzte es auf den Nachttisch und sah ihn an. »Sie sehen doch müde aus. Soll ich später noch mal wiederkommen?«

Er schüttelte den Kopf und flachste: »Das ist nur der Katzenjammer nach der Hochzeit, Schwester. Ich tu mir selbst leid. Ich habe Trost nötig und Erleichterung ganz spezieller Art.«

Sie schien voller Mitleid, als sie zu den Blumen ging und sie wieder zurechtsteckte. Dann sah sie ihn nachdenklich an und berührte seine Wange. »Hier ist eine Falte, aus der lese ich, daß Sie müde sind und Schmerzen haben.«

»Ein kleiner Schuß von irgendeinem Stoff würde mir guttun«, murmelte er. Das Kissen war so weich und bequem.

»Nein, das nicht, auf keinen Fall. Keine Drogen!«

»Aber es gibt etwas, was Sie tun dürfen!«

Sie sah ihn freundlich an, als sie sich zur Tür wandte. Er hörte, wie sie abschloß. Dann kam sie wieder zurück und ließ sich auf der Bettkante nieder. Die Matratze gab nach, und seine Hüfte rollte gegen ihren Po. Warm. Weich. Gut. Sie deckte das Tablett auf und betrachtete prüfend das Essen.

»Ich hoffe, Sie essen Roastbeef. Ist eine gute Portion Fleisch.«

Er schob sich selbst so zurecht, bis er halbwegs aufgerichtet saß. Sie griff ein zweites Kissen, stopfte es in seinen Rücken und half ihm höher. Ihre Hände fühlten sich an seinen Schultern hart und fest an. Sie roch gut. Sehr sauber mit einem kleinen Schuß Sex. Er saß, die Hände im Schoß, während sie ein Stück Fleisch zerschnitt. Sie reichte ihm ein Glas Milch, und er trank. Himmel – wann hatte er das letzte Mal Milch getrunken?

»Bitte schön«, sagte sie, während sie die Gabel in einen Stapel Fleischstücke spießte, »jetzt wollen wir mal zur Bärenfütterung schreiten!«

Er machte den Mund auf, und sie schob die Gabel hinein. Das Roastbeef schmeckte sehr gut. Er nahm ihr die Gabel aus der Hand. »Lassen Sie nur, ich mach's schon selbst. Sie könnten was Besseres tun.«

Sie richtete sich auf und sah ihm ein paar Augenblicke beim Essen zu. Er hatte tatsächlich Hunger. Nun fühlte er, wie ihm zusehends wieder wohler wurde. »Ich könnte vielleicht das Bett glattziehen«, murmelte sie, mehr zu sich selbst.

»Ja, richtig!« Er aß das Fleisch auf, dann noch eine Kartoffel und winkte in Richtung des Tabletts. Sie nahm es vom Bett und wischte ihm den Mund ab. Dabei näherte sich ihr Gesicht dem seinen. Als ihre Serviette ihn nicht mehr behinderte, steckte er den Kopf nach vorn und versuchte, sie zu küssen. Sie war schneller weg als er dran.

»Nichts da. Das ist gegen die Hausordnung!«

»Eure Scheißvorschriften, Schwester!«

»Oh, Mr. Tinker, bitte hier nicht diesen Ton!«

»Gut, dann machen Sie mein Bett in Ordnung«, sagte er und legte sich bequem zurück. Er glättete sein Kopfkissen selbst und verschränkte eine Hand hinter dem Kopf. Er tastete über den Mull des Verbandes, der um seinen Kopf gewickelt war, aber es war noch alles o. k. Jetzt war sein Kopf klar, auch der Schmerz im Fuß war weniger geworden.

Dawn fing an, aufgeregt ums Bett herumzutanzen. Sie zog überall das Laken unter ihm glatt, nachdem sie es zunächst einmal oben herum in Brusthöhe gelockert hatte, dann schlug sie es erneut am Fußende um die Matratze, und auch seitlich schlug sie es ein. Ihr Gesicht wurde zusehends rosiger, und er dachte darüber nach, ob sie wohl dabei war, ihre Fassung wiederzugewinnen. Er merkte, daß sie erregt war. Sie war es ja selbst gewesen, die ihn vorhin zu Intimitäten ermuntert hatte, als sie die Stichelei wegen seiner Schwiegereltern inszeniert hatte.

»Dawn?«

Sie hielt inne: »Ja?«

»Mein Nachthemd ist verknautscht. Habt ihr hier nur diese Fetzen?«

Sie lächelte und feuchtete sich die Lippen: »Krankenhäuser machen mit unbequemer Nachtkleidung gute Geschäfte, wußten Sie das noch nicht?«

»Danke, jetzt weiß ich's«

»Vielleicht könnte ich ja einen richtigen Pyjama für Sie finden.«

»Prima. Aber was machen wir im Augenblick? Die Falten drücken. Helfen Sie mir mal! Ihre Hand, bitte!«

Sie hob die Decke an und deckte ihn auf. Er hatte geglaubt, sein Hemd wäre ihm bis über die Taille gerutscht, aber es deckte gerade noch das Entscheidende ab. Wie er schon zuvor entdeckt hatte, war es eins von diesen blöden Dingern, die im Rücken ganz offen sind und im Nacken zugebunden werden.

Sie ging um das Bett herum und rollte ihn auf eine Seite. Als sie das Hemd überall glattzog, kam ihm zu Bewußtsein, daß sie dabei ja seinen nackten Podex sehen mußte. Er hoffte nur, er war sauber. Sie kam zur anderen Bettseite, um ihn auf die andere Seite zu drehen und dort auch die Falten zu beseitigen.

Als er wieder auf dem Rücken lag, stand sie noch über ihn gebeugt. Sie atmete jetzt kürzer als vorher, und ihre Wangen waren rot gefleckt. Wenn sie so was wie richtige Brüste gehabt hätte, dann würden die Dinger jetzt wie verrückt gegen ihren Schwesternkittel drängen. Aber auch so war sie obenrum noch einigermaßen voll. Vielleicht werden ihre größer, dachte er, wenn sie geil wird.

»Wie fühlen Sie sich jetzt?« fragte sie.

»Schon besser – aber noch nicht gut genug. Ich bin so voller Spannung, wissen Sie? Ich brauche was, das mich beruhigt.«

Sie veränderte sich. Ihre braunen Augen fingen plötzlich an zu leuchten, und ihre Lippen glänzten. Sie nahm ihre Haube ab, ihr volles braunes Haar fiel auf ihre Schultern herunter. Sie beugte sich über ihn, bis ihr Gesicht nur noch wenige Zentimeter von seinem entfernt war. Dann sagte sie: »Was hältst du von einer hübschen entspannenden Blastour?«

Er jubelte innerlich. Erregung ging durch seinen Körper. Sein Kumpel wurde wieder steif. »Wirklich? Gleich? Hab' ich's richtig verstanden?«

Sie nickte. Ihr Gesicht war hart vor Erregung. Sie war aggressiv, als ob sie sich für etwas Gewaltiges, aber Genußvolles vorbereiten müßte. »Du hast! Ja, jetzt sofort, Freundchen«, sagte sie rauh. »Du, ich mach' dich herrlich fertig!«

»Miss Johnson«, murmelte er leise vor sich hin, »sind Sie noch dieselbe von vorhin?«

»Kaum anzunehmen, mein Lustmolch«, fuhr sie fort. »Ich stamme aus einer vornehmen, alten Familie, die mich auf die besten Schwesternschulen schickte, die es gibt. Ich habe gelernt, wie man sich benimmt und beherrscht und wie man spricht, wenn man eine Dame sein will. Aber ich bin scharf auf kleine Jungs. Um alles in der Welt blase ich gern. Ab und zu lasse ich mich auch von hinten beglücken.«

Henry schluckte kurz. »Auf das Angebot steige ich ein!«

Sie blinzelte ihn lüstern an. »Das kostet dich nichts, und es ist besser als Drogen. Rauschgift vergißt du, wenn Schwester Johnson da ist.«

Tatsächlich. Er vergaß Drogen, Pam, seine Schwiegereltern, und er vergaß auch, daß er ein verletzter Mann war mit einem gebrochenen Knöchel und vielleicht inneren Verletzungen. Ja, er vergaß alles, außer, daß dieses Superweib ihm jetzt sofort seinen Schwanz auslutschen würde.

Er sah angespannt zu, wie sie den Saum seines Nachthemdes anhob und sanft über seinen Bauch legte. Sein Bimbim war da, bereit, aufgerichtet. Er war hart und rosa, und er zuckte langsam hin und her, wie ein schwankender Schilfkolben, spannte sich so, daß die Eichel aus der Vorhaut quoll.

Sie besah ihn genau. »Du hast eine Übergröße zu bieten, das weißt du auch, nicht wahr? Ich hab' mir schon einiges hier im Bau angelacht, aber du hast den größten.« Sie strahlte ihm wie ein Engel ins Gesicht. »Ich hoffe, du weißt, wie man mit dem Apparat umgeht.«

»O ja, etwas Erfahrung hat er hinter sich.«

»Die ist heute noch nicht nötig«, sprach sie weiter. »Heute erledige ich es, du bist der Patient. Du sollst dich ausruhen, und ich bin da, deinen Schmerz und Druck zu lindern. Ich werde dich entspannen und dich dann allein lassen, damit du einen guten Mittagsschlaf halten kannst. Ist dir's so recht, Geilinski?«

»Wie's der Herr Doktor gerne hätte!«

Sie drückte ihre Hüfte gegen seinen Arm und drehte sich dann so herum, daß sie seinen Riemen genau betrachten konnte. Sie legte die Hand über seine Eichel, und ein Kribbeln raste durch seinen Körper. Es reizte seine Nerven.

»Ist das gut so?« flüsterte sie.

»Sehr heilsam!«

»Heilsam, du Tüte! Du willst doch deinen Saft loswerden, und ich will dir dabei helfen. Ich werde das ganze Gift aus deinem Körper heraussaugen, du Hengst wirst das Gefühl haben wie nach einem Superklistier, wenn ich dich fertiggemacht habe.«

»Du hast 'ne tolle Spreche am Leib.«

Sie verzog das Gesicht und sagte eine Zeitlang nichts mehr. Sie machte sich ans Werk, fuhr mit der Hand den Schaft hinab, bis sie die Wurzel erreichte. Dann bohrte sie tiefer und kraulte sich ihren Weg durch sein krauses Schamhaar, bis sie seine Klingelings erfaßte. Sie wühlte sich unter ihnen durch, um sie in ihrer kühlen großen Hand zu wiegen. Ihre Fingerspitzen befühlten und drückten den Jupp und fanden die dicken, harten Zappies, die erlöst werden wollten. Sie schob sie hin und her und machte dabei mit ihrem Mund grunzende, geile Geräusche. Er sah zu, wie ihr etwas Speichel aus dem Mund rann, sie erwischte ihn jedoch mit der Zunge, bevor er ihr Kinn erreichte.

Dann packte sie wieder seinen Schaft, jetzt etwas fester. Sie wichste mit harten Fingern daran herum, die von Mal zu Mal schneller wurden und härter zugriffen. Sie wichste emsig Zug um Zug, und er fühlte, wie seine ganzen Sinne, seine Kraft in seine Lenden strömten.

Schweiß stand auf ihrer Stirn, ihre Knie stießen zitternd gegen das Bett. Er legte seine Hand darauf und drückte zu. Sie schlug sie weg. »Du brauchst dich nicht für meine Muschi zu interessieren, Tiger«, zischte sie ihn in offenbar krankenhausinternem Slang an, den sie sich für ihre Sextouren angelernt zu haben schien. »Du bist Patient, und ich pflege dich. Entspanne dich und genieße. Du kannst dich noch revanchieren, später, wenn du willst. Wir haben hier jede Menge Zeit, Liebling.«

Er schluckte und legte die Hände über die Brust, doch tief genug, um an seinem Körper der Länge nach herabsehen und ihre Arbeit verfolgen zu können.

Sie wurde schneller, brachte ihr Gesicht näher, und ihre gespitzten Lippen küßten in sein Schamhaar dicht um die Wurzel. Sie küßte das Haar noch und noch einmal, und ihr Mund glitt kaum merklich Stück für Stück weiter. Sie erreichte die Wurzel des Schaftes, öffnete den Mund; zärtlich, den Kopf in einem unmöglichen Winkel haltend, biß sie sanft, aber doch schön fest in den harten Stamm.

Er erschauderte. Sie grunzte.

Ihre Lippen begannen die Reise aufwärts, den markanten Schaft entlang. Küssend und knabbernd, jeden Fleck des Weges, den sie dabei zurücklegte. Es kitzelte und geilte ihn noch mehr auf. Er fühlte, wie sich der Typ mehr und mehr spannte, und er krümmte die Zehen. Sogar die, die aus dem Gipsverband rausragten. Das tat weh, aber der Schmerz wurde zur Wonne. Ein Schmerz, der in seinen Eingeweiden seinen Anfang nahm und sich fortsetzte wie eine Erdbebenwelle bis in die letzten Sinne.

Endlich erreichte sie ihr Ziel. Ihr Mund knabberte am Rand der Eichel, sie knabberte rund um den breiten Kragenrand und ging dann höher. Er tastete sich hinunter und wollte ihr schimmerndes Haar streicheln, aber kopfschüttelnd wehrte sie ab, und so zog er die Hand zurück. Sie wollte, daß es ihre Show blieb. Nun, sie machte es toll und sollte ruhig der Star sein.

Sie öffnete ihren Mund und setzte ihn spitz auf die ovale Kuppe. Sie probierte und stocherte mit gespitzter Zunge in den kleinen Spalt hinein, er merkte, wie seine Hüften anfingen, über dem Bett zu schweben. Er kam ihr entgegen. Er machte dabei keinerlei Anstrengungen. Sie erhoben sich von selbst, um ihren Meister kennenzulernen und jene herrliche Zunge zu spüren.

Ihr Mund wurde weiter. Ihre feuchten Lippen spielten rund um das Pilzdach, bis sie sich erneut unterhalb des Wulstes wieder schlossen. Sie hatte sich an ihn gefesselt, festgesaugt an ihm, und er wußte, daß sie ihn nicht entlassen würde, bevor er nicht seine volle Ladung Sperma in ihre warme, feuchte Rachenhöhle gespritzt hatte, so wie sie es wollte. Sicher haßte sie in Wirklichkeit alle Männer, und das hier war ihre Art, sie k. o. zu schlagen. Weibliche Verführung war eine Art Beherrschung der Männer. Er lächelte schwach, als er daran dachte, daß es bestimmt nicht die mieseste Tour der Welt sei, sich ein ausgefallenes irres Weib dieser Art zu halten.

Er fühlte, wie sein Samen sich sammelte. Er stand unter Druck und wartete darauf, hinausgeschleudert zu werden. Der Samen wollte endlich raus aus der Druckkammer und in eine neue warme Höhle geschossen werden. Er, Henry, sollte ihn rauslassen, den Knopf drükken... und Henry drückte ab...

Dawn griff mit ihren Händen nach seinen Hüften, und sie begann nun mit dem Kopf auf und ab zu pumpen. Er synchronisierte seine Hüftbewegungen so, daß sie wie Kolben arbeiteten. Rein, raus, hoch, runter, und jedesmal einen Stoß tiefer, bis er ihren Gaumen und dann sogar ihr Zäpfchen im Rachen fühlte.

Und dann kam es ihm. Es schoß heraus – in schnellen, kurzen Stößen begann er, seinen Saft in ihren Mund zu spritzen, ja, er traf direkt in den Hals, er fühlte es. Und sie machte keinerlei Anstalten, sich zu entfernen. Nein, sie war durstig, hungrig, gierig – wie es Hazel gewesen war, und sie wollte keinen Tropfen verlorengehen lassen.

Er schnappte nach Luft, je leichter sein Sack wurde. Sein Kopf sank ermattet ins Kissen zurück. Er dampfte aus allen Poren. er wußte, daß er heute nicht in der Lage war, ihr alles zu geben. Dazu war er noch zu kaputt. Die Erschöpfung war doch groß, und als er ganz ausgeblubbert hatte, war sie noch immer am Saugen. Er fühlte, wie er absackte, entschwebte – schön – aus – weg...

Er konnte sich nur noch entfernt daran erinnern, daß das Tablett sich in Bewegung setzte, die Tür klappte.

4

Er öffnete die Augen und starrte auf die weiße Decke. Diesmal brauchte er wirklich länger, um festzustellen, wo er sich befand, als am Vormittag, wo er zum ersten Mal nach dem Unfall zu sich gekommen war. Er streckte und dehnte sich befriedigt; der Druck war weg, sein Sack war leer, ach ja, das tat wohl!

Das also war Schwester Dawn Johnson. Die Superschönheit mit Abseite. Sie sprach vornehmes Englisch und beherrschte die Nuttensprache. Außerdem konnte sie einmalig gut blasen.

Er fühlte sich bestens. Der Mittagsschlaf hatte seine Lebensgeister geweckt, und die Schmerzen an und in seinem Körper waren noch geringer. Nur sein Knöchel fing an, unter dem Gipsverband zu stechen. War das vielleicht ein Zeichen, daß er heilte?

Zufällig sah er auf die Tür, als sie sich öffnete. Dawn steckte ihren Kopf rein. Sie war wieder sorgfältig frisiert und mit einem neuen weißen Häubchen hübsch bedeckt. Ihr schönes, sexy braunes Haar war nun zum Teil unter der steifen Baumwolle verborgen.

»Schon wach?«

»Gerade. Komm rein, Liebling!«

Sie zog die Stirn kraus und legte den Zeigefinger auf die Lippen. Dann schlüpfte sie schnell herein und gab jemand anderem, der ihr folgte, ein Zeichen mit dem Kopf. Eine zweite Schwester kam rein und schloß die Tür.

Die für Henry Unbekannte war klein, kaum größer als 1,50 m und ziemlich pummelig. Sie hatte sehr kräftige Schenkel, ein breites Bekken und war von dunklerer Hautfarbe. Sie hatte schwarzes Haar, das sehr dicht war, strähnig und geölt. Ihre Augenwimpern hingen lang und schwarz herunter, doch war sie keine Negerin. Vielleicht kam sie aus dem Mittleren Osten, vielleicht war sie eine irre Mischung aus Südfrankreich und Lybien oder Ägypten oder Libanon. Sie wirkte jedenfalls orientalisch. Wenn sie Bauchtänzerin gewesen wäre, dann hätte sie sehr viel Bauch zum Wackeln gehabt.

Dawn trat an sein Bett und fragte kühl: »Nun, fühlen Sie sich jetzt besser, Mister Tinker?«

Er grinste aus dem Kissen und gähnte. »Etwas ausgeruhter und erholt.«

»Ich will hoffen, daß das, was ich Ihnen gab, wirklich geholfen hat. Die moderne Medizin besitzt ausgezeichnete Mittel.«

Er verzog das Gesicht: »An sich schwöre ich auf alte Hausmittel.«

»Das hier ist Schwester Grabowski«, sagte sie. »Sie arbeitet auf dieser Station als Nachtschwester, von vier Uhr nachmittags bis Mitternacht. Wenn Sie was nötig haben, bitte klingeln Sie ruhig.«

Er zog die Stirn kraus. »Vier Uhr? Ist es schon so spät?«

»Sie schliefen so fest, Mister Tinker, daß wir Sie nicht wecken wollten. Nach dem Essen waren Sie plötzlich eingeschlafen.«

Er lächelte Schwester Grabowski an und sagte mit einem Nicken zu Dawn hin: »Jedenfalls wissen Sie, wie man die Patienten richtig entspannt. Ihr Schwestern müßt ja heutzutage eine phantastische Ausbildung haben.«

Schwester Grabowski zuckte mit keiner Wimper. Ihr sphinxartiger Gesichtsausdruck veränderte sich nicht im geringsten. »Dr. Greb ist sorgfältig darauf bedacht, nur die begabtesten Schwestern für sein Haus einzustellen«, kommentierte sie diese Bemerkung.

»Gott schütze Dr. Greb«, ergänzte er zustimmend.

Obenherum war Schwester Grabowski keineswegs mit Schwester Johnson vergleichbar. Sie hatte zwei gewaltige Melonen, da hätte er sich regelrecht drauf schlafen legen können. Jede Menge Kraft vom

Kopf bis in die Zehenspitzen schien in diesem orientalischen Rahmen zu stecken. Wer sich mit ihr befassen mußte, hatte bestimmt alle Hände voll zu tun.

Dawn hüstelte. »Fräulein McIver und ihre Eltern sind draußen. Von mir aus dürfen sie reinkommen. Ist ja normale Sprechstunde.«

Er schnitt ihr ein hochmütiges Gesicht und sagte: »Ich hab' auch nichts dagegen. Sie sollen reinkommen – sie können die Tür auflassen.«

Sie lächelte hinter Grabowski – Grabowski, ha, das könnte polnisch, tschechisch oder ungarisch sein, nicht libanesisch, aber auf jeden Fall war es ein Klumpen von Weib, mehr konnte er im Augenblick nicht sagen. Er entnahm das meiste dem vielsagenden Lächeln von Schwester Johnson. »Selbstverständlich, Mr. Tinker.«

Die Schwestern zogen sich zurück. Er mühte sich ab, um sich etwas aufzurichten – da ging schon die Tür auf. Pam kam herein, hinter ihr Pap und Mam. Er hatte ihre Eltern seit den Osterferien nicht mehr gesehen, doch sie hatten sich nicht verändert, und ihm wurde bewußt, daß sie sicher schon immer so ausgesehen hatten.

Pam eilte auf sein Bett zu, beugte sich rüber und küßte ihn auf den Mund. Darauf berührte Mrs. McIver seine Hand und küßte ihn auf die Wange. Sie schluchzte, ihre Augen standen voll Tränen. »Jetzt hättet ihr beide schon unterwegs sein können auf der Hochzeitsreise«, sagte sie unter Tränen.

»Das stimmt – Mam«, gab er zurück.

Der Admiral trat einen Schritt vor und nickte eckig. Er sah aus, als würde er gern die Hand reichen, sei aber gleichzeitig besorgt, man könnte sie ihm abbrechen.

»Na, wie fühlst du dich, mein Junge? Schon ein bißchen wieder auf Zack?« schnarrte er.

»Danke, gut – Sir.«

»Prächtiger Kerl. Ruh dich gut aus. Der Doktor sagt, du wirst es gut überstehen.« Er polterte die Sätze wie ein Flakgeschütz raus. Es hörte sich an, als gäbe er Kommandos von der Brücke eines Schlachtschiffes.

Sie umringten sein Bett, und Henry studierte ihre Gesichter, als betrachtete er seine Familie beim eigenen Begräbnis. Er kam sich vor wie eine Leiche, die noch mal geweckt wird, damit sie feststellen könne, wer alles gekommen ist, um ihr die letzte Ehre zu erweisen.

Alle lächelten stereotyp. Plötzlich sah auch Pam wie ihre Eltern aus.

Er hatte das Gefühl, irgendwas sagen zu müssen. »Tut mir leid, daß mir das passiert ist.«

Mrs. McIver schrie dünn auf, schlug die Hand mit einem feuchten Taschentuch vor die Augen. »Oh, mein Junge, mein Junge!«

»Na na, nur Ruhe, Emily«, brummte der Admiral. »Faß dich. Dieser Bursche wird's schon schaffen. Du wirst sehen. In weniger als einer Woche ist er wieder einsatzfähig. Stimmt doch, mein Junge, nicht wahr?«

»Hoffe ich auch, Sir.«

»Er ist genau das, was wir brauchen. Hat das richtige Format, ein ganzer Kerl.«

Er zwinkerte Henry zu. »Ruh dich nur aus und laß dich mal richtig verwöhnen. Das ist deren Sache hier.«

Henry rollte den Kopf von links nach rechts und zurück. »Aber die Rechnung! Das Zimmer kostet mit allem doch wenigstens hundert Dollar pro Tag. Ich kann doch nicht anfangen abzu...«

»Darüber mach dir mal keine Sorgen, mein Junge«, sagte Mrs. McIver und tätschelte seine Hand. »Der Admiral und ich bestehen darauf, für alles aufzukommen. Wir wollen, daß du es bequem hast, daß du dich in deinem eigenen Zimmer wohl fühlst. Die Vorstellung, dich mit anderen in einem Raum zu wissen, die womöglich... ich meine, die wirklich krank sind, war uns unerträglich.«

Pam zog die Nase hoch. Er sah sie an. Sie sah frischer aus als je zuvor. »Denk dran, Henry, daß sich unsere Familie ihrer gesellschaftlichen Stellung sehr bewußt ist. Wie sähe das aus, wenn der Verlobte einer McIver in einem Krankensaal zweiter oder dritter Klasse läge!«

»Das ist es nicht, Liebling«, protestierte der Admiral. »Wir wollen nur das Beste für den Burschen. Da ist nichts falsch dran. Schließlich, er sagte es ja selbst, hundert pro Tag...«

»Oskar«, warnte Mrs. McIver. »Wir waren uns einig, daß keine Ausgabe für den... für den zukünftigen Ehemann unserer Tochter« – sie fing wieder an zu schluchzen – »zu groß wäre.«

»Ich halte es für wichtig, ein neues Datum festzulegen«, schnarrte der Admiral. »Sobald wie möglich.« Er schlug mit einer Zeitung gegen seinen Schenkel und zeigte sie dann Henry. »Da. Keine gute Presse. Es besteht keine Notwendigkeit, auf meine Kosten naseweise Reporter in die Sache reinriechen zu lassen.«

»Auf *unsere* Kosten, Vater«, tadelte ihn Pam.

Henry überflog den Bericht der Morgenzeitung. »Was wollen die denn?« rief er aus. »Der Bulle ist doch in mich reingefahren. Er hätte sich das Strafmandat mal besser selber geben sollen, nicht mir.«

»Um den Strafzettel mach dir mal keine Sorgen, Junge«, sagte Mrs. McIver. »Der Admiral wird sich der Sache schon annehmen. Er hat mir versprochen, dem Redakteur der Zeitung gründlich eins auszuwischen.«

Der Admiral räusperte sich und ging im Zimmer umher: zwei Schritte in der einen Richtung und dann kehrtmachend wieder zwei in die andere. Als ob er ein Verhör bei einem Kriegsgericht führe. »Wieso warst du am Abend vor der Hochzeit gegen Mitternacht auf deinem Motorrad unterwegs, mein Junge?«

»Ich kam gerade in der Stadt an«, sagte Henry. Er sah Pam an und fragte: »Ist meine Karre wirklich zum Teufel?«

Sie nickte. »Sieht aus wie Blätterteig. Ich glaube kaum, daß sich die noch reparieren läßt.«

Sie hatte wahrscheinlich recht, und der Gedanke stimmte ihn traurig. Sein Motorrad war eine seltsame Mischung aus Harley-Davidson- und Yamaha-Teilen. Alles hatte nie so richtig zusammengepaßt, aber das Ding lief immer wie 'ne Biene. Nun war's also doch hinüber. Schade, wieder was typisch Amerikanisches fürs Museum in Washington verloren.

»Du wolltest also pünktlich zur Hochzeit dasein«, fragte der Admiral, »aber warum erst um Mitternacht? War das nicht ein bißchen knapp?«

»Zugegeben, aber der Weg von der Bay-Küste nach hier ist auch ziemlich lang.« Der Admiral nickte, und sein Gesicht verdüsterte sich. Henry wußte, daß er sich im Augenblick das Leben seines zukünftigen Schwiegersohnes an der Berkeley-Universität vorzustellen versuchte – Demonstration, sich vor der Einberufung drücken, Rauschgift usw. Daß er für keines dieser Dinge Verständnis aufbringen konnte, war klar.

»Keine Nachricht von der Regierung?« frage er kurz.

»Nein, Sir.«

»Ich glaube, du hast dir eine perfekte Masche ausgedacht, der Uniform aus dem Weg zu gehen, nicht wahr?«

»Aber Oskar!« sagte Mrs. McIver warnend.

Er war 1,83 m groß, Boxertyp, hohlwangig und trug einen eisgrauen Bürstenhaarschnitt. »Es ist Krieg. Je früher das die jungen Leute einsehen, um so eher begreifen sie es. Schließlich werden wir sie alle noch nach Peking und Moskau hinfliegen müssen, warum dann nicht sofort?«

Pam sagte: »Vater, Henry ist zu krank, um sich jetzt den Kopf über seinen Militärdienst zu zerbrechen. Hat das nicht Zeit?«

Der Admiral schnaufte: »Soviel ich weiß, ist ein junger Mann, der nicht mehr die Schule oder Universität besucht, Junggeselle und wehrtauglich – es sei denn, er heiratet und wird schnellstens Vater.«

»Pa!« rief Pam aus.

»Oskar!« schrie Mrs. McIver. »Nicht jetzt! Um Himmels willen!«

Henry hatte das Gefühl, er müsse jetzt was sagen, aber ihm fiel nichts Rechtes ein. Er wollte nicht sagen, daß er die Krankenhausrechnungen gerne zurückzahlen würde, denn sie würden wahrscheinlich längst tot sein, bis er damit fertig geworden wäre. Und was die Einberufung betraf – nun, er war wohl dagegen, aber im Augenblick hatte er wirklich keine Lust, mit einer Autorität darüber zu streiten. Ob er nun daran dachte, zu heiraten, um damit der Einberufung aus dem Wege zu gehen, darüber hätte er in diesem Augenblick zu niemandem ein klares Ja oder Nein sagen können.

Er sah also zu, wie sie sich untereinander stritten. Pam hielt die Augen auf ihn gerichtet, sie versuchte ihn lächelnd zu ermutigen, während sie im nächsten Moment ihre Eltern kampfbereit anstarrte. Schließlich regten sie sich ab. Mrs. McIver tätschelte seine Hand.

»Beeil dich mit dem Gesundwerden, Schwiegersohn, nicht wahr?« Sie kicherte. »Meine Tochter ist sehr beliebt und umschwärmt. Sie kann nicht ewig warten.«

»Genausowenig wie die Musterungsbehörde«, brummte der Admiral gerade laut genug, daß man es am Bett hören konnte.

Seine Frau sah ihn empört an. »Ich glaube, es ist besser, wenn wir jetzt gehen. Henry sieht ermüdet aus.«

»Ich komme gleich nach«, rief Pam hinter ihnen her, als sie bereits aus der Tür gingen. Als sie raus waren, beugte sie sich über Henry und küßte ihn breit auf den Mund. »Das mit Papa tut mir so leid.«

»Ach, laß ihn doch«, knurrte er. »Ich koste den alten Knacker einen Stapel Scheinchen, nehme seine Tochter irgendeinem Gardeoffizier aus West-Point weg, und er sieht sein Geschäft flötengehen.«

Sie lächelte sanft und zog mit dem Finger eine Linie vom Stirnverband bis unter sein Kinn. »Wir wollen aber keinen von der West-Point-Akademie, nicht wahr, Henry? Wenn es nach Vater ginge, wäre ich das Maskottchen der Pazifik-Flotte.«

Und wieder küßte sie ihn. Ihr Mund saugte sich diesmal richtig fest. Er fuhr mit seiner Zunge zwischen ihre Lippen, und sie schob ihr Gesicht näher ran. »Du, ich war mit dir vorhin noch nicht fertig geworden. Das war doch nicht beendet«, hauchte sie atemlos in seinen Mund hinein.

»Wenn diese blöden Bullen nicht in mich reingefahren wären, dann säßen wir jetzt fünfzig Meilen weiter irgendwo küstenaufwärts in einem prima Hotel.« Er zog die Stirn in Falten. »Wie hieß das noch?«

»Newport Beach Hilton oder so ähnlich«, lächelte sie. »Ich werde die Zimmer wohl abbestellen müssen. Oder Vater hat sich sicher schon darum gekümmert, denke ich.« Sie nagte an ihrer Lippe. »Weißt du, Mam möchte so bald wie möglich ein neues Datum festlegen. Sie beißt sich selbst in den Hintern wegen den neuen Einladungen, den Zeitungsanzeigen und den Gästen, die von sonstwoher anreisen müssen.«

Er schüttelte den Kopf. »An diesen Rummel habe ich überhaupt noch nicht gedacht. Ich glaube, ich bin totale Abseite.«

Sie küßte ihn. »Die Familie der Braut muß sich doch um all das kümmern, du Dummerchen. Du hast es leicht... bis ich dich für mich habe in unserem kleinen Sommerhäuschen auf Hochzeitsreise. Warte ab, dann werde ich mich in eine Wilde verwandeln.«

»Da wir gerade von den Flitterwochen reden...«

Und nochmals küßte sie ihn. Und sie strich mit ihrer Zunge ringsum seine Lippen ab. Er merkte, wie ihm der Henry dabei hochging, zuckte und von diesem Spielchen äußerst gereizt wurde. »Liebling, wir wollen jetzt doch nichts mehr anfangen. Sie warten draußen auf mich, und dir wird man gleich das Abendessen bringen. Mach dir keine weiteren Sorgen, ich komme so oft zu dir, wie es sich einrichten läßt und wie sie mich reinlassen. Von mir aus jeden Tag... zweimal!«

Dann erhob sie sich. Beim Aufrichten streifte er an ihrer Brust vorbei. Sie langte fest nach seiner Hand und schob sie sich selbst in den Büstenhalter. Seine Finger wühlten wild ihre Brüste ab, und sie schnappte nach Luft. »Oh, wie geil du zupackst. Das habe ich gern!«

Seine Hand wanderte weiter ihren Körper runter, schnell fuhr sie über ihren Bauch und dann senkrecht in ihre heiße Oase. Er fühlte die Schwellung ihrer dicken, warmen, feuchten vorderen Lippen und den Büschel der Haare. Es war herrlich heiß dort, richtig tropisch. Sie holte tief Luft und schwankte dabei, als auch sie über seinen Handrücken strich und ihn reinpreßte. Sie zog nicht zurück.

Dann aber tat sie es doch. »Du, nicht weiter, nicht jetzt. Ich mach'
mich sonst selbst fertig, und alle sehen es, daß ich einen armen kranken Jungen in seinem Krankenbett vergewaltigt habe.«

»Pam, denk dran, daß man die Tür verschließen kann!«

»Du, Henry, ich liebe dein Kraulen in meinem Leib.«

Und Henry dachte: Genau wie noch ein paar andere Weiber im
Haus. Das Gesicht von Dawn Johnson glitt vorüber. Er schüttelte den
Kopf, bis dieses Bild verschwand.

»Ist was nicht in Ordnung?« Sofort war sie interessiert.

»Nein. War wohl nur ein kleiner Schwächeanfall.«

»Sicher hast du dich überanstrengt, und ich habe dich dazu noch
gereizt«, flüsterte sie beschämt. Mit den Lippen glitt sie über seine
Stirn, dicht unter dem Verband. »Es tut mir leid, was ich jetzt getan
habe.«

»Nein, nicht du«, sagte er gedankenlos.

»Ich weiß, es war Pap. Er kann bisweilen ziemlich aus der Rolle
fallen. Ich hoffe nur, daß er dich mit seinen Sticheleien wegen der
Einberufung und den Demonstrationen in Berkeley nicht ewig anstän-
kern wird. Zwischen seiner und unserer Generation ist doch eine riesige Kluft. Findest du das nicht auch entsetzlich?«

Endlich zupfte sie ihr Kleid zurecht, streckte sich und wandte sich
zum Gehen. An der Tür drehte sie sich noch einmal um, warf ihm ein
Küßchen zu. Dann war sie raus. Nur ihr zarter Duft stand noch im
Zimmer. Er kam sich wie ein Mistschwein vor. Sie war wirklich lieb, so
liebevoll und besorgt, so für ihn bedacht – während seine Gedanken
völlig abwegig waren, die ganze Zeit über.

Er konnte seine Gedanken nicht von der Sextruppe lösen, die Dr.
Greb so sorgfältig für seine Klinik ausgesucht hatte.

5

Er grübelte, und ihm kam da der Gedanke, es wäre vielleicht gut,
wenn sie an seinem Zimmer eine Drehtür anbringen würden, als die
Nachtschwester wiederkam. Wie war bloß ihr Name? Polnisch? Ach
ja, Grabowski, so war's. Sie trat an sein Bett und fing an, das Laken
seitwärts und am Fußende glattzuziehen und einzuschlagen.

Für so einen kleinen Drupel war sie ganz gut zu Fuß, bestand aber
auch aus lauter Muskeln. Er dachte darüber nach, wie sie sich mit

diesen enormen Eutern so leicht und schnell bewegen konnte. Mußten doch ziemlich fest sein, die Dinger. Er bemerkte, daß sich unter ihrem Kittel richtige Bärenschinken abzeichneten.

»Wie ist Ihr Vorname?« fragte er, während er ihrem Tun zusah.

»Für Sie bin ich Schwester Grabowski.« Sie hatte einen europäischen Akzent. Eckig-exakt, als ob sie alles aus einem Buch ablesen würde.

Er betrachtete ihr dichtes, schwarzes Haar und ihre dunkle Hautfarbe. Wenn sie diesen Namen nicht hätte, könnte sie Italienerin sein. Auf gut Glück fragte er: »Sophie?«

»Heiße ich nicht«, sagte sie. »Ich bin die Nachtschwester. Hatte ich eben schon gesagt.«

»Schwestern sind verpflichtet, höflich zu sein und ihre Patienten zufriedenzustellen.« Heiliger Himmel, was wollte er eigentlich von diesem Weib? War er scharf auf einen neuen Orgasmus? Er staunte über sich selbst. Hatte er einen Sexkoller gekriegt? Kam es davon, daß er ständig im Bett lag...?

»Ich tue das, was getan werden muß«, gab sie tonlos zurück.

Wieder kam der Gedanke, er drehe bereits durch bei soviel geilen Weibern. Es war Vorschrift, daß auf jeder Etage ein Medizinschrank vorhanden sein müsse, und darin war bestimmt Stoff, den er brauchen konnte. Er sah ihr zu und dachte nach.

»Ich habe Schmerzen. Ich muß was haben, sonst kann ich nicht schlafen.«

»Der Doktor hat für Sie eine Schlaftablette vorgesehen, wenn es nötig ist.« Sie klapperte mit ihren langen Wimpern und sah ihn mit einem Blick an, der ihn zum Weiterfragen herausforderte.

»Ich würde gern jetzt was haben«, sagte er grinsend. »Sie wollen doch, daß ich gut esse, nicht wahr? Nun, mir machen Pillen eben Appetit.«

Sie richtete sich auf, und seine Augen blieben an ihrem Riesenmilchladen hängen. Er stellte sich vor, daß ihre Schamlippen seinen Penis sicher wie eine Wäscheklammer festhalten könnten, wenn sie das wollte. »Drogen sind gefährlich«, sagte sie kurz.

»Ach Quatsch!«

»Der Apothekenraum ist verschlossen und wird ständig kontrolliert. Man ist hier genau in diesen Dingen.« Sie sah mit dem Ausdruck unverhüllter Schuldgefühle auf die Tür.

»Man kann doch nicht jede kleine Pille zählen. All die verschiedenen Flaschen und Döschen. Himmel noch mal, da sind doch Hunderte in einer Flasche drin. Bestimmt gehen da doch welche verloren oder fallen in den Lokus, also was soll's!«

»Deshalb bekommen Sie doch keine.«

Er fühlte ein Ziehen im Unterbauch. Bekam er schon wieder 'nen Steifen? Nein. Er wußte, was das war. Das Glas Milch hatte seine Wirkung getan. Er mußte mal.

»Keine Ursache, keine Sorge«, sagte sie. »Wissen Sie nicht, daß Sie Ihr eigenes Bad haben?«

Er zuckte die Schultern. Zeigte auf seinen Gipsverband, der unter dem Laken verborgen war. »Ich kann doch nicht mit dem Gipsklumpen am Bein auf den Lokus wandern.«

»Doch«, sagte sie und schüttelte ihre dunklen Haarsträhnen.

»Der Doktor hat gesagt, daß Sie ruhig mal aufstehen können, wenn Sie müssen. Es macht dem Gipsverband nichts aus, wenn Sie ein paar Schritte tun.« Sie durchquerte das Zimmer und öffnete eine Tür. Dahinter war ein kleines weißgekacheltes Bad.

Er sah sie prüfend von Kopf bis Fuß an. Welche Kraft war in diesen Kittel verpackt! Ein Polyp! Ein Löwe von einer Frau. Er mußte an sie herankommen. »Ich trau' mich nicht, mein ganzes Körpergewicht darauf zu legen«, sagte er und wies erneut auf seinen Gipsfuß.

Sie trat zum Bett zurück und deckte es auf. Sein Nachthemd war hochgerutscht, bedeckte aber immer noch das Nötigste. Er sah auf seine Beine, die sahen farblos aus, kränklich-weiß, und der Gipsverband saß darum herum wie ein Gletscher. Sie warf sein freies Bein schwungvoll zur Seite und half ihm beim Aufrichten. Einen Augenblick lang schwamm ihm alles vor Augen, darum stützte er sich fest auf ihre Schultern. Sie stützte ihn ebenfalls, und er ließ seine Hand auf ihre linke Brust herabhängen. Er nahm die Gelegenheit wahr und griff fester zu; sie hatte anscheinend nichts dagegen.

So humpelten sie zum Bad, und sie half ihm drinnen bis ans Becken. Als er dann davorstand und sich mit einer Hand gegen die Wand stützte, schloß sie die Tür hinter ihm. »Scheiße!« Er hatte gehofft, sie würde ihm den Pimmel halten. Beim Gehen hatte er unter sein Nachthemd geblickt. Ja, das war das Pflaster auf seinem Bauch, das Dr. Greb erwähnt hatte. Er hatte überall Prellwunden, da und dort. Als er fertig war, sah er auf dem Rückweg kurz in den Spiegel über dem Waschbecken.

Ach, du liebe Güte! Er hatte rechts ein phantastisch blaues Auge, und wenn es auch nicht weh tat an dieser Stelle, das Rot und Blau ging kreis- und strahlenförmig vom Auge aus und strahlte wie die morgendliche Sonne am teilweise bedeckten Himmel. Er starrte auf seinen Kopfverband und berührte vorsichtig die Beule auf seiner Stirn.

Überall tat es irgendwo weh, und er war bereits jetzt müde von dem anstrengenden Stehen. Sein Fuß fing an, ganz blödsinnig zu stechen. Er wurde rot und machte die Tür auf. Die Grabowski war bereits da, um ihm ins Bett zu helfen. Diesmal rutschte er völlig absichtlich und ausgiebig mit der Hand quer über ihren Busen, als er sich umdrehte, um sich auf das Bett niederzulassen. Wieder schien sie überhaupt keine Notiz davon zu nehmen.

Gerade als er versuchte, das Bein zu heben, um es ins Bett zu bekommen, ging die Tür auf, und die schlanke Röntgenassistentin kam herein. Er versuchte, sich an ihren Namen zu erinnern, aber der Vormittag schien ein Jahr zurückzuliegen. So viel hatte sich seitdem ereignet.

Sie lächelte, als sie an sein Bett trat. Bei diesem Weib gab es nichts, was ihn bremsen würde.

Sie hatte so einen weichen Gang. Mit ihren großen schwarzen Augen streifte sie ihre Kollegin nur ganz flüchtig, bevor sie ihn ansah. Einen Schritt vor ihm blieb sie stehen und berührte unbekümmert seinen Kopfverband. »Wie fühlen Sie sich da oben?« fragte sie. Ihre Stimme fühlte sich an wie kühler Stoff, der sich auf seine Stirn legte.

»Ihre Hand tut gut«, murmelte er.

Sie warf der Grabowski einen flüchtigen Blick zu und sagte: »Wir werden morgen früh ein paar Aufnahmen machen. Er bekommt heute abend eine besondere Diät. Passen Sie auf, daß Mr. Tinker nichts anderes zu sich nimmt.«

»Jawohl, Fräulein La Monique.«

»Vielen Dank, Schwester Grabowski!« Ja, richtig, La Monique hieß sie! Diese dunkelhaarige Französin. So hatte sie Dr. Greb genannt. »Sie sehen schon besser aus. Ich glaube, die Ruhe hat Ihnen gutgetan heute.«

Er lächelte. »Ich bin gar nicht einsam gewesen.«

Sie neigte den Kopf etwas, und er konnte »Spielkamerad« in ihren Augen lesen. »Ich meine, daß ein Mann Ihrer Art das ohnehin nie für lange Zeit ist, egal, wo Sie das Schicksal hintreibt.« Sie hob sein Bein aufs Bett und sagte: »Lächerlich, das Nachthemd, nicht wahr? Kaum das richtige für einen hilflosen Kranken.«

»Die Tagesschwester versprach mir, irgend etwas zu beschaffen, das meinem Image mehr schmeichelt«, gab er zurück.

La Monique hielt den Finger über die Lippen. Wieder entdeckte er auf ihrer Oberlippe den feinen dunklen Haarflaum. Nicht uninteressant. »Übrigens, was haben Sie denn für ein Image, Mr. Tinker?«

Er streckte seine Hände abwärts, längs den Umrissen seines Körpers, und sagte entwaffnend: »Das sollte doch eigentlich völlig klar sein. Ich habe keine Geheimnisse.«

Sie lachte und strebte zur Tür. »Also, nicht vergessen, Röntgenaufnahme morgen früh! Nichts naschen diese Nacht. Putzen Sie sich auch morgen früh gut Ihre Zähne, damit Sie nett aussehen vor der Kamera.«

»Typischer Humor von Röntgenassistentinnen«, brummte er, als sie weg war. Er wandte sich zur Grabowski: »Wenn Sie glauben, ich würde Sie mit diesem blödsinnigen Namen rufen, dann haben Sie sich geirrt.«

Die abweisende Grabowski klappte den Mund zu. Dann machte sie ihn auf und sagte: »Ich heiße Sabrina.«

»Sabrina«, wiederholte er. War sie deshalb aufgetaut, weil La Monique so schnell mit ihm Kontakt hatte? War sie also ein klein bißchen eifersüchtig? Fast wollte es ihm so scheinen.

»Ganz hübscher Name.«

»Vielen Dank. Aber jetzt ist es wohl Zeit, daß ich mich um Ihr Abendessen kümmere. Um Ihre Extra-Diät, wie Sie wissen.«

»Klar, erst einen doppelten Whisky und hinterher ein paar gute Pillen, o. k.?«

»Nichts o. k.!«

Diesmal ließ er es dabei bewenden. Kurz darauf brachte sie ein Tablett mit seinem Essen. Sie half ihm beim Aufrichten im Bett und setzte das Tablett auf seinem Schoß ab. Sie würde ihn bestimmt nicht füttern. Er mußte sich selbst bedienen.

Es gab auch nicht viel. Nur etwas Suppe und Tee und ein paar Waffelkekse. Offenbar war die Reduzierung der Menge notwendig, um die Röntgenuntersuchung am nächsten Morgen erfolgreich durchführen zu können. Das war vielleicht gut für die Aufnahme, stellte aber nur eine lausige Mahlzeit dar, und wenig später schob er das Tablett gelangweilt von sich. Dann tastete er nach der Leine und drückte auf die Klingel.

Die Grabowski erschien. »Was gibt's?«

»Die Küche kann das Zeug wiederhaben. Sie soll's den hungernden Chinesen geben.«

Sie sah auf das Tablett. »Es gibt leider nicht mehr.« Dann setzte sie das Tablett auf den Nachttisch. »Kann ich sonst noch was für Sie tun?«

»Ach ja, ein paar Pillen. Ich möcht' so gern 'n paar schlucken. Dann kann ich aufs Abendessen verzichten.« Er grinste sie breit an und versuchte dabei wie Tom Sawyer auszusehen.

»Nein. Keinerlei Pillen, sagte ich bereits.«

Er fing an, sie mit den Augen auszupellen. Es war das einzige, woran er im Augenblick noch denken mochte. Er fing bei ihren Haaren an und ließ seinen Blick langsam über ihren Hals abwärts streifen bis zu ihren Brüsten, runter zu den Hüften, und blieb am Bauch hängen. Welche Kraft und Wonne waren hier konzentriert! Er glitt mit den Augen dorthin, wo das Dreieck zwischen den Beinen saß, zu ihren Schenkeln, und dann beugte er sich langsam aus dem Bett, um ihre Beine und Waden besser betrachten zu können.

Er war erstaunt zu sehen, daß sie dabei rot wurde. Merkwürdig, noch dazu bei ihrer an sich schon dunklen Hautfarbe, aber das Rot überzog sie überall. »Warum mustern Sie mich so, Mr. Tinker?«

»Weil ich was Phantastisches an Ihnen sehe. Sie haben meinen Lebensnerv getroffen.« Ihm war nicht ganz wohl bei diesen Worten, er wollte sich aber nicht dafür entschuldigen, noch nicht.

Sie war noch röter geworden, und er wunderte sich sehr darüber. Offensichtlich stieg sie auf diese Tour ein. Aber es waren noch eine Menge Hindernisse zu überwinden.

»Grabowski!«

»Was ist denn?«

»Komm mal her!«

Sie kam und setzte sich auf die Bettkante. »Was wünschen Sie? Wasser? Noch Tee? Auf'n Lokus?«

Er schüttelte den Kopf und dachte dabei angestrengt nach. »Ich bin ganz steif. Das ist es. Ich liege seit 24 Stunden in diesem Bett, und mein Rücken tut weh. Könnte ich nicht massiert werden?«

Sie fing an, wohlwollend auszusehen, wirkte dabei aber immer noch vorsichtig und erschreckt. Die Grabowski war offensichtlich eine sittenstreng erzogene Frau. Sie war es nicht gewöhnt, daß ihr Männer sagten, sie sähe phantastisch aus. Das würde er ausnutzen.

»Sabrina, massieren Sie mich bitte, ich erzähle Ihnen dabei, wie gut Sie aussehen.«

»Ja, das gehört zu meinen Pflichten.« Sie befeuchtete sich die Lippen.

»Vielleicht ist es besser, wenn Sie die Tür verschließen. Ich möchte ungern, daß jemand reinplatzt und die Situation verkennt. Ich meine das Ihnen zuliebe, Sie verstehen mich doch!«

»Aber es ist doch alles korrekt, was hier geschieht.«

Er zwinkerte ihr lauernd in ihre Schlafzimmeraugen. »Ich glaube, Dr. Greb wußte, was er tat, als er Sie aussuchte. Verlassen Sie sich auf mich und schließen Sie ruhig die Tür. Das ist besser für uns beide.«

Sie ging zur Tür und drehte den Schlüssel um. Sie kam wieder zurück. »Na gut, dann wollen wir mal. Ich werde Sie jetzt massieren.«

Sie schob das Bettuch etwas runter, bis zur Taille, und zog das Nachthemd hoch. Die Decke verhüllte gerade noch seinen Schwanz. Dann verschränkte er seine Hände hinterm Kopf und sagte: »Na, dann mal auf ihn mit Gebrüll!«

Sie schüttelte den Kopf. »Nein, so geht das nicht. Sie müssen sich auf den Bauch rollen. Es ist doch der Rücken, nicht wahr?«

»Ach ja...«

Er drehte sich um und wandte ihr sein Gesicht zu. Sie knüpfte das Band in seinem Nacken auf, um sein Nachthemd beiseite schieben zu können. Das Ding war im Rücken von oben bis unten geschlitzt; jetzt war er dort also ganz nackt. Er fühlte, daß das Laken knapp seinen Podex bedeckte.

Vielleicht hatte sie geglaubt, sie würde ihn ausmanövrieren, indem sie ihn auf seinem Schwanz liegen ließ, aber er war ja nicht von gestern; er hatte noch massig Tricks in Reserve.

Sie öffnete ein Fach im Nachttisch und brachte eine Flasche Alkohol zum Einreiben zum Vorschein. Sie schraubte den Verschluß auf. Der scharfe Geruch füllte sogleich den Raum. Er starrte in die Gegend ihrer Muschi, die sich gerade in seiner Augenhöhe befand, und brummte: »Viel lieber würde ich jetzt Marihuana riechen. *Das* würde mir die Schmerzen wegnehmen und Wehwehchen heilen!«

Sie schüttelte den Kopf, und ihr dichtes Haar wirbelte über ihre Stirn. »Keine Narkotika! Das ist mein letztes Wort!«

»Na, wir werden ja sehen.«

Er zischte zwischen den Zähnen, als sie ihm Alkohol auf den Rücken goß. Dann verrieb sie die Flüssigkeit mit ihren Händen, wobei sie große Kreise zwischen den Schulterblättern zog. Ha, das tat gut! Sein Hahn wuchs wieder und wurde hart. Phantastisch! Jetzt war er wieder geil und angespitzt für die nächste Nummer. Und auf diese Weise konnte er sie womöglich auch überreden, ihm Narkotika zu besorgen.

»Ahh!«

»Gut so?«

»Ja, das hab' ich gern. Machen Sie die Kreise größer. Gehn Sie überall hin!«

Sie zog größere Kreise und kippte noch mehr Alkohol auf seinen Rücken. »Kann ich davon nicht mal 'n Schluck haben?« fragte er.

»Den kann man nicht trinken. Zu dumm!«

»Na, dann 'n paar Pillen. Irgendwas, was 'nen alten Mann wieder aufmuntert.«

»So was wie diese Massage«, sagte sie kurz angebunden.

Sie massierte weiter. Er sah zu, wie sich ihre Hüften hin- und herschoben bei der Arbeit. Dann sah sie auf seinen Ellbogen, der angewinkelt auf dem Bett lag. Er war nur noch wenige Zentimeter von ihren Schenkeln entfernt. Er tat so, als strecke er sich und seufze vor Wohlbehagen, und dabei schob er sich stückchenweise näher an sie heran.

Hin und wieder glitt der Kittelstoff, der ihre Schenkel bedeckte, über seine Haut, nur wenig von ihrer Süßen entfernt. Es war ein hübsches, tiefes Tal. Sie hatte einen harten Bauch, der sich nur wenig vorwölbte, und feste, pralle Oberschenkel, es gab also lange Einschnitte auf jeder Seite, wo der Bauch beim Rücken zwischen den Schenkeln lag.

»Noch größere Kreise machen«, befahl er. »Schieb das Laken etwas tiefer, wenn nötig. Ich beiße nicht.« Aber ich mach' alles andere, was man so tut.

Die Kreise wurden größer, und er fühlte, wie ihre Hand über seine Arschbacken glitt, genau da, wo die Spalte anfing. Sie mußte sich weit vorbeugen, um überall hinreichen zu können. Und dabei stieß sie natürlich an die Bettkante und an seinen Ellbogen.

Ein Zucken durchfuhr ihn, und er wunderte sich darüber. Was war eigentlich an der Grabowski so Besonderes, daß sie ihn so erregte, wo ihn doch die Tagschwester heute bereits so schön fertiggemacht hatte? Von Pams bedachtsamer Aufmerksamkeit ganz zu schweigen. Vielleicht kam es einfach daher, daß er sich schon wesentlich besser fühlte. Er war wieder da, sein ganzes geiles Ich. Was es auch immer sein mochte – er wollte alles nehmen, wie es kam.

Während ihr Arm herumwirbelte, dabei seine Gesäßbacken oben

herum knetete, entlang der Rippen glitt, bis es ihn kitzelte, hob er den Ellbogen und glitt vorsichtig, aber ganz allmählich näher auf ihren Schenkel zu. Sie füllten ihren Schwesternrock voll aus. Sogar durch den gestärkten Kittel strahlte ihr Fleisch Wärme aus. Er winkelte den Ellbogen noch mehr an; sie schien es nicht zu bemerken, denn sie wich nicht zurück.

Schon hatte er den Ellbogen ganz hochstehen. Er fühlte, wie der behaarte Schlund einen Moment Widerstand leistet, dann zog sie sich zurück. Sie starrte ihm in die Augen und er in ihre. Er blinzelte und grinste.

»Alles in Ordnung, Sabrina?«

»Na, ich weiß nicht recht.« Er glaubte ihr nicht, er sah keine Schwierigkeiten – denn ihr Adamsapfel hüpfte ganz schön hoch und runter.

Sie sah seinen Ellbogen und machte einen Bogen um ihn, ehe sie ihre Massage fortsetzte. Er folgte mit dem Ellbogen und stützte ihn erneut gegen ihren Unterleib. Sie ließ sich nicht beirren, und er durfte nicht die Geduld verlieren, nicht aus dem Rahmen fallen.

»Oh!« Er zuckte, als habe er Muskelkrämpfe. »Das ist gut so, aber ich muß mich irgendwo festhalten.« Er griff nach ihren Hüften, als wollte er daran Halt finden und sich ausruhen. Dabei schob er unbemerkt das Bettuch etwas weiter runter.

Sie gab einen undefinierbaren Laut von sich, als sei sie erschreckt. Er sah zu ihr hoch. »So geht's doch? Ich muß mich nur festhalten, Sie sind doch stark genug. Sie wollen mir doch nicht weh tun?«

Sie schüttelte den Kopf, sagte aber nichts, also hielt er sich weiter an dieser breiten, prallen Hüfte fest. Sie massierte unbeirrt weiter und meinte schließlich: »So, das muß aber sehr gut tun.«

»Oh, das wird es auch, ganz bestimmt!« Er preßte die Hüften fester. »Aber hören Sie bloß nicht gleich auf! Ich glaube, ich bin verstopft.«

»So?«

»Ich kann mir vorstellen, daß Ihre Massage alles auf Touren bringt. Dr. Greb sagte so etwas Ähnliches.«

»Ist mir zwar neu, aber möglich . . .«

»Er meinte, daß sei die neueste Technik.«

Weitere Argumente waren nicht nötig. Sie schob das Bettuch auf die Kniegelenke runter und goß jetzt auch Alkohol auf seinen Po. »Das heizt prächtig, Mädchen.«

Sie fing an, den Alkohol einzureiben und seine harten Pobacken sorgfältig durchzukneten. Er war überzeugt, daß auch sie geil war, aber er wollte noch nichts davon merken lassen. Sie würde sicher sauer reagieren, und dann wär's aus.

Er blimperte mit den einzelnen Fingern, mit denen er sich an ihren Hüften festhielt. Sie tat so, als merke sie es nicht. Sie schuftete richtig und schwitzte dabei, ihre Zunge fuhr von Mundwinkel zu Mundwinkel. Diese vollen Lippen! Dick und dunkelrot, ausgesprochen sexy, wie alles übrige an ihr.

Langsam, Zentimeter für Zentimeter, rutschte er mit den Fingern zu ihrem Unterleib runter – er ließ sich Zeit, er war überzeugt, daß sie einsteigen würde; sie würde die Massage nicht vorzeitig abbrechen. Seine Hand rutschte bedenklich tiefer. Das hatte seinen Sinn, sie war nur noch wenig entfernt von ihrer Vulva. Er fummelte an einem Knopf ihres Kittels, bis er ihn endlich offen hatte. Dann griff er sich den nächsten, genau in Höhe ihrer Vulva, und drehte so lange daran, bis er absprang.

Er schob die Hand vor und sagte dabei: »Sie massieren wundervoll. Sie wissen gar nicht, wie gut mir das tut. Ein herrliches Gefühl! Machen Sie nur weiter, und bleiben Sie in der Stellung. Ich habe so den besten Halt.«

Sie sagte nichts und fuhr mit ihrer Kraftmassage fort. Seine Finger krabbelten jetzt unter ihren Rock, zwischen die Falten ihres weißen Unterrocks. Er tastete eine Weile suchend darin herum, bis er ihren seidenen Slip zu packen bekam. Na klar! Die ordentliche Provinzlerin Grabowski würde nie im Leben ihr Zimmer ohne Slip verlassen. Da hörte sie auf.

Sie starrten sich beide sekundenlang an.

»Ist was, Schwester?«

»Reicht die Massage immer noch nicht?«

»Mhh, nicht ganz. Na los, machen Sie noch ein bißchen! Mein Schwiegervater macht einige Dollar locker für dieses Hotel hier. Ich wünsche eine Erste-Klasse-Massage!« Er grinste und kniff die Augen zu. »Grabowski, Sie sind einmalig!«

Sie seufzte und wischte sich mit der Hand den Schweiß von der Stirn.

»Moment mal«, sagte er, »lassen Sie mich das machen.«

Sie beugte sich zu ihm runter, und er wischte ihr die Stirn mit seinem ausgezogenen Nachthemd sauber. Dann warf er es zur Seite.

»Sie sind eine aufregende Frau, Grab.«

»Machen Sie sich bloß nicht lustig über mich.«

Er spielte den Schockierten. »Lustig machen? Das käme mir doch nicht in den Sinn. Bitte noch die Unterpartien etwas mehr.«

Sie machte weiter und beugte sich über seinen Körper. Er aber stützte seine Hand wieder gegen ihren Bauch, an dem er sich immer noch zum Schein festhielt. Aber die Finger suchten vorsichtig in ihrem Unterrock herum. Jetzt fingerte er darunter am Gummiband ihres Slips, den er stückweise vom Bauch herunterzog. Und weiter, bis er ihr storres Schamhaar zwischen den Fingern hatte. Sie schwitzte wie ein Pferd, ihr Unterleib war feucht.

Sein Daumen schlich sich durch die Wolle der Vulva zur Vagina, zum Ansatz der Schamlippen. Sie erschauerte, wie von einem elektrischen Schlag getroffen. Er ließ seine Hand eine Weile ruhen, schob dann ihren Slip auf die Beine und legte die Hand auf ihre Vagina. Der Kittel verdeckte seine Tätigkeit.

Sie sah ihn vorwurfsvoll an. »Benehmen ist wohl nicht Ihre starke Seite, wie?«

»Ach, lassen Sie mich doch in Ruhe.«

Sie starrte ihn an. »Auf dieser Seite sind wir fertig.«

»Dann werde ich mich eben umdrehen.«

Sie schluckte. »Ja, tun Sie das mal.«

Er zog seine Hand aus ihrer zuckenden Muschel und drehte sich auf den Rücken. Sein Henry schoß steil in die Höhe wie ein Superspargel, und sein Anblick begeisterte Henry maßlos. Er war stolz auf sein Geburtsmitbringsel, auf jeden Zentimeter seiner Größe. Der Schaft war schön lang, markant, und eine dicke Ader an der Seite pulsierte wild. Sein Kopf war rosa und würde, wie er aus Erfahrung wußte, bald rot sein. Nur die Eichel war viel dicker und breiter als der Stengel.

Sie bekam Quellaugen, riß die Lider hoch und hob die Brauen fast bis zum Haaransatz. Sie machte: »Oh«, und das Ding wuchs noch ein bißchen mehr. Sie wollte was sagen, aber es kam nichts raus.

»Nun?« fragte er. »Wie ist es mit der Fortsetzung der Massage? Falls dich die Schlange gelähmt hat...?«

Sie fing an, seine Brust einzureiben, aber sie hielt sich nicht lange damit auf. Schon bald wechselte sie zum Bauch über, wo sie seinen Nabel mit Alkohol füllte und sich dranmachte, ihn zu verreiben. Das heiße Brennen machte geil, es gab ein angenehm kribbeliges Gefühl. Er war in Fahrt, auf sie eingestellt, ganz Spannemann und bereit, einen Film abzuziehen.

»Gut, Sabrina, gut!« Er krauste die Stirn. »Trotzdem, es ist noch nicht die richtige Druckstärke. Wie wär's, wenn ich die Beine spreize? Setz dich auf meine Oberschenkel und knie dich in die Arbeit.«

Sie tat völlig harmlos, ganz Masseuse, und zögerte keinen Moment. Sei streifte ihre Schuhe von den Füßen und hob ein Bein über die Bettkante. Ihr Unterrock war nicht so weit, und so konnte sie kaum ihre Knie auf jeden seiner Schenkel setzen. Schließlich schaffte sie es doch.

Sie beugte sich nach vorn und legte die Hände auf seinen Bauch. Ihre Kraft nahm ihm die Luft. Sein Typ stand stramm wie ein Wachsoldat vor ihr. Es war sein Zauberstab, der schon von vielen seiner Kommilitoninnen in Berkeley und Stanford angebetet worden war. Sie mußte ihm mit ihren Armen dauernd aus dem Wege gehen, um massieren zu können. Abwechselnd tickte der Zeiger an den rechten und linken Arm. Sie beachtete es nicht.

Lange konnte sie so nicht mehr weitermachen, denn auf diese Weise wichste sie ihn mit ihren Armen unwillkürlich ab. Sie wechselte die Richtung und reizte jetzt die anderen Seiten seiner Stoßstange. Er sah dem Spiel eine Weile zu, ehe er wieder in Aktion trat. Sie machte ein Gesicht, als wolle sie kopfüber davonrennen.

Er wollte mit beiden Händen wieder in ihrer Muschi fummeln. Aber sie war zu weit weg. Sie kniete noch auf seinen Schenkeln, und Affenarme hatte er leider nicht. Er sagte ihr: »Rutsch mal etwas höher.« Aber dabei ging ihr Slip in die Brüche. Ratsch, rechts und links, und ein zartblauer Lappen fiel zwischen seine Beine. So, jetzt konnte er an ihre Dampfkiste ran. Sie saß kurz vor seinem Spargel. Er ging unter den Rock und rutschte mit beiden Händen in die Tasche ihres Unterleibes. Er hatte freie Fahrt. In diesem Augenblick, wo er sie berührte, hielt sie vor Aufregung mit dem Massieren an.

Auch er hielt die Luft an und sah ihre nach oben verschwimmenden Pupillen. Ihre Gesichtsfarbe wurde rotbran und gelb und dann wieder rotbraun. Ihre Hände waren kühl und starr auf seinem Bauch. Sie knirschte mit den Zähnen wie ein Pferd, das Hunger hat, und ihre Hüften stießen wie vollautomatisiert vor und zurück, dabei schlug der Podex im Takt nach rechts und links aus.

Alles ging sehr schnell, ihm wurde fast schlecht. Sie machte den Endtrip phantastisch, bis sie ejakulierte, und das so stark, daß sie dabei mit den Supermelonen beinahe den Kittel gesprengt hätte.

Fast eine Minute lang ging das so. Dann brach ihr der Schweiß aus, sie war gewaltig fertig geworden von dieser Aufregung. Der Druck war weg. Sie lächelte und sah ihn wie aus einer anderen Welt an. »Das war gut. Ein toller Spaß. Danke, Sir.«

»Auf ein neues! Laß uns mit der Massage fortfahren!«

»Ich habe gar nicht mehr alles mitbekommen, was geschehen ist, aber der Doc sagte, die Arbeit hier würde mir viel Spaß machen.«

Aus Schlitzaugen sah er sie an. »Sie sind neu hier, was?«

»Seit drei Tagen.«

»Ach so, ja, der Doc ist ein kluger Mann. Er wußte, daß es Spaß machen würde, unter ihm zu arbeiten ... oder auf mir, wie wir es gerade durchspielen. Dem Doc können Sie vertrauen. Er hat einen Riecher, für Männer wie für Frauen.«

Sie nickte. Sie griff in seine Schamhaare hinein, um dann dran zu zupfen. Sie wollte wohl experimentieren, als ob sie im Leben so was noch niemals getan hätte. Dabei sah sie ihn nachdenklich an und paßte auf, ob er lächelte und ihr zunickte. Dann zog sie an den Haaren, die dicht an der Schwanzwurzel saßen.

»Sabrina, meine Beine schlafen ein, wenn du noch lange auf ihnen sitzt«, sagte er. »Wechsele mal die Stellung!«

Sie rutschte von seinen Schenkeln und schob den Kittel bis auf die Hüfte, hoch und höher, und wollte sich setzen. »Setz dich noch höher hinauf, wo ich's besser aushalte«, drängte er. Sie tat's.

Den Rock hoch in der Taille verwurstelt, arbeitete sie sich mit ihren kolossalen, kurzen Bärenschenkeln auf seinen Oberschenkeln voran, hin zu seiner heißen Nille. Irgend etwas Enges riß oder platzte dabei. Nicht festzustellen, was.

Dabei stieß sein Henry glühheiß an ihren linken Schenkel. Sie kippte zur Seite, als habe er sie mit einer Zigarette verbrannt. »Nein!« schrie sie. »Ich muß das doch nicht tun.«

»Und warum nicht? Mach mal'n bißchen mit, meine Rakete abzujubeln.«

Sie seufzte, und sein Pinsel stieß an den anderen Schenkel. Seine Schlange suchte ihren Busch zum Verstecken. Sie spreizte die Schenkel, und er sah in ihre langhaarige Sauna. Die äußeren Lippen waren saftig rot, dickgequollen, ihre ganze Dose zuckte in Erwartung der knorrigen Spargelstange.

Sie sah aus, als wollte sie dem Spargel, und sei er noch so dick, die Spitze abkneifen.

»Eine herrliche Dschungellandschaft«, grunzte Henry.

»Mußt du wirklich rein, geht's nicht anders?«

198

»Er muß, er will, er friert, nur so geht's«, gab er heiser zurück.

Es fiel ihm schwer, zu überlegen und ruhig zu bleiben. Er war auf 199. Er zischte es ihr hastig zu. Erschrocken jumpte sie hoch und stand darüber.

Im gleichen Moment stieß seine Eichel an ihre warme Spalte. Ihre Schamlippen waren genauso hart und muskulös wie alles an ihr. Sie sahen aus, als hätten sie die Kraft, den Finger eines Mannes abzukneifen. Sie waren voll und lang, und er dachte, daß da drinnen Platz sei für zwei. Selbst wenn noch keiner in diese Südseelagune getaucht wäre.

So gut er konnte, hob er seine Hüften an und preßte seine Eichel stärker dagegen. Die Spitze bahnte sich ihren Weg ins Innere, aber ihr gewaltsam zugeklemmter Schlitz wirkte wie Eis auf seinen Schwanz. Solange sie sich nicht entspannte und ihn schön einsaugte, war nichts zu machen. Doch mit aller Kraft flutschte er endlich in sie hinein mit einem Geräusch, das beide hörten, wie ein Stein, der in einen Teich geschmissen wird, ein trotziges, tiefes Plopp!

»Prima, Mädchen. Uff, drin! Los, wo bleibt dein rhythmisches Gefühl?«

»Ach ja. Das habe ich bei meinen Eltern in unserem kleinen Haus oft gesehen.«

»O. k., dann los, Baby!«

Sie zog sich selbst rauf und runter mit der Schnelligkeit eines Kaninchens. Er vergaß ganz, daß sie klein und sehr kompakt war, und ihre Muskelarbeit war einfach umwerfend. Blitzschnell zog sie ihn rein und schob ihn wieder raus. Er hatte überhaupt keine Zeit nachzudenken, ob er sie ausfüllte oder nicht oder ob sie tief genug war, um ihn ganz in sich aufnehmen zu können.

Dann kam's ihm gewaltig, wie aus einer Feuerspritze. Er fühlte, wie sein Sperma mit einigen Atü Druck aus ihm herausgeschossen wurde und in der Tiefe ihrer Muschel verschwand. Wieder und wieder bumste sie klatschend auf ihn rauf, und durch den Druck ihrer Schamlippen gereizt, tat er sein Bestes. Er preßte seinen Po zusammen und verpaßte ihr nach und nach unter phantastischem Zucken soviel, wie er drin hatte.

Als es ihm kam, beugte sie sich vor und küßte ihn auf den Mund. Der Schweiß rann ihr aus den Achselhöhlen, den Arm entlang und tropfte auf seine Brust. Sie roch herb und sauer wie Wild, fast wie ein Mann. Aber der Unterschied war dennoch groß genug, um ihn auf Höchsttouren zu bringen.

So schnell, wie sein Abschuß gewesen war, war er auch k. o. Total verschwitzt sank sein Kopf ins Kissen. Ein bißchen piekte es unter seinem Kopfverband.

»Alles in Ordnung?« wollte sie wissen, als sein Schwanz schlapp wurde und rausrutschte.

»O. k. Schön schlapp. Etwas aus der Hausapotheke würde mich wieder fit machen.«

Er lag ziemlich zermatscht da, während sie von ihm runterkrabbelte, ihren Kittel zurechtzog, den Slipfetzen in die Tasche steckte und zur Tür ging. Sie sah lächelnd nach oben, und ihre Schritte verhallten auf dem Korridor. Dann kam sie schnellen Schrittes zurück.

Sie setzte sich auf die Bettkante. »Hier!« Sie gab ihm sechs Pillen und zeigte auf die Karaffe mit Wasser, die auf dem Nachttisch stand. »Verteile sie über die Nacht. Nimm nicht alle auf einmal. Das ist nicht gut. Verstehst du mich?«

Er sah sich die eiförmigen Pillen an, dann lächelte er dankbar. »Die liebe gute Sabrina. Komm bald wieder, damit wir die Massagebehandlung fortsetzen können. Sie tut Wunder für mein Innenleben.«

Die Grabowski lächelte, als sie ihn verließ, um nach den anderen Patienten zu sehen.

6

Es war fast acht Uhr, als er wach wurde. Noch bevor er seine Augen öffnete, hörte er, wie man sich neben seinem Bett unterhielt.

»Fünf vor acht. Du meine Güte, der schläft ja schon fast zwölf Stunden in einem Stück.« Diese Stimme kannte er, das war Dawn. Die Tagablösung. »Sind Sie sicher, daß er nicht die halbe Nacht wach gewesen ist?« Letzteres klang verdächtig nach Unterton.

»Ich schwör's. Er hat sich nicht gerührt.« Das war eine andere Stimme, die hatte einen Akzent, anders als der von Sabrina. Härter. Kälter. Vielleicht schwedisch? »Er atmete langsam und tief, und seine Farbe war normal, so daß ich keine Befürchtungen hatte. Er scheint mir ausgeruht und in Ordnung zu sein.«

»Scheint mir auch so«, sagte Dawn. »Trotzdem möchte ich wissen, warum er so lange schläft. Ich muß mal mit Sabrina sprechen, wenn sie ihren Nachmittagsdienst antritt.«

Henry klappte die Augen auf und sah zwei Paar Augen, die ihn ansahen. Ein Paar wunderbare Augen. Sie waren tiefbraun und zeigten Verwirrung. Die kannte er, sie gehörten Dawn. Die anderen waren neu. Sie waren eisblau und voller Neugier. Er blinzelte und lächelte beide an.

»Guten Morgen, Mr. Tinker«, sagte Dawn mit einem Seitenblick auf ihre Kollegin.

»Guten Morgen.« Er sah die zweite Schwester an. Ei, da gab's eine Menge zu sehen. Konnte man auf Anhieb gern haben. Sie war sehr groß und langbeinig. Bestimmt 1,86 m. Sie hatte eine fast weiße Haut, jene schon erwähnten eisblauen Augen und einmalig schönes, blondes, seidiges Haar, das ihr über die Schultern hing. Ja, weiß Gott, sie war wie eine riesenhafte Wikingerin. Eine moderne Ausgabe ihrer Vorfahren.

»Mister Tinker?« flüsterte Dawn und beugte sich tiefer. »Halten Sie Ihre Augen fest, sie fallen gleich raus!«

Tatsächlich! Er mußte diese Miss Eisberg immerzu anstarren. Sie hatte wohl an die 110 cm Brustumfang unter dem Kittel, einen langen Rumpf, ihre Taille war scharf und schmal, und ihre Hüften waren gut ausgebaut. Die Beine sahen aus, als schienen sie extra lang angefertigt. Herrliche, gerade Beine mit schönen Oberschenkeln. Sie trug den Kopf hoch, hatte zartrosa Wangen, und ihre Zähne sahen wie winzige Eisberge aus. Ihre Schultern und Arme wirkten sehr weiblich, doch kräftig. Ihre Proportionen stimmten völlig überein.

»Hallo«, sagte er zu ihr. »Schwedin?«

Ihre Eisaugen weiteten sich, und sie nickte mit dem blonden Kopf. »Erraten! Das ist meine Heimat.«

»Wo muß man sich melden, wenn man nach dort einwandern will?«

Sie lachte. Er sah, wie ihre Brust sich beim Lachen bewegte. Er genoß es. Ja, das war der richtige Ausdruck: wie wenn ein Mann den Grand Canyon zum ersten Mal zu sehen bekommt.

»Mr. Tinker.« Dawn schaltete sich jetzt ein. Sie brachte irgend etwas hinter ihrem Rücken zum Vorschein. »Für Sie.«

Sie hatte einen Schlafanzug für ihn besorgt. Er nahm ihn in Empfang.

»Sieh mal an – na, vielen Dank auch!«

»Ich will Ihnen beim Anziehen gerne behilflich sein, wenn Sie gebadet haben.« Sie wandte sich an die Wikingerin: »Ich glaube, Ihre Schicht ist beendet, Miss Lundblad. Ich kümmere mich schon weiter um Mr. Tinker.«

Die große Blondine war enttäuscht. Sie ließ die Unterlippe hängen, und Henry hätte gern daran geknabbert. »Ich hoffe, Sie werden morgen etwas früher wach sein, Mr. Tinker. Die Nacht ist lang, und die Stunden wollen kaum vorübergehen.«

Er schluckte. »Ich werde mein Unterbewußtsein informieren.«

Als sie ging, sah er ihr hinterher und wäre ihr am liebsten nachgelaufen. Nein, diese Kurven! Sie strotzte nur so von Sex. Das alles in einer First-class-Verpackung. Er sah Dawn an, die sich über ihn beugte und ihn flüchtig auf den Mund küßte. Er lächelte und dachte nach, weshalb er wohl so gut gelaunt war. Dann fiel ihm Sabrinas Wundermassage ein und die Pillen, die sie ihm gegeben hatte. Nun, die Wirkung war phantastisch. Er hatte das Gefühl, Cassius Clay in den Orkus stoßen zu können.

»Hungrig?«

»Nach der Nacht! Sehr!«

»Ich meine aufs Frühstück?«

»O. k., und ich bereite den Nachtisch!«

Sie lachte und ging. Sie war sofort zurück mit traurigem Gesicht.

»Man sagte mir gerade, daß Sie bis nach dem Röntgen gar nichts essen dürfen, und trinken auch nicht.«

»Das betrifft aber hoffentlich nicht die Nachspeise?« Er winkte ihr mit dem Finger, bis sie sich über sein Bett beugte. Er legte ihr die Hand auf ihre linke Brust und drückte fest zu. Alles an ihr begann zu beben, und sie sagte: »Du erweckst in mir Gefühle, die besser noch ruhten.«

»Die sollten immer wach sein.« Er massierte mit dem Daumen.

»Aber mich regt es auf. Du geilst mich damit so an, daß ich dir am liebsten gleich einen blasen möchte.«

»Das klingt wunderbar.« Er griff nach der anderen Brust.

Sie trat einen Schritt zurück und hob ihren Rock. Sie hatte nichts darunter, nur nackte Haut. Er strich mit der Zunge über die Lippen und schnappte nach ihr. Da wurde die Tür aufgestoßen.

Dawn mußte eine Unmenge Erfahrung haben, denn sie ließ den Rock blitzschnell fallen, und sofort lag ihre Hand an seinem Puls, während sie auf die Uhr blickte. Sie erweckte ganz den Eindruck einer pflichtbewußten Schwester, die ihren Patienten kontrollierte. Sie blickte über die Schulter.

»Guten Morgen, Doktor Greb, guten Morgen, Miss La Monique«, zwitscherte sie.

Greb nickte ihr zu, und Henry folgte seinen Blicken, die auf ihren

Busen fielen. Der Doktor hatte Adleraugen, ein toller Vogel. »Morgen. Na, wie fühlen wir uns heute, junger Mann?«

»Puls und Temperatur normal. Nichts Außergewöhnliches über Nacht laut Bericht. Ausgenommen, daß er zwölf Stunden in einem Stück geschlafen hat.«

Greb warf einen flüchtigen Blick auf eine kleine elektrische Uhr, die über dem Bett hing. »Sehr unbequem, würde ich einschränkend sagen«, brummte er mit einem Glucksen zu La Monique. »Medizinischer Humor, fällt in Ihre Sparte, Ellen.«

Sie rümpfte die Nase in seine Richtung. »Ich muß mich jetzt um das Röntgen kümmern, Herr Doktor. Und ich möchte gern, daß Sie mir helfen. Sie sind doch Spezialist in der Auswertung.«

»Stein ist darin noch besser«, fachsimpelte er, »aber nicht greifbar. Da werden Sie eben auf ihn warten müssen.«

Sie standen um sein Bett herum, und ihm fiel der Schalk in Grebs Augen auf. Dawn und Ellen gaben ununterbrochen Einladungen von sich. Die Frauen waren aufgekratzt und rivalisierten um seine Aufmerksamkeit. Offenbar mußte er besser aussehen als gestern, wo ihn ein Blick in den Spiegel enttäuscht hatte.

»Sie sehen mir gar nicht mehr so krank aus«, sagte Dr. Greb. »Wieso haben Sie so lange schlafen können? Ist Ihnen was unter die Bettdecke gekrochen, nachdem das Licht aus war?«

»Aber Doktor Greb!« riefen die beiden Schwestern scheinheilig im Chor.

Er schien es überhört zu haben. »Na, junger Mann, welches von meinen Chormädchen war's denn? Irgendwer muß mit Ihnen trainiert haben. Mit all den Wehwehchen und Schmerzen, die Sie haben, hätten Sie eigentlich gar nicht schlafen können. Wer hat also trainiert?«

Henry lachte. »Ich habe ein reines Gewissen, Doktor. Deshalb kann ich auch so gut schlafen.«

»Nicht reiner als Ihr Laken, wette ich«, brummte Greb. »Na schön, dann wollen wir ihn mal zum Röntgen rüberführen. Sind nur ein paar Schritte übern Gang. Meinen Sie, daß Sie's zu Fuß schaffen?«

Henry nickte und setzte sich auf. Sie halfen ihm, sein Gipsbein über den Bettrand zu heben, und dann stand er auf. Er war unsicher auf den Beinen und etwas schwindlig, aber die beiden Schwestern stützten ihn zu beiden Seiten, und er hielt sich an ihren Schultern fest. So waren sie eine starke Mannschaft. Sie gingen auf die Tür zu, und Greb ging voraus, um sie zu öffnen.

»Nehmt euch vor diesen Händen in acht!« knurrte er, als sie zur Tür hinausgingen. »Er sieht mir aus wie einer, der nicht genug kriegen kann. Hier sind's Schenkel, dort ist ein Nippel. Man weiß ja, wie raffiniert diese Burschen sein können.«

»Doktor Greb!« wiederholten sie einstimmig, und beide wurden sie auffälligerweise rot.

Sie humpelten mit ihm den Gang runter, und Henry hatte das Gefühl, daß es ganz gut ging. Er hinkte zwar, aber sein Knöchel schmerzte jedenfalls nicht, als er sich auf das Gipsbein stützte. Er schaffte die Balance, und darum konnte er das letzte Dutzend Schritte allein machen. Ein schönes Gefühl, daß man bereits ein ambulanter Fall geworden war.

Dann ging's durch eine weitere Tür in einen kleinen Raum, der von einem OP-Tisch unter einem riesigen Röntgenapparat beherrscht wurde.

La Monique schickte Dawn fort. »Wir rufen Sie wieder, wenn wir hier fertig sind, Schwester.«

Dawn durchbohrte ihre Rivalin mit Blicken. »Ja, ich geh' schon.«

Greb wies auf den Tisch, und Henry legte sich darauf. Es war scheußlich kalt am Hintern, und er wünschte, er hätte den Schlafanzug an, den Dawn ihm gebracht hatte. Er lag auf dem Rücken und blickte auf die große Röntgenröhre. Greb sah ihn sich an und gab Ellen einen Wink.

»Sehen Sie zu, daß er richtig zu liegen kommt. Ich bin gleich wieder da.«

»Ja, Herr Doktor.«

Dann war er weg, und La Monique beugte sich sofort über ihn. Sie packte ihn an Schulter und Hüfte und zerrte und zupfte an ihm herum. »Warum geben Sie sich eigentlich mit unreifen Kindern ab?« zischte sie ihm bei ihrer Tätigkeit ins Ohr.

»Was?«

Sie winkte mit dem Kinn in Richtung Tür. »Dawn Johnson und die anderen. Die meisten von denen sind noch nicht einmal 21. Sie brauchen doch eine Frau mit Erfahrung. Ich habe Erfahrung ... bin, nun ja ... immerhin 27, wissen Sie.«

»Danach habe ich überhaupt nicht gefragt.«

»Egal, nun wissen Sie's aber trotzdem, Sie kluges Kind«, stichelte sie. Sie beugte sich über ihn und biß ihn in die Nase. »Du hast mich längst auf 199 gebracht, mein Boy. Himmel, ich wünschte, ich hätte die zweite Nachtschicht auf dieser Station. Wahrscheinlich würde ich mich zwar innerhalb einer Woche kaputtarbeiten, aber ich würde meine letzten Stunden auf Erden wenigstens liebestoll zubringen.«

Er blickte sie entsetzt an: »Was ist los mit dir? Bist du Nymphomanin?«

»Ich bin jedenfalls nicht frigide«, sagte sie. »Davon hat sich Doktor Greb bei der Einstellung überzeugt.«

»Er testet wohl alle Mädchen persönlich, oder?«

»Das hat sich inzwischen herumgesprochen. – So, und mit wem haben Sie's denn schon getrieben? Vielleicht mit der Zwei-Tonnen-Schönheit aus Oslo?«

»Göteborg«, verbesserte er. »Doch habe ich mit der nur einen Morgengruß gewechselt, wenn Sie's genau wissen sollen. Geht Sie im übrigen nichts an.«

»Und wer hat dich letzte Nacht k. o. geschlagen?«

»Ich sagte es bereits: ein reines Gewissen und angenehme Träume.«

»Und du glaubst, ich nehm' dir den Scheißquatsch ab, wie?«

»Wie bitte? Ich hör' wohl nicht recht!«

»Du hörst schon richtig.« Sie lauerte zur Tür hin. »Wann darf ich denn mal?«

Er nahm seinen Finger und stach ihn in ihren Leib, wo er den Nabel vermutete. Sie lehnte sich mit dem Bauch gerade gegen den OP-Tisch.

»Wie wäre es jetzt?«

Sie wandte das Gesicht zur Tür und flüsterte: »Ich wage kaum, die Augen von der Tür zu nehmen. Er kommt ja doch jeden Moment zurück. Ich weiß, daß er gleich wiederkommt. Aber ich kann mich andererseits einfach nicht mehr bremsen.«

»O. k., dann tu's doch!« murmelte er und bohrte mit dem Finger noch tiefer in ihren Bauch. Sie befeuchtete sich die Lippen, und er sah, wie das feine dunkle Haar auf ihrer Oberlippe zu Berge stand. Die Haare auf ihrem Kopf waren auch dunkel, und er wettete im stillen, daß die Haare an ihren übrigen Körperteilen ebenfalls dunkel waren. »Sag mal, Ellen«, fuhr er fort, »hat deine Muschi auch einen schwarzen Bart?«

Sie sagte: »Ich will dich nicht auf die Folter spannen. Sieh doch selbst nach!«

Sie lehnte sich vom Röntgentisch zurück, und er faßte unter den Kittel. Sie leistete keinen Widerstand, als er ihren kleinen schwarzen Slip von den Hüften zog. Sie besaß wirklich einen schwarzen Vollbart.

Ihre rosigen Schamlippen lagen einladend vor ihm. Sie schienen ihm ein freundliches Hallo zuzuwinken, als er auf ihre Muschi sah.

»Herrlich«, sagte er atemlos.

Sie gab ein beifälliges »Hm« von sich. »Danke, mein Herr. Das ist doch besser, als was die unreifen Dinger bieten.«

»Bestimmt!«

»Ist das alles?«

»Nun ja, 27 Jahre alt, wenig gebraucht, nicht verstoßen, und dann hast du weiße Schenkel, die fest wie Säulen sind, dein Schlitz sieht wie ein bewaldeter Gebirgskamm aus.«

Sie lachte leise, nahm aber den Blick nicht von der Tür. »Ich erinnere mich, daß schon viele diese Klamm durchforscht haben.«

»So, so, aber alles registriert«, fuhr er fort. »Trotzdem ist der Naturschutzpark nicht zertreten. Alle Bäume schön voll gewachsen.«

Sie schluckte. »Ich glaube, Dr. Greb kommt. Lassen wir's dabei.«

Sie hatte richtig gehört. Der Arzt kehrte zurück. Sie trat geschickt vom Tisch weg. Der Kittel war wieder ordentlich, als er von seinem Schreibblock aufsah und zu ihr herüberblinzelte. Er sah in ihre beiden Gesichter, sagte aber nichts.

»Alles klar?«

»Ja, Herr Doktor.«

»Dann kann's ja losgehen«, sagte er.

Sie bewegten sich rasch und eingespielt. Man drehte Henry in ein halbes Dutzend verschiedener Positionen, während Ellen jeweils die Schaltung bediente. Schließlich waren sie fertig, und Greb klopfte ihn von Kopf bis Fuß ab. »Ich find' nichts an Ihnen, aber ich möchte doch, daß Stein Sie und unsere Aufnahmen noch einmal sieht, ehe wir Sie wieder in Freiheit schicken. O. k.?«

»Sie sind der Arzt«, antwortete Henry.

»Also, dann wollen wir es auch so halten.« Er grinste. »Wie ist der Schwesternservice?«

»Danke, vollendet gut. Gefällig und freundlich.«

»Und geil wie der Satan. Sehen Sie sich vor! Ich hab' sie angestellt, weil sie so verhungert aussahen, aber es gibt hier anscheinend keine Möglichkeiten zum Sattwerden.« Er seufzte, während er sich auf seinem Block ein paar Notizen machte. »Mit 45 ist man eben nicht mehr der Jüngste. Ich kann mich heute nicht mehr um jede einzelne von ihnen kümmern, leider.«

Ellen stand sehr nahe neben ihrem Chef. Henry sah, wie ihre Hüfte seinen Handrücken berührte. »Sie sind sehr gut zu mir gewesen, Doktor Greb. Zu uns allen. Sie wissen ganz genau, daß wir Sie gern haben.«

Er seufzte noch einmal. »Ja, wie einen Vater.«

»Oh, viel mehr«, schnurrte sie schmeichelnd, und als er aufsah, schlug sie die Augen nieder.

Der Doktor hörte es gern und tätschelte ihre Wange.

»Vielen Dank, mein Kind, daß du mir auf meine Tage noch soviel Freude gemacht hast.«

Sie ging mit ihm zusammen zur Tür, er hatte seinen Arm um ihre Taille gelegt. Sie schmusten wie zwei alte Freunde, und Henry spürte einen Stich von Eifersucht. Der Arzt drehte sich um und sagte: »Schwester Johnson wartet auf dem Gang, sie will Ihnen Ihr Frühstück bringen und Sie baden. Lassen Sie sie nicht zu lange warten. Ich glaube, sie steht ziemlich unter Dampf.«

»Aber Herr Doktor«, kicherte Ellen, als er den Röntgenraum verließ. Dann war sie wieder zurück an Henrys Seite. »Wo waren wir stehengeblieben?«

»Du hast ihn gern, nicht wahr?«

»Ja, ich liebe diesen Mann«, seufzte sie. »Ich bin jetzt vier Jahre hier und verdanke ihm alles. Ich war erst auch eine von diesen dummen kichernden Gänsen, aber er hat mich hier auf der Röntgenabteilung angelernt und einarbeiten lassen. Er füllte auch meine einsamen Nächte, wenn ich mal Nachtschicht hatte. Einen Pakt gegenseitiger Unterstützung könnte man es vielleicht nennen.«

Henry zog am Saum seines Hemdes. »Also, was fangen wir nun an? Greb hat uns ja ein gutes Vorbild gegeben.«

Sie lächelte und beugte sich über ihn. Ihre Lippen begegneten sich, und beide hielten den Kuß für eine lange Zeit. Dann hob sie ihren Mund einen halben Zentimeter. »Aber du hast viel mehr an dir, Tiger. Du bist stürmisch. Er ist ein Vierziger, besonnen, und abgesehen von seinem guten Herzen, gibt er nicht mehr das, was du mir gibst. Wie alt bist du? Ich sah dein Krankenblatt, aber ich hab's vergessen.«

»Dreiundzwanzig.«

»Ah, dreiundzwanzig! Da bist du ja aus den Kinderschuhen raus. Hast viel Kraft für den Lebenskampf in dir. Ich würde gern mit dir kämpfen, so als Test!«

»O. k. Wappnen wir uns zum ersten Kampf!«

Sie machte ein Geräusch, das wie ein Hornsignal klang, und dann fiel sie ihm kichernd in die Arme. Obwohl sie lachte, spürte er ihre Erregung.

Ellen La Monique stand bereits in hellen Flammen.

Sie war anders als die anderen. Sie war etwa fünf Jahre älter als die meisten von Henrys Freundinnen. Sie war reifer und bestimmt erfahrener als Henry. Das hieß, sie war ungeduldiger. Die Schulmädchentour der Liebelei interessierte sie nicht mehr. Sie wußte, was sie wollte – was sie haben mußte –, und sie kannte den direkten Weg zum Ziel.

»Ich habe die Tür abgeschlossen«, sagte sie atemlos, als sie sich von ihm erhob und ihren Kittel glattstrich. Irgendwie war sie nett und sauber in ihrer Art.

»Gut so.«

Er sah in ihr Gesicht. Die Augen waren so dunkel. Sie hatte wohl sicher Vorfahren in Frankreich. Vielleicht in der Nähe der italienischen Grenze. Dunkle, heißblütige Menschen, die lebenslustig sind und nie einen Tag vergehen lassen, den sie nicht mit beiden Händen voll ergreifen und sich nutzbar machen.

»Laß uns Röntgen spielen«, fuhr sie fort.

»Wird dir das auch nicht langweilig? Du machst das doch täglich.«

»Glaub' ich nicht. Los, steh auf. Dir fehlt überhaupt nichts, soweit ich das weiß. Du bist ein starker Kerl, dem ein gebrochener Knöchel, eine Beule am Kopf und die paar Schnittwunden und Prellungen nichts ausmachen sollten.«

Er setzte sich auf und ließ seine Beine vom Röntgentisch runterhängen. Obwohl sein Gipsverband wie ein Klotz auf dem Boden aufbumste, tat es nicht weh. Vielleicht heilte bei ihm alles schneller? Gut. Denn eigentlich wollte er ohnehin möglichst schnell weg von hier – trotz der guten Betreuung, die Dr. Greb hier bereitgestellt hatte.

»Hinüber zu der vertikalen Röntgenapparatur«, kommandierte sie ihn, nahm ihn beim Arm und führte ihn quer durch den Raum. Dann drehte sie ihn vor einer großen, vertikalen Holzplatte, schob ihn zurück, bis er gegen sie gelehnt zu stehen kam. Sie spielte also immer noch ihr komisches Spielchen.

»Also, fest hinten anlehnen, Hände an die Hüften, Ellbogen zurück, Fersen aneinander, Knie durchgedrückt. So ist's gut. Atem anhalten, anhalten!«

Sie kommandierte und schob ihn herum, als ob es wirklich um Röntgenaufnahmen ginge. Schließlich mußte er darüber laut lachen, aber sie sah ihn streng an. »Daran ist nichts Komisches, Mr. Tinker. Dies hier ist ein großstädtisches Krankenhaus, und ich wäre Ihnen dankbar, wenn Sie sich entsprechend benähmen!«

Er nickte, während sie so tat, als schalte sie den Auslöser ein. Dann war sie wieder neben ihm, drückte seine Ellbogen nach hinten und schob auch seine Füße richtig. Sie spreizte seine Knie mit ihren Händen und schob ein Knie von sich dazwischen.

Beide sahen sie auf sein Hemd runter, und dann schob sie es hoch bis in die Taille. »So.«

»Sehe ich gesund genug aus?« flachste er.

»Ja, fast zu gesund.« Sie grinste. »Ich hoffe, davon auch meinen Nutzen zu haben.«

Sie lehnte sich mit offenem Mund gegen ihn und fuhr mit ihrer Zunge wie wild in seinem Mund herum. Ihre Brüste drückten und quetschten sich gegen seine Brust, ihr Unterleib wiegte sich auf seinen Oberschenkeln hin und her. Henry ließ seinem Kleinen alle Freiheit. Seine heiße Sonde stieß gegen ihren Unterleib, ging sie zurück, kam seine Sonde nach. Ein »steifes« Spielchen.

Plötzlich riß sie sich los, legte die Stirn in Falten und zeigte auf sein Gehänge. »Das hier können wir aber nicht gestatten.«

»Wissen Sie was, Ellen? Sie sind verrückt.«

Wieder grinste sie. »Vielleicht, aber das hier ist auch keine Nervenklinik. Wir befassen uns mit dem Körper, nicht mit dem Inhalt des Kopfes. Los, komm, jetzt wollen wir dich mal seitwärts durchleuchten!«

»Was leuchten?«

»Dich von der Seite!«

Sie drehte ihn herum, daß er mit einem Arm an der Rückwand lehnte. Sein Teil stand vorneweg wie ein Zeiger und hob sein Hemd an. Sie tat so, als wollte sie davon eine Profilaufnahme machen. Dann war sie wieder bei ihm und mimte Zurechtrücken. Was sollte dieser ganze Spuk? Das ging ihm auf den Magen.

Was es auch sein mochte – schließlich war sie der Spielerei müde. Sie packte mit beiden Händen seinen Knibbel, nur der dünne Hemdstoff war noch zwischen seinem Fleisch und ihrer Handfläche. Sie riß wie wild an dem Ding, er fiel fast hin, weil sein Gipsbein auf dem glatten Boden wegrutschte.

»He, das tut doch weh!«

»Ach, Bulle du, das muß dir doch Spaß machen, oder?«

Sie hob sein Hemd und sah ihn sich an. Er war aktionsbereit. Die

Eichel war hellrosa, der Schaft schön elfenbeinfarben, bläuliche Venen erzeugten pulsierend ein herrliches Muster unter der Haut. Seine Sonnenbräune war weg. Aber Ellen hatte offenbar an nichts was auszusetzen, da sie sich mit der Zunge über die Lippen fuhr, um sie anzufeuchten. »Wunderbar; ich glaube, das gibt phantastische Aufnahmen. Willst du dir mal mein Archiv in der Dunkelkammer ansehen?«

Ihm wurde heiß zwischen den Beinen, da sie ihn immer noch festhielt, doch er nickte. »Gerne.«

Sie führte ihn zu einem Ablageschrank. Dann ließ sie ihn kurz los, weil sie ein Fach herausziehen und eine Karteimappe herausgreifen mußte, die ganz am Ende der Lade verstaut war. Sie öffnete die Mappe und breitete die Fotos aus. Sie reichte ihm eine 18 × 24 cm große Aufnahme, die einen Mann zeigte, der hinterm Röntgenschirm stand. Es war ein nackter Neger. Gebaut wie Herkules mit einem Riesenständer, kurz vorm Kommen. »Magst du das?«

Er verzog die Nase. »Wozu? Hab' ich doch selbst.«

»Und wie wär's mit dem hier?« fuhr sie fort und zeigte ihm eine weitere Aufnahme. Darauf war eine junge Frau mit breiten Hüften, kurzen Beinen und flacher Brust. Sie war nackt und hatte viele Haare unten. Er holte tief Luft. »Langweile ich dich?«

»Ich glaube, ich geh' jetzt wieder auf mein Zimmer.«

»Was ist denn los?«

»Ich bin ein Mann und kein Schwarzweißfoto, mein Fräulein aus Paris. Ich mag meinen Freund, wie er wirklich ist.« Er sah absichtlich genau auf sie herunter.

»Laß mich mal sehen, wie du bist.«

Sie trat hinter ihn und öffnete das Band in seinem Nacken. Sein Hemd fiel zu Boden, und er blickte an sich herab. Er stand noch immer stramm vorneweg. Hatten ihn die Bilder noch zusätzlich aufgegeilt? Um so besser.

Er zuckte die Schultern. »Der steht für dich stramm.«

»Du bist ein Stoffel, ein frecher und langweiliger Angeber. Was haben die grünen Dinger bloß mit dir angestellt? Oder kannst du mit deinem Pinsel nicht mal umgehen?«

»Nun halt aber die Luft an, Mädchen«, gab er ihr ebenso patzig zurück. »Ich werde dir gleich die entsprechende Lektion damit erteilen.«

Wieder feuchtete sie sich die Lippen. »Schön, dann fang mal an, Liebling.«

210

Und das tat er dann auch.

Er bückte sich, griff nach ihrem Kittel, um die Knöpfe zu erwischen. Er fing von unten an bis zu ihrer Taille, dann schob er den Stoff auseinander. Er stopfte die Enden in ihren Gürtel. Sie trug nur noch ihren Slip darunter.

»Das Ding ist schwarz, bloß nicht durchsichtig.«

Sie verzog das Gesicht: »Bei richtigem Licht schon. Wer die richtigen Augen hat, sieht hindurch.«

Er legte seine Hand über den schwarzen Slip auf ihren nackten Bauch. Vom Nabel an war der Kittel noch bis zum Hals zu. Er spielte mit seinem Finger in ihrer Nabelgrube, und sie wand sich: »Hm, das ist gut!«

Er glitt mit der Hand runter und schob den Slip hinab. Dabei glitt er in sehr weiches und dünnes Haar hinein. Er war erstaunt, denn er hatte angenommen, sie sei da unten sehr haarig. Ihr Pelz war schwarz wie das Haar auf ihrem Kopf, und die Haut darunter schimmerte hellweiß durch. Sie war eine Studie in Schwarzweiß da unten, auch im Hinblick auf ihre Kleidung.

Sie seufzte mit halbgeschlossenen Augen, aus denen nur das Weiß ihrer Pupillen hervorschimmerte, weil sie die Augäpfel hochrollte. Er griff nach ihren Hüften und streifte den Slip bis in die Kniekehlen. Da kam Bewegung ins Schwarzweiß. Sie spreizte die Knie, dadurch wurde ihre Muschi frei, und ihre rosa Tore standen offen. Er beugte sich vor, um sich ihr Schnappschloß näher anzusehen. Es zuckte und schnappte dem Moment entgegen, wo es seine flüssige Antwort auf Henrys Anerbieten geben konnte.

»Du bist schön geil«, flüsterte er ihr ins Ohr. Und das war sie auch...

Trotzdem wurde das Ganze keine große Sache. Vielleicht, weil er immer die 08/15-Tour machte und ausgepumpt war.

»Was ist denn los?« wollte sie wissen und wandte den Kopf nach ihm.

»Nichts.«

»Nun sag doch schon...«

»Wirklich?«

»Es war nicht ausgefallen genug. Routinesache. Stimmt's?« Sie lächelte wehmütig.

Er nickte. »Ich glaube, du hast recht. Bist du auch nicht ganz befriedigt?«

Sie sah sich um. »Vielleicht ist es dieser Raum hier. Diese blöden Geräte wirken so kalt und mechanisch. Das ist wie in einem Zukunftsroman. Wenn's in einem netten Motelzimmer gewesen wäre oder wenigstens auf dem Rücksitz eines Wagens. Weißt du, mit Radiomusik und Sternen über einem und draußen alles dunkel und nur ein paar Schnäpse im Bauch.«

Er sagte nichts, sondern ging zur Tür. »Ich hab' 'ne Verabredung mit einer Schwester für ein Bad.«

Sie folgte ihm. »Ich werd' dich doch wiedersehen, Tiger? Und nächstes Mal paß ich auf. Denk dran, daß ich von dir das Beste erwarte. Kein Rein-raus, danke, der nächste. Kapiert?«

Sie schloß die Tür auf und sah ihn an. Dann schmiegte sie sich an ihn und grapschte mit dem Finger unter sein Hemd. Sie fummelte schon wieder an ihm herum. Diesmal waren ihre Finger zärtlicher und streichelten ihn wie einen Geliebten. So spielte sie erst mit seinem Henry herum, und dann massierte sie seine Dingdongs – immer darauf bedacht, ihn nicht zu quetschen oder ihm sonstwie weh zu tun.

Er war genau wie sie erstaunt darüber, daß er ihm schon wieder stand. Sie hob das Hemd an, um sicherzugehen. »Siehst du! Daran kannst du erkennen, was 'ne richtige Frau schafft.« Sie war zufrieden wie ein Kind, das beim Diktat eine Eins bekommen hat.

Er lächelte und küßte ihre Nasenspitze. »Du bist von Kopf bis Fuß eine Frau, La Monique. Paß nur auf, daß dich dein Beruf nicht auffrißt. Vielleicht solltest du auch die Fotos verbrennen. Spar dir deine Kraft für den Richtigen auf, und dann gib ihm alles, was du hast.«

Sie gab ihm augenscheinlich recht und griff ihm noch einmal unters Hemd, ehe sich die Tür öffnete.

Es war Schwester Johnson, und sie sah verärgert aus. »Vielleicht beeilen Sie sich mal etwas, Mr. Tinker«, schoß sie los, »Ihr Badewasser ist nämlich inzwischen kalt geworden, und ich habe mich bereits um neues bemühen müssen. Sind Sie denn noch immer nicht mit dem Röntgen fertig, Miss La Monique?«

Er lächelte der Röntgenassistentin noch einmal zu und machte sich dann auf den Weg. Auf dem Flur fiel ihm ein, daß er ja noch immer keinen Stuhlgang gehabt hatte. Er würde Dr. Greb fragen müssen, ob er nicht etwas einnehmen sollte.

Doch inzwischen wartete erst mal ein heißes Bad auf ihn ...

Er stand draußen auf dem Gang mit Dawn. Die heiße Tagschwester war eingeschnappt. »Was um alles in der Welt hat sich da drinnen bloß abgespielt? Sie hat noch nie so lange für ein paar Röntgenaufnahmen gebraucht.«

»Sie hat mich fotogen gemacht. Schön sexy posieren lassen. Alles äußerst künstlerisch. Damit meine Knochen gut rauskommen, wenn der Röntgenfacharzt demnächst wieder da ist und die Aufnahmen sehen soll.«

Sie sah sehr gepflegt aus heute morgen, und er war versucht, ihr mal so richtig in den Hintern zu kneifen. Aber es standen zu viele Leute herum. Scheiß was drauf, vielleicht sollte er's doch wagen? Er sah sich bei der Wachstation um, wo verschiedene Schwestern und Männer in weißen Jacken herumstanden. Da sie zur Zeit alle wegsahen, stieß er ihr einen Finger in den Po.

»Ohh!«

Köpfe drehten sich herum, und Dawn wurde rot. Henry stand da, die Hände auf dem Rücken, und hüpfte auf seinem Gipsbein vor und zurück, den Blick scheinheilig zur Decke gerichtet. Dawn biß sich auf die Lippen, und irgend jemand brummte: »Schon wieder eine von Grebs Chormädchentussis.« Man hörte Gekicher und Gelächter.

Dawn wandte sich zu ihm. Sie preßte die Hände aufeinander, und er entdeckte ein Hemd unter ihrem Kittel. Es war nicht viel dazu nötig, sie auf Touren zu bringen, obgleich sie natürlich so tat, als sei sie eine perfekte Lady. Die Debütantin wurde zur Schwester, nicht des Geldes wegen, versteht sich, sondern um der Menschheit zu dienen – aber auch, um immer genug Schwänze greifbar nahe zu haben.

»Ich nehme an, Sie können jetzt Ihr Frühstück zu sich nehmen.«

Die Vorstellung haute ihn um. »Ich sterbe fast vor Hunger.«

Sie kehrten zu Zimmer 401 zurück, und er bemerkte, daß sie in der Fensterecke einen kleinen Klapptisch und einen Stuhl aufgestellt hatte. Sie hatte ein Tischtuch aufgedeckt, eine Serviette bereitgelegt und den Tisch mit Tafelsilber gedeckt. Er war entzückt und drehte sich zu ihr um.

»Und was ist mit dem Badewasser?«

Sie lächelte mit hochgezogenen Augenbrauen. »Dafür haben wir später noch viel Zeit. Ich werde frisches einlaufen lassen, während du ißt.«

Er aß zehn Minuten lang schweigend, ehe er aufhörte und sich den Mund abwischte. »Phantastisch!«

Sie lächelte zurück. »Ich komme mir fast wie eine Hausfrau vor.«

»Jedenfalls bist du eine gute Köchin.«

»Das werde ich denen in der Küche 'ne Etage tiefer weitersagen«, kicherte sie.

Die Tür ging auf, und Greb kam ohne Begleitung herein. Er sah so aus, als wäre er unterwegs zum Golfplatz in diesen karierten Hosen und Pullover. Er zwinkerte Dawn flüchtig zu und blieb vor seinem Patienten stehen. »Das letzte Mal, als ich einen Mann so wie Sie essen sah, war nach einer Nacht im Bordell, die er dort verbracht hatte.«

Dawn rümpfte die Nase und sagte: »Southwest Doctors' Hospital ist *kein* Bordell!«

»Oh?« Greb wandte sich wieder Henry zu. »Wie geht's? Gut, was? Als ob ich's nicht wüßte, he! Alles klappt, nur der Darm nicht, nehm' ich an.«

»Genau das, nur der will nicht richtig«, antwortete Henry.

»Ich wollte ihm gerade ein Bad richten«, sagte Dawn, stand auf und glättete ihren Kittel. Offensichtlich hatte sie sich entschlossen, wenigstens den Eindruck zu erwecken, sie sei beruflich an ihrem Patienten interessiert. »Vielleicht hilft ihm das.«

Greb forderte Henry mit einem Wink auf, sich zu erheben. »Legen Sie sich mal aufs Bett, damit ich Sie mir ansehen kann.«

Henry humpelte quer durchs Zimmer, den Gipsfuß immer hinter sich herziehend, und fiel regelrecht aufs Bett. Er fühlte, wie Dr. Greb das Hemd auseinanderfaltete und sagte: »Da hinten ist nichts. Drehen Sie sich mal um.«

Henry drehte sich auf den Rücken, und Greb warf das Hemd bis zum Hals hoch. Es zwinkerte niemand, als Henry jetzt völlig nackt dalag, und wenn's ihnen nichts ausmachte, ihm schon lange nicht. Greb drückte auf dem Pflaster herum, das auf dem Bauch klebte. Dann griff er einen Zipfel und riß es schnell und geschickt ab. Henry schrie auf und sprang im Bett hoch. Dann sah er sich die Wunde an. Da war ein großer Schnitt, der aber offenbar gut heilte. Dann mußte Henry sich aufsetzen. Greb schnippelte an der Kopfbandage herum und fing an, den Mullverband abzuwickeln. Er bekam ihn herunter und untersuchte Henrys Kopf. »Überhaupt nichts von Bedeutung, außer der Beule und dem blauen Auge. Die Beule ist im Verschwinden begriffen, und das Veilchen verblüht bald. Ich glaube nicht, daß

Ihnen wirklich irgend etwas fehlt. Trotzdem möchte ich die Aufnahmen sehen und werde die Rückkehr Steins abwarten, damit er sie begutachtet, wenn er morgen wiederkommt.«

Er klopfte Henry auf den Rücken. »O. k., Sie sind jetzt von allem befreit, was Ihnen beim Baden hinderlich sein oder naß werden könnte. Schwester Johnson, sorgen Sie dafür, daß sein Gipsverband nicht in die Wanne kommt. Ich denke, alles übrige kann ruhig naß werden.«

»Sehr wohl, Herr Doktor.«

Greb sah erst sie und dann Henry an. »Behandeln meine Damen Sie auch gut?«

»Einmalig gut«, erwiderte Henry. Er zeigte auf den Nachttisch. »Schwester Johnson brachte mir eben einen richtigen Schlafanzug. Ich bin überwältigt.«

»Ganz sicher ein intimes Geschenk«, lachte er amüsiert. »Wissen Sie, die Damen wollten geschlossen in den Streik treten, als Sie hier eingeliefert wurden und man herausbekam, daß Sie verlobt sind. Ich hoffe, Sie wurden wegen Ihrer Heiratspläne nicht diskriminiert.«

»Nicht, daß es jemandem aufgefallen wäre«, sagte Henry.

Greb lachte noch einmal laut auf und schwang dann den Arm so, als wollte er den ersten Schlag tun, um eine Partie Golf zu eröffnen. »Na schön, ich werde später noch mal reinschauen. Dann können wir uns ja weiter über Ihren Darm unterhalten, es sei denn, es hat sich bis dahin von selbst erledigt.«

Er ging, und als sich die Tür hinter ihm schloß, saß Dawn schon auf der Bettkante. »Hat's gereicht?«

»Ja, nur die Nachspeise fehlte.«

»Jetzt wollen wir erst mal baden.«

Er erhob sich, sie legte seinen Schlafanzug sorgfältig gefaltet über den Arm und führte ihn ins Bad. Allmählich wurde er von all dem Herumspazieren müde. Im Bett herumliegen macht einen Mann nicht gerade stark, auch wenn an ihm nicht allzuviel kaputt gewesen ist. Sie humpelten den Gang runter und betraten einen kleinen weißen Raum, der von einer Duschkabine, einer großen Badewanne und einer weißen Metallliege beherrscht war. Sie zog ihm das Hemd vom Körper und warf es in eine Ecke, dann legte sie den Schlafanzug auf den Tisch. Sie blieb ein paar Schritte vor ihm stehen und betrachtete ihn prüfend von Kopf bis Fuß. »Ja, Sie kommen mir jetzt schon sehr viel besser vor. Diese häßlichen Verfärbungen gehen zurück.« Wieder war sie in den beruflichen Ton verfallen, und als er nach ihr schnappte, schob sie ihn von sich. »Bitte, Mr. Tinker, ich bin die Schwester und Sie der Patient. Wollen wir es dabei bewenden lassen, ja?«

Er zuckte die Schultern. »Das ist Ihre Sache. Sie haben diese Spielchen erfunden, Miss Johnson. Aber Sie können mir mal berichten, wie Sie in Grebs Harem gelandet sind.«

Sie ging zur Wanne rüber und drehte an den Hähnen, so daß heißes Wasser herausströmte. Die Wanne lief langsam voll. Er stand mit dem Rücken an den Tisch gelehnt und sah ihr zu. Als sie die Temperatur geprüft hatte und damit zufrieden war, sah sie ihn an.

»Ich stamme aus einer guten Familie, Mr. Tinker. Meine Eltern sind wohlhabend. Sie sind gebildet. Sie besitzen ein wunderbares Heim. An all diesen Dingen habe ich teil. Sie fühlen beide wenig füreinander, genausowenig wie für mich. Sie sind in ihren Gefühlen so gehemmt, daß sie sich auch anderen gegenüber nicht äußern können. Ein Grund mehr, aus dem Haus zu gehen und Fehlendes woanders zu suchen. Ich gelangte zu der Überzeugung, daß der Schwesternberuf der beste Weg für mich wäre, meine Zuneigung für andere Menschen zu beweisen. Dr. Greb zeigte mir, wie ich beruflich Liebe schenken und gleichzeitig persönlich all die Liebe empfangen kann, die ich nötig habe. Ich schätze, ich hole aus beidem das Beste heraus. Ich gehe jeden Abend nach Hause und bin innerlich ausgeglichen. Die Krankenhaustätigkeit füllt mich ganz aus und befriedigt mich auch.«

»Durch Greb?«

Sie steckte den Finger in ihre Gürtelschlaufe, und einen Augenblick lang sahen sie aneinander vorbei. »Teils das. Oft aber auch durch Patienten, die diese Abteilung durchlaufen.«

»Und nun bin ich dran«, flüsterte er. »Stimmt's?«

»Nein. Das war nur gestern, Mr. Tinker. Ich spare mich für neue Menschen auf.«

Er dachte an die ausgezeichnete Blastour, die sie ihm geliefert hatte, und im Augenblick wußte er nur zu genau, daß er eine zweite Tour als Nachtisch wollte. »Ich werde ja sicher noch eine Weile hierbleiben«, fuhr er fort. »Du weißt, daß ich allerlei zu bieten habe.«

Aber sie spielte schon wieder ihre Schwesternrolle und ließ sich nicht aus der Fassung bringen. »Es ist gegen die Vorschriften, Mr. Tinker. Vielleicht melden Sie sich mal, wenn Sie entlassen sind?«

»Quatsch, ich will jetzt entlassen werden, hier in dieser Wanne!«

Er war erstaunt, daß sie immer noch rot werden konnte, und sie tat ihr Bestes, um verärgert auszusehen, als sie seinen Körper ohne jede erkennbare sexuelle Regung betrachtete. »Nichts mehr davon, wenn ich Sie bitten darf!« Sie drehte die Hähne ab; jetzt war der Raum voll Dampf. »Also bitte in die Wanne!«

Er seufzte. »Ich schätze, Sie können nicht anders, als Ihre Rolle weiterspielen.«

»Ich weiß nicht, wovon Sie reden, Mr. Tinker. Ich spiele weder eine Rolle noch ein Spiel. Ich bin eine staatlich geprüfte Krankenschwester und stolz darauf, sachlich sein zu können. Ich behandele jeden Patienten gleich, ob reich oder arm, häßlich oder hübsch, männlich oder weiblich.«

»Gut für Sie«, sagte er und stieg in die Wanne.

Er setzte zuerst sein gesundes Bein ins Wasser und wäre fast an die Decke gehüpft. »Sind Sie wahnsinnig?«

»Je heißer, desto besser. So jedenfalls sagt Dr. Greb.«

»Sicher sprach er dabei von Hummern, nicht aber von Menschen.«

Er paddelte eine Weile mit der Hand durchs Wasser, wobei sie ihm zusah, und schließlich kam es ihm nicht mehr so unerträglich heiß vor. Darum streckte er seinen Zeh nochmals rein und stand gleich darauf mit einem Bein in der Wanne.

»Halten Sie das Gipsbein raus«, warnte sie, als sie sich vor die Wanne kniete, um den Fuß anzuheben, damit er nicht ins Wasser glitt. Er spreizte die Beine, machte sich steif und ging langsam in die Hocke.

Er sah an sich herab, wo sein Typus vor ihm im Wasser schlängelte wie ein schlappes Seilende. Seine Eier hingen auch frei herunter, und er blickte schnell auf, um festzustellen, ob sie ihn beobachtete. Er grinste, sie jedoch flackerte nur kurz mit den Augen, ehe sie sich wieder ganz seinem Gipsbein zuwandte. »Interessanter Anblick, nicht wahr?« bemerkte er herausfordernd.

»Daran bin ich nur medizinisch interessiert«, zischte sie. Sie sah zur Seite.

»Selbstverständlich.«

Jetzt tauchte er bis über den Hintern ins Wasser, worauf er zusammenzuckte. Aber er ging weiter rein, bis er endlich auf dem Wannenboden saß. Dann streckte er das gipsfreie Bein aus. Er lockerte seinen Griff am Wannenrand und lehnte sich zurück, bis er die Rundung der Wanne im Rücken spürte. Er rutschte mit dem Po nach vorn, so daß er der Länge nach ausgestreckt war und die Wanne füllte. Nur sein Kopf und das Gipsbein ragten noch aus dem Wasser hervor.

Selbstverständlich paßte auch Dawn auf sein Gipsbein auf. Sie legte es so auf den Wannenrand, daß es nicht hineinrutschen konnte. Es hing an der Ferse fest. Dann setzte sie sich bequem hin und betrachtete ihn. »Fühlen Sie sich wohl?«

»Wunderbar!« Er spürte, wie die Wärme durch die Haut bis ins Innerste drang. Alle Schmerzen vom Unfall und vom Liegen im Bett schienen wie weggepustet. Der Dampf legte sich auf sein Gesicht, er merkte, wie ihm der Schweiß aus den Poren drang. Schließlich wandte er sich ihr wieder zu. Sie kniete und saß mit dem Po auf ihren Hacken. Ihr Rock war ziemlich hochgerutscht. Ihr Kittel saß eng um ihre Figur und spannte an den Brüsten, die übrigens durch den Dampf größer erschienen. Auch ihr war warm, und der Schweiß perlte auf ihrem Gesicht.

Sie sah sehr begehrenswert aus, und er sagte es ihr. Sie blickte auf ihre Hände. »Sagen Sie bitte nicht solche Dinge. Nicht heute. Ich bin sehr von Stimmungen abhängig, und es gibt Zeiten, da widert mich so etwas leicht an.«

»Quatsch!« brummte er und kämpfte mit der Müdigkeit. Er war geil, aber die Hitze wirkte wie Schlaftabletten. »Du siehst toll aus, und ich sage, was mir Spaß macht. Basta!«

Sie erschrak nicht, ging nicht weg, kam aber auch nicht näher. Sie tat nichts, als dazuknien und immer stärker zu schwitzen. Er starrte auf die Wasseroberfläche und merkte, wie sich seine Eichel erhob und ausdehnte. Schon bald erhob sie sich aus dem Wasser wie das ausgefahrene Sehrohr eines U-Bootes. Er wollte schon ihre Hand erfassen und sie auf den Apparat legen, aber ihm schien, als sei sie inzwischen noch mehr in ihre traurige Angst versunken. Vielleicht war er schuld daran, weil er sie über ihr Intimleben ausgefragt hatte. Also griff er nach der Seife und nahm sich den Waschlappen aus dem Drahtkörbchen, das am Wannenrand angebracht war.

Er rieb mit der Seife lässig über seine Brust und sah zu, wie sich das Wasser verfärbte. Er hätte lieber gehabt, wenn es noch eine Weile sauber blieb, deshalb rieb er sich nur mit dem Lappen und wusch sich den Schaum nicht ab. Er bearbeitete sein Gesicht und den Kopf, ging damit in die Ohren und wischte um die Augen herum. Die Entzündung um das blaue Auge war völlig zurückgegangen, und die Beule am Kopf konnte man kaum noch fühlen. Vielleicht nützten sie nur den Umstand aus, daß der Admiral ein reicher Mann war, und ließen deshalb die vielen Röntgenaufnahmen machen; er glaubte jedenfalls nicht, daß sie nötig waren.

Immer wieder sah er Dawn an. Schließlich meinte er: »Warum gehst du nicht raus hier und weinst dich mal richtig aus? Ich bin bis obenhin voll Mitleid für dich und für mich.«

Sie schüttelte den Kopf: »Ich bin verpflichtet, auf Sie aufzupassen. Der Gipsverband – und dann, daß Sie nicht ertrinken.«

»Ich kann höchstens in deinen Tränen ertrinken.«

Sie sah ihn flüchtig an, und ihr Gesicht wirkte unsagbar traurig. Er streckte den Arm nach ihr aus und schaffte es, ihr Kinn mit den tropfenden Fingern hochzuheben. Sie hatte ein gutes Gesicht. Ein sauberes, typisch amerikanisches Gesicht. Sie war der Typ des Collegelieblings aus jenen Tagen, wo die Studenten diesen Typ noch einfach stehenließen.

»Wie wär's, wenn du mich abwaschen würdest?« fragte er. »Ich schlafe sonst noch ein.«

Sie erhob sich und nahm ihm den Waschlappen ab. Damit rieb sie seinen Nacken und seine Brust. Sie bearbeitete ihn auch unter Wasser und rund um die Achselhöhlen. Dann runter zu seinem Bauch. Schließlich wusch sie seinen heilen Fuß und rings um die freien Stellen seines Fußes, der im Gips war, wobei sie stets darauf achtete, daß er nicht vom Wannenrand ins Wasser rutschte. »Schwerarbeit«, sagte er. Sie nickte, und ein Tropfen Schweiß fiel ihr von der Nasenspitze ins Wasser. »Warum ziehst du dir dafür nicht was Bequemeres an?« fragte er. »Schließ die Tür ab und entspanne dich eine Weile. Schwitz ein wenig von deiner Traurigkeit aus deinen Knochen raus.«

Sie starrte ihn an und schüttelte noch einmal den Kopf. Heute verneinte sie alles. Er hätte ihr 10000 Dollar offerieren können, und sie hätte nein gesagt. Sie fuhr fort, ihn abzuwaschen, hielt sich dabei aber tunlichst von allen Körperstellen fern, vor denen sie sich entsetzen müßte. Er beobachtete sie, bis er seine Ungeduld nicht mehr bremsen konnte.

»Dawn!«

»Was gibt's?«

»Geh und schließ die Tür ab!«

Sie sah in sein Gesicht und wischte sich den Schweiß von der Stirn. Dann erhob sie sich und ging zur Tür. Der Riegel klackte wie ein Schuß.

Als sie sich umwandte, sagte er: »Und jetzt raus aus dem Kittel!« Sie wollte wieder den Kopf schütteln, aber er hatte sie mit seinen Worten empfindlich getroffen. »Zieh dich aus, Baby. Ich werde dir helfen, das

Gift aus deinen Knochen rauszuschwitzen. Los, raus aus den Klamotten!«

Sie schien für einen Augenblick nachdenklich, dann begann sie aber doch, den Kittel aufzuknöpfen. Sie fing am Hals an und ging runter bis zum Saum. Das war ein langer Weg, aber sie schaffte es ohne seine Hilfe.

Sie pellte sich aus ihrem bereits feucht gewordenen Kittel und warf ihn in dieselbe Ecke, wo schon sein Hemd lag. Dann stand sie in ihren weißen Schuhen und im dünnen, weißen Slip vor ihm. Sie trug keinen Büstenhalter, und ihre kleinen Brüste zielten mit ihren rosa Spitzen direkt auf ihn. »So ist es besser«, sagte er. »Und nun zieh auch noch die Schuhe aus.«

Sie streifte sie ab und trat zur Wanne zurück. Wieder nahm sie den Waschlappen, aber jetzt kam sie den Stellen schon näher, die ihn erregten. Er tat so, als sei er völlig entspannt gegenüber ihren Aufmerksamkeiten, und ließ den Kopf nach hinten auf den Wannenrand sinken. Nur sein Henry machte nicht recht mit, der ragte immer noch steil aus dem Wasser. Er zuckte ab und zu, wenn er sein Körpergewicht verlagerte, aber seine Größe und Härte waren einfach nicht zu übersehen. Er spielte sein Versteckspielchen weiter und tat so, als habe er das nicht bemerkt. Trotz des Umstandes, daß sie seinem Befehl gehorcht hatte, war sie so traurig und geistesabwesend wie zuvor. Er schloß deshalb die Augen und ließ sie machen.

Dann fühlte er den Waschlappen, wie er über seinen Bauch streifte. Darauf über seine Beine, die Knie und die Innenseiten der Oberschenkel. Sie arbeitete sich zu seinen Leisten vor. Er machte ein Auge auf und sah, daß sie noch immer bei der Sache war. Sie sah ihn an, ihre Blicke trafen sich, und er lächelte ein wenig. So war's schon besser. »Gut so?«

Er nickte. »Ich fühle mich wie ein König.« Er wußte, daß er die Kronjuwelen zwischen den Schenkeln trug, die sein ganzes Vermögen darstellten.

Er schloß die Augen wieder, und sie wusch jetzt seinen Unterleib. Dabei zog sie immer engere Kreise. Er sog die Luft in die Nase, als sie direkt über seinen Kleinen fuhr. Dann atmete er lang und tief aus.

Er machte die Augen wieder auf und sah ihr zu. Sie blieb immer noch sachlich, als sie seinen Freund anhob, um ihn darunter zu waschen. Dann rieb sie seine Eier und wickelte seinen Sack mit dem Lappen ein, als ob sie Angst hätte, er könnte einreißen oder platzen, wenn sie nicht aufpaßte. Jetzt befaßte sie sich wieder mit seinem Stiel und rieb ihn der Länge nach rauf und runter mit ihrem magischen Tuch ab, bis er seine Nerven zittern spürte. Er konnte sie auf diese Weise nicht länger weitermachen lassen. »Was ist? Was falsch gemacht?« fragte sie, als er sich wand.

»Ich werde offenbar wach. An deiner Stelle würde ich nicht mit geladenen Gewehrläufen herumspielen, es sei denn, du bist bereit, das Risiko zu tragen.«

»Ich will's ja«, gab sie zu.

»Dann raus aus dem Slip und mit'm Hintern rein in die Wanne, Liebling. Aber schnell! Schluß mit dem Herumgeziere!«

Sie ließ den Lappen fallen und zog den Slip aus. Er flog in die Ecke zu den anderen Sachen, während sie sich streckte und vor ihm aufbaute. Sie hatte Hüften, Schenkel und Po, und das war's, was bei ihm zählte. Auch sie kam jetzt in Fahrt, geil genug, um ihre Bildung, ihr Zuhause, ihre Erziehung und ihre Eltern zu vergessen und ihr einstudiertes Getue. Von jetzt an würde Dawn wieder natürlich sein.

Sie stützte die Hände in die Hüften. »Es ist nun deine Sache, mir zu sagen, was ich gern hören möchte«, rief sie ihm zu.

»Du hast eine gute Figur, Dawn. Einen tollen Körper, den jeder Mann stolz wäre zu nehmen. Du hast Beine, Hintern, Hüften, und deine Muschi ist der größte Schatz. War's das, was du hören wolltest?«

»Ja, aber ist das auch wahr?« Sie sah ihn erwartungsvoll an und fuhr fort: »Ich muß wissen, ob es wahr ist. Willst du ehrlich meinen Körper? Geilt es dich mehr auf, wenn du dir vorstellst, daß du mich lieben sollst?«

»Komm in die Wanne, dann werde ich dir's beweisen, verdammt noch mal«, schnaufte er. »Hör endlich auf, herumzustehen und große Reden zu halten. Mach lieber Nägel mit Köpfen, wie man so sagt.«

Sie hob einen Fuß und setzte ihn auf den Wannenrand, und er sah zu, wie sich dabei ihre Muschi freute, so daß er die rosa Lappen sehen konnte. Sie hatte eine hübsche kleine Wiese von braunen Haaren zwischen den Beinen, genug, um das Bild zu vollenden. Sie brachte nun auch das andere Bein ins Wasser und blieb so zunächst stehen, damit er ihr von unten die Beine raufsehen konnte.

Sie hatte glatte Beine und feste, weiße Oberschenkel. Nicht ein Anzeichen von irgendwelchen Knoten, und nur hier und da waren einige kleine blaue Venen auf dem milchigen Fleisch zu erkennen.

Sie stützte wieder die Hände in die Hüften und blickte auf ihn herab, als sei sie eine Göttin auf dem Olymp und er bloß irgendein Sterblicher.

»Setz dich«, brummte er.

Sie ging in die Hocke. Sein Gipsbein lag noch immer auf der einen Kante der Wanne, das andere Bein war von innen gegen die Wanne gestemmt, unter Wasser, aber dazwischen gab es genug Platz für sie. Sie beugte sich vor, preßte ihre Hände an seine Brust und küßte ihn auf den Mund. Sie küßten sich lange Zeit, und der Schweiß tropfte von ihren Gesichtern.

Dann lösten sie sich voneinander. Sie ließ den Waschlappen vollaufen und drückte ihn über seinem Kopf aus. Das heiße Wasser strömte über sein Gesicht und wusch den Schweiß ab. Er tat dasselbe bei ihr. Dann rieb er ihre Schultern und Brüste mit dem Lappen, bis sie überall sauber von Schweiß war. Dadurch, daß sie beide im Wasser waren, war der Wasserspiegel gestiegen. Aber nicht so hoch, daß die Eichel untergetaucht wäre. Die ragte noch immer heraus, und er stellte fest, daß sie ihn ansah. Sie sah ihm ins Gesicht und fragte: »Weißt du, was ich bin?«

»Klar. Du bist eine Bläserin. Von wem hast du diese Praxis gelernt? Nicht, daß ich dich etwa davon abbringen möchte, im Gegenteil!«

Sie schüttelte den Kopf. »Von Rex.«

»Der Kerl war in Ordnung.«

»O ja, Rex hat es geschafft. Er ging vor einigen Jahren weg, und ich glaube, er ist oben in Big Sur mit vielen anderen Hippies.«

»Phantastisch. Aber nun genug gequasselt. Vielen Dank für die Informationen. Weiter, zwoter Akt!«

Sie nahm seinen Henry in ihre Hände und schob die Vorhaut vor und zurück. Wieder stimulierte ihn das sofort. Er lag zurückgelehnt da und genoß jede Phase. Er versuchte alles, es noch etwas zurückzuhalten, damit die Ekstase nicht so schnell vorbei wäre.

Sie tat es viele Male, bis sie ihn losließ. Dann rutschte sie mit den Knien noch mehr zurück, damit sie sich mit ihrem Mund besser über ihn beugen konnte. Sie hielt sich mit gekrümmten Händen an seinen Hüften fest und rutschte mit ihnen weiter über seinen Hintern, bis er in ihren Handflächen zu sitzen kam. Auf diese Weise konnte sie ihn ein wenig anheben. Sie knetete seine Backen, und er unterstützte ihre Bewegungen, indem er seine Hüften hob und senkte.

»Raffiniert, wie?« fragte sie. Ihre schlechte Stimmung war wie weggeblasen.

»Äußerst raffiniert. Du und Tom Edison, beide sehr erfinderisch.«

Schließlich machte sie sich an ihre Arbeit. Sie spitzte die Lippen und ging mit dem Mund runter. Sie küßte die Eichel und öffnete sogleich den Mund, damit sie drübergleiten konnte. Sie machte Fäuste unter seinem Hintern, und auf diese Weise hoben sich seine Backen und Hüften hoch genug, daß sich sein Pinsel ganz in ihren Mund schob. Sie schloß die Lippen über dem Eichelrand. Nun saß er fest.

Er beugte sich vor und griff ihr unter die Arme, bis er ihre Brüste zu fassen bekam. Sie hingen senkrecht aufs Wasser herunter, und er preßte die Nippel, als wären es Wanzen, die man zerquetscht. Sie stöhnte vor Wonne, wenn er sie zeitweilig mit den Nägeln kniff. Dann beugte er sich noch weiter vor und wollte mit den Händen ihren Bauch erreichen. Aber er schaffte es nicht ganz.

Abrupt ließ sie seinen Kumpel los. »Warte mal«, keuchte sie, während sie ihre Lippen am Handrücken abwischte. Dann hob sie ihre Knie an und setzte sich mit gekreuzten Beinen zwischen seine Knie. Sie war nun bereit, die indianische Zauberbeschwörung wiederaufzunehmen. Schnell warf sie noch einen Blick auf seinen Gipsverband, ob er noch hoch lag und trocken war, dann beugte sie sich wieder über ihn.

Sie brauchte wirklich nur Rücken und Nacken zu strecken, um seinen Genossen zu erreichen, aber außerdem hob sie ihn mit ihren Händen noch ein Stückchen höher. Wieder flutschte sein Teil in ihren Mund, und sie fing an, die Eichel mit der Zunge zu umspielen. Diese Masche elektrisierte ihn. Er schnappte nach Luft. Ihre Zunge war rauh wie die einer Katze, und sie zerrte an sämtlichen Nerven, um ihn auf Höchsttouren zu bringen.

»Ahh«, schrie er.

Sie sah auf und versuchte zu lächeln. Aber sein Jungchen war zu groß, und der Schaft färbte sich blaurot, so groß war die Anspannung. Er legte seine ganze Phantasie in diesen Akt hinein. Dasselbe tat Dawn. Sie war gut, wenn sie es noch schneller versuchte.

Sie neigte ihr Gesicht näher zur Wasseroberfläche und streckte die Hände aus, so daß er sich wieder auf dem Wannenboden niederlassen konnte. Das bedeutete, daß sie ihren Körper noch weiter vorbringen mußte, aber sie blieb auch jetzt ihrem Ziel treu. Ihr Gesicht kam noch tiefer runter, und als sein Teil im Wasser verschwand, folgte ihm ihr Mund. Sie atmete durch die Nase, die nur wenig über dem Wasser schwebte, während ihre Lippen ihn unter Wasser bearbeiteten. Er hörte, wie sie tief Luft holte und den Atem dann anhielt, dann sah er, wie ihr Gesicht ins Wasser tauchte. Sie saugte sehr schnell und fest, wobei die Wellen um seinen Knaben herum konzentrisch auseinanderliefen.

Dann kam es ihm. Ohne große Vorankündigung. Sie hatte eben etwas Magisches an sich. Der Samen quoll aus ihm heraus, und sie schluckte alles, den Kopf immer noch unter Wasser. Wenn sie ertrank, hätte er nicht gewußt, wie er es der Direktion und den Behörden hätte erklären sollen. Sich aber darüber jetzt Gedanken zu machen, dafür war keine Zeit. Er warf den Kopf in den Nacken und hielt seine Hände um ihren Kopf gepreßt, während seine Hüften sich stoßweise hoben, wobei er Wellen erzeugte, die fast bis zum Wannenrand hochschlugen.

Sein Gipsbein sackte ab.

Hastig und händefuchtelnd griff sie ins Wasser und hob das tropfende Bein heraus. Im Nu war sie aus der Wanne raus und kam mit einem großen Badelaken angerannt. Damit wischte sie den Gipsverband trocken und untersuchte ihn eingehend. Dann seufzte sie. »Ich will mal annehmen, daß er noch o. k. ist. Aber ich war pflichtvergessen.«

»Pfeif doch was drauf. Du machst dir Gedanken um den Gipsverband. Sag dem Doktor, ich sei damit in den Regen gekommen. Außerdem: Ich schweige wie ein Grab.«

Sie setzte sich auf den Wannenrand, und er klatschte auf ihren Po. Sie hatte das gern und hielt die Hand auf die Stelle, während sie sich zu ihm herabbeugte, um ihn zu küssen. »Ich wünschte, ich hätte dich damals kennengelernt, als ich vierzehn war.«

»Ganz meinerseits«, nickte er zustimmend. »Nur, ich hatte damals eine Schwester.«

Sie lächelte: »Dann habt ihr sicher auch Onkel Doktor gespielt?«

»Ja, so was Ähnliches.«

»Hat's Spaß gemacht?«

»Ja, das war gut an den langen, heißen Sommertagen, wenn wir auf dem Dachboden herumkletterten und uns die alten Kleider unserer Eltern übergezogen haben.« Aber er hatte keine Lust, in Einzelheiten zu gehen. Sonst würde sie doch bloß wieder in ihre komisch traurige Stimmung abgleiten. »Du bist gut für mich, Dawn. Du nimmst dich immer dann meiner an, wenn ich am Überlaufen bin und jede Kontrolle über mich verliere.«

Er hatte sich in der Wanne zurückgelehnt. Sie zog sich ihren weißen Slip über und ihren Kittel. Dann stieg sie in die Schuhe. Sie griff sich ein großes Badelaken und stellte sich vor ihm auf. »Nun denn, Mr. Tinker, ich glaube, jetzt haben wir wohl lange genug gebadet.«

Er schaute sie ungläubig an. »Was ist los? Bist du verrückt? Komm rein, damit wir weitermachen können.«

»Ich weiß nicht, wovon Sie da reden«, sagte sie kurzangebunden. »Doktor Greb hat angeordnet, daß Sie gebadet werden sollen. Und das ist geschehen. Nun ist es Zeit, daß Sie wieder auf Ihr Zimmer zurückkehren. Es ist ja nicht mehr lange bis zum Lunch.«

Er starrte sie an. »Spielen Sie noch oder schon wieder Ihr törichtes Spielchen?«

»Auf!« kommandierte sie und schüttelte das Badelaken zum Zeichen.

Er gab sich einen Ruck und erhob sich. Dann schwenkte er zuerst das Gipsbein über den Wannenrand und balancierte es so, daß er mit dem gesunden Bein nachkommen konnte. Er schwankte ein bißchen, als sie ihn abtrocknete. Sie gab sich den Anschein, nur noch beruflich an ihm interessiert zu sein, aber es kam ihm vor, als verwendete sie mehr Zeit als nötig, seinen Unterleib trockenzukriegen. Und als sein Henry sich wieder versteifte, wandte sie sich ab.

Sie nahm den Schlafanzug vom Tisch und lächelte, als sie ihm half, mit dem Gipsbein in die Hose reinzusteigen und die Strippe um seine Taille festzubinden. Er schlüpfte in die Jacke und knöpfte sie zu. »Herrlich, ein echter Pyjama!« rief er aus. »Du hast dir damit einen zusätzlichen Orgasmus verdient, wann immer du ihn haben möchtest, Liebling!«

Sie tat so, als sei sie schockiert. »Ich bin überzeugt, daß dies unmöglich sein wird, besonders so lange, wie ich im Dienst bin.«

»Nein, nein. Himmel-Arsch-und-Zwirn-noch-einmal«, rief er empört aus, »na ja, schaff mich zurück in die Falle, bevor ich abkratze. Du hast meinen Tank leergepumpt. Mein Öl ist alle. Ich werde mir zum Mittagessen ein Steak genehmigen und mich dann aufs Ohr legen, dann bin ich zum Abend wieder aufgetankt.«

Sie humpelten zur Tür, er lehnte sich an ihre Schultern. Während sie aufschloß, nahm er sich heraus, ihr mit seiner freien Hand in eine Brust zu kneifen, aber sie tat wiederum, als ob sie es nicht bemerkt habe. Er zuckte die Schultern und tat blasiert, als sie auf den Gang traten.

Auf ihrem Weg zum Zimmer 401 kamen sie an La Monique vorbei. Sie ging schnell an ihnen vorüber; alles, was locker an ihr war, wakkelte. Zur Begrüßung wedelte sie mit Röntgenmappen voller Negative.

»Komme später noch zu Ihnen«, rief sie Henry zu. »Wir müssen unser Gespräch über die Bilder fortsetzen.«

Er seufzte und wurde rot. »Los, mach schneller. Schaffen Sie mich ins Bett, Schwester. Ich muß schnell schlafen.«

8

Er hatte sich eine Weile aufrecht hinsetzen wollen, aber er war müde. Verdammt müde. Er hatte innerhalb von nur zwei Tagen verschiedene Sexkontakte hinter sich gebracht, und jetzt war eben der Ofen mal aus. Er wollte liegen und schlafen.

Dawn brachte ihm eine zweite Portion Eier. Danach wollte er, so komisch es klingen mochte, eine Portion Erdbeereis haben, und er bekam sie auch. Schließlich enthielt diese Nahrung viel Energie, und er spürte, wie sie seine Lebensgeister wiedererweckte. Er legte sich hin und nahm noch ein paar von den Pillen ein, die er sich aufgespart hatte. Sein Vorrat ging zur Neige, aber er rechnete sich aus, daß er schon wieder welche kriegen würde, wenn er sie brauchte.

Er hatte sich also gerade zurechtgelegt und die Augen zum Einschlafen geschlossen, als Dawn zurückkehrte. Er tat so, als schliefe er bereits, hielt die Augen zu und atmete tief durch, während sie an seinem Bett stehen blieb. Sie sah wieder so sauber und frisch aus nach ihrem gemeinsamen Bad. Sie beugte sich über ihn und küßte ihn auf die Nase, und als sie sich wieder aufrichtete, ging die Tür auf.

Henry brauchte den Kopf nicht zu wenden, um nachzusehen, wer das wohl sei. Es war eine von den Frauen der Schwesternstation, die er draußen auf dem Gang gesehen zu haben sich erinnerte. Er wußte zwar ihren Namen nicht, aber er erkannte sie an ihrem blondgelockten Haar. Sie sah nicht schlecht aus, aber sie war irgendwie merkwürdig; ihre Augen flackerten unruhig, als sei sie ständig auf der Flucht. Sie kam rein mit einem Notizblock in der Hand. Zunächst krauste sie bei Henrys Anblick die Stirn, lächelte dann aber Dawn zu. Sie trat ans Bett und flüsterte. Henry konnte sie verstohlen beobachten, während sie glaubte, er schliefe. Sie hatte eine kräftige Figur. Greb hatte wohl seine Frauen wegen ihrer Standfestigkeit und Ausdauer eingestellt. Ihre Brüste wollten aus der Schwesterntracht heraus, und ihre Hinterbacken füllten die rückwärtige Partie so vollkommen aus, als sei sie eine zweite Haut in weißer Farbe. Auch die Oberschenkel zeichneten sich unter dem Stoff ab.

Sie flüsterte immer noch, ihren Mund nahe an Dawns Ohr. »Aber, Liebling, ich muß nun einmal ganz genau wissen, wann er hier eingeliefert wurde. Wenn das vor Mitternacht war, dann müssen wir ihm einen Extratag in Rechnung stellen. Wenn erst nach Mitternacht, dann wird's weniger. Kapiert?«

Dawn sah über die Schulter nach Henry, und in diesem Moment entschloß er sich, einen langen, durchgehenden Schnarcher von sich zu geben. Es klang überzeugend. »Du brauchst nicht zu flüstern«, erklärte Dawn mit süßem Lächeln. »Er schläft fest.«

Dawn wußte nicht, daß ihn die Pillen viel stärker wach hielten, als es eigentlich sein sollte. Sie verließ sich darauf, daß das heiße Bad und der Sex ihn so ermüdet haben mußten, daß er für etliche Stunden in tiefen Schlaf sinken würde. »Nun«, bohrte die Blondlockige, »um welche Uhrzeit wurde er eingeliefert?«

Sie schien sich über die Anwesenheit Henrys total hinwegzusetzen und lächelte Dawn voll an. Sie trat erneut auf die Kollegin zu und ließ den Block sinken. »Abgesehen von dieser Frage, beantworte mir jetzt mal folgende, du treulose Tomate. Wo hast du dich so lange versteckt? Es ist jetzt fast eine Woche.«

Dawn warf erneut einen prüfenden Blick auf Henry. Er war überzeugt davon, wie schlafend zu wirken. Total weggetreten. Sie wandte sich beruhigt der Blonden zu. »Es tut mir leid, Stephanie, aber ich hatte schrecklich viel zu tun. Ich muß mich fast die ganze Zeit um diesen Patienten hier kümmern, denn sein zukünftiger Schwiegervater wünschte nur die beste Pflege für ihn. Greb schickt mich andauernd hierher.«

Stephanie rümpfte abschätzend die Nase, als sie Henry betrachtete. »Ich hab' nicht das Gefühl, daß mit dem viel los ist. Der hat doch gar nichts. Und die vielen Haare. Was ist er denn? Sicher auch nur so 'n Hippie!«

»Ich weiß nicht. Ich glaub' ja gern, daß er Hippie oder Student ist. Aber ich meine, sonst ist er schon in Ordnung.« Da hast du deine Quittung, Stephanie, dachte Henry. Eins zu Null für mich.

»Ich hätte nicht geglaubt, daß du eine alte Freundin so schnell vergessen würdest«, fuhr Stephanie fort. Sie ließ schmollend die Unterlippen hängen, aber das machte sie nicht hübscher. Sie sah aus wie ein

Stahlarbeiter, der gegenüber seinem Vormann eine Lippe riskiert. »Bin ich denn nicht nett zu dir gewesen?«

»Aber selbstverständlich, Stephanie. Es ist nur...«

Stephanie drehte Dawn den Rücken zu und marschierte zum Fenster, wobei sie den Block an ihre Brust drückte. Henry sah, wie das Licht durch ihre Schwesterntracht hindurchschien. Sie hatte Kraft in ihren Muskeln. Nur, worum drehte es sich hier? Sie schien eifersüchtig zu sein.

»Ich glaube, ich bin dir über, und du magst mich nicht mehr.« Sie schnaubte vernehmlich durch die Nase. »Ich habe versucht, dir eine gute Freundin zu sein, ich habe dich getröstet, wenn du einsam warst. Wie oft haben wir uns beide von der Arbeit weggestohlen in die Wäscherei? Wie oft habe ich versucht, wie eine große Schwester zu dir zu sein?«

»Stephanie!«

»Nein, laß nur, das macht nichts. Hab ruhig dein Vergnügen mit ihm, wenn's dir Spaß macht. Du weißt ja, wie schnell sich so was rumspricht. Alle wissen, was sich in Grebs Abteilung tut. Offenbar hat dieser Tinker euch alle mit seiner ins Wasser gefallenen Hochzeit um den Finger gewickelt. Ich schätze, der nutzt seine Lage weidlich aus. Ihm macht's Spaß, wenn möglichst viele von euch zu ihm ins Bett kriechen.«

»Stephanie!« Dawn tat so, als sei sie schockiert.

Selbst Henry war ein bißchen schockiert, und er hoffte nur, es werde ihm gelingen, noch weiter die schlafende Unschuld zu spielen. Dawn hatte offenbar was mit diesem Weibsstück. Er erinnerte sich an das, was sie ihm über ihr trauriges Zuhause berichtet hatte. Spielte Stephanie immer dann Lückenbüßerin, wenn auf Zimmer 401 mal kein williger Patient lag?

Dawn trat zu ihrer Kollegin ans Fenster. Henry öffnete die Augen einen winzigen Spalt und konnte die ganze Szene in sich aufnehmen, denn sie waren beide in Sonnenlicht getaucht, das zu dieser Morgenstunde durch das östliche Fenster eindrang. Dawn berührte Stephanie an der Schulter. »Bitte, sei mir nicht mehr böse!«

Stephanie wandte sich rasch um, ihr Block flog zu einem Ledersessel. Dawn tat einen Schritt zurück, ein wenig erstaunt wegen der weitaufgerissenen Augen der Kollegin. »Wieso sollte ich denn böse sein? Es liegt doch alles an dir, Liebling!«

»Du... Ich meine...«

Stephanie berührte Dawns Wange, und ihre Finger glitten hinab zu

228

ihrem Kinn. Für einen Moment packte sie hart zu und riß ihr den Mund auf. Dann stürzte sie sich regelrecht darauf und küßte sie fest auf den Mund. Sie drehte ihr Gesicht weg.

»Wer kann es besser, er oder ich?«

Dawns Stimme klang belegt. »So darfst du nicht fragen.«

»Warum denn nicht? Ich will dich und will dich noch immer. In der Liebe und im Krieg ist alles erlaubt, wie wir wissen. Ich möchte gern erfahren, warum du nicht zu mir hältst und bei mir bleibst, damit ich mich um dich kümmern kann.« Sie lächelte wie ein gefallener Engel. »Wenn du doch bloß zu mir in meine Wohnung ziehen würdest und von zu Hause weggingst! Du könntest deine und meine Abende verschönern, Nacht um Nacht.«

»Was... willst du von mir?« Dawn schien wie erstarrt, als sie in Stephanies ausdrucksloses Gesicht blickte.

»Nichts – überlaß das alles ruhig mir.«

Sie küßte Dawn noch einmal. Dann glitt sie mit den Händen über Dawns Rücken und tastete die Wirbelsäule hinab. Dawn riß sich von ihr los und schnappte hörbar nach Luft. »Nicht hier«, zischte sie mit einem Blick auf Henrys Bett.

»Warum denn nicht? Du sagtest doch vorhin, er schlafe wie ein Stein. Ich wage zu behaupten, der hatte soviel Sex, der muß doch völlig am Boden zerstört sein. Gibst du ihm denn keine Pillen, damit er wirklich schläft und nicht vor Ermüdung nervös wird?«

Dawn schüttelte den Kopf. Stephanies Finger spielten bereits an ihrem Steißbein. Dann rutschten ihre starken Hände tiefer und hielten ihre Pobacken umfaßt. Sie knetete sie und machte sich in der Kerbe zu schaffen. Dawn gurgelte vor Lust und wehrte sich nur schwach. Sie schlug Stephanie mit den Fäusten auf die Schultern. Aber es war nur ein symbolischer Protest.

Sie rollte den Kopf im Nacken und schloß die Augen. Stephanie saugte sich an Dawns Hals fest, und zwar so laut, daß selbst Henry das saugende Geräusch wahrnehmen konnte. Dawn stöhnte und grub sich tief in die Schultern ihrer Freundin ein, um Halt zu finden. Stephanie hob Dawn an ihren Hinterbacken an, und Dawn folgte dieser Bewegung, indem sie sich auf die Zehenspitzen stellte.

»Oh, das geht mir durch Mark und Bein!«

»Das ist ja der Zweck der Übung, Liebling.« Stephanie flüsterte und murmelte mehr zwischen den Zähnen, weil sie sich am Kragen ihrer Schwesterntracht vorbeiarbeiten mußte.

Plötzlich befreite sich Dawn mit einer heftigen Bewegung von ihr, trat zurück und glättete ihre Tracht. »Jetzt ist es genug. Wir sind hier Krankenschwestern im Dienst, vergiß das bitte nicht!«

»Ach, das wußte ich noch gar nicht«, gab Stephanie ironisch zurück. »Weshalb mag ich wohl die Schwesternschule besucht haben? Ich wußte, daß man in diesem Beruf jede Menge Lesben finden würde, und ich hatte recht. Es war ein Dasein wie im Himmel – bis jetzt. Nur daß dieser blöde Knilch Greb die meisten von ihnen aus seiner Abteilung gefeuert hat. Ausgenommen mich und dich, sofern ich dich nur zu Verstand bringen könnte.« Sie seufzte und spielte mit ihrem Haar. »Wenn das so weitergeht, werde ich wahrscheinlich wieder in die Armee zurückkehren müssen.«

Dawn hob ihr Kinn. »Ich mag es aber trotzdem nicht. Es ist schmutzig. Es ist unnatürlich.«

»Was ist natürlich und was unnatürlich auf dieser Welt, Süße?« fragte Stephanie, um die Pause zu überbrücken.

Dawns Adamsapfel arbeitete heftig, als Stephanie anfing, ihr den Kittel aufzuknöpfen. Sie machte drei Knöpfe auf und faßte in ihren Büstenhalter hinein. »Du hast zwar nicht die größten Brüste der Welt, Liebling, aber ich liebe dich trotzdem. Das mußt du mir schon zugute halten. Ich habe festgestellt, daß einige Praktikanten und Krankenwärter Witze über sie gemacht haben – besonders im Vergleich zu denen der Grabowski oder der Mitternachtskuh Lundblad. Ich glaube, du hast ein paar sehr nette, kleine Knospis.«

Dawn senkte den Blick. »Ich danke dir«, flüsterte sie wie ein Kind. Henry überlegte, ob sie wohl auch einen Knicks machen würde.

Stephanie versuchte, wieder in den Sattel zu steigen, indem sie die Brust streichelte und sich dann runterbeugte, um sie zu küssen. Dawn seufzte, die Hände auf den blonden Locken ihrer Freundin. Stephanie streichelte und küßte abwechselnd und immer wieder. »Du bist wirklich lieb zu mir«, sagte Dawn.

»Klar bin ich das, Liebling. Ich weiß, wie scheußlich es sein kann, und ich bin immer für dich da, wenn du einsam bist.« Sie stieß mit der Zunge an die Warze, und Dawn erzitterte. »Wenn du nur zu mir nach Hause kämst – wir würden nie mehr einsam sein.«

»Nein. Das würde nicht recht sein. Ich . . . ich tu das nicht gerne. Ich meine . . . ich mag es wohl gern, aber ich versuche, damit aufzuhören. Es ist nicht natürlich. Ich möchte normale Beziehungen mit Männern haben. Verstehst du?«

»Ich höre zwar, was du sagst, aber ich verstehe nicht. Es ist natürlich, daß Menschen lieben und geliebt werden, ob nun die Geschlechter gemischt sind oder nicht. Ich ziehe es vor, mein Geschlecht zu lieben, Frauen von deiner Sorte, Liebling.« Wieder flutschte sie mit der Zunge über Dawns Brust, und Dawn erzitterte. Stephanie wühlte und zerrte so lange, bis sie auch die zweite Brust in der Hand hielt. Sie hob sie hoch ins Sonnenlicht. Sie waren beide sehr weiß, aber die Brustwarzen waren blutrot. Sie küßte die zweite und auch die Perle, bis diese so aufrecht stand wie ihre Zwillingsschwester. Dawn erschauerte und zuckte zusammen, als hätte sie Faustschläge in Bauch und Unterleib erhalten.

»Oh – oh!«

Sie hielt sich an Stephanies Ohren fest, und der Mund in deren ausdruckslosem Gesicht sog schmatzend wie ein Schweinejunges. Henry konnte das Schlürfen an Dawns Warzen bis zu sich hin hören. Der Speichel rann ihr die Brüste herab und befeuchtete ihre Schwesterntracht. Henry hatte Mühe, ruhig liegen zu bleiben. Seine Erregung war so groß, daß er am liebsten aufgesprungen wäre, um mitzumachen.

Dabei fiel es ihm natürlich immer schwerer, sich schlafend zu stellen. Sein Henry stand ihm und pochte gegen die Bettdecke. Mit einem tiefen Seufzer wälzte er sich auf die Seite, und die Frauen hielten einen Moment still. Dann seufzte er noch einmal, so als sei er tatsächlich in tiefem Schlaf. Auf diese Weise hatte er wenigstens sein Zelt ihren direkten Blicken entzogen. Er hielt seinen Freund fest, damit er sich nicht selbständig machte und ihn schließlich doch verraten könnte.

»Du, das ist zu gefährlich, Stephanie«, flüsterte Dawn atemlos, aber in ihren Worten lag kein Anzeichen von Widerstand mehr.

»Das Leben ist immer gefährlich, Liebling«, brummte Stephanie mit vollem Mund an Dawns linker Brustwarze. Ihre Worte klangen breiigweich.

Sie küßte immer noch ihre Brüste ab, dabei glitten ihre Hände tiefer über Dawns Rippen. Dawn kicherte. »Du, das kitzelt!«

Stephanie hatte die Rippen erreicht und hielt sie fest. Dann glitten ihre Hände rund um ihren Körper zurück zu ihrem Hintern und umfaßten erneut ihre festen Pobacken. Auf diese Weise schob sie Dawns ganzen Körper rauf und runter. Die weichen Brüste drückten sich wie Kissen rund um Stephanies Gesicht. Sie glitt nun mit den Lippen dazwischen, in das Tal, den Buseneinschnitt.

»Ah, diese herrlichen Kissen!«

»Du sagtest doch vorhin, ich sei platt wie ein Bügelbrett«, flüsterte Dawn.

»Nicht, wenn du erregt bist. Das ist es eben, was die Boys nicht von dir wissen. Du schwillst hier ganz schön an.«

Dawn schüttelte sich und verlor die Beherrschung. Sie legte die Hände auf Stephanies Schultern. »Ich glaube jetzt wirklich, daß es genug ist. Wenn nun wer reinkäme, oder der da würde aufwachen...?«

»Hör doch endlich auf, dir Gedanken zu machen! Was kann denn schon passieren? Alle in dieser Abteilung sind für Sex zu haben – so oder so. Greb hätte kaum was dagegen.«

»Er mag keine Lesbierinnen.«

Stephanie erstarrte. Sie ließ die Kugeln los und auch die Pobacken und hob den Kopf. »Nenn mich nicht so! Auch wenn ich tatsächlich eine wäre – ich mag solche Etiketten nicht. Nenn mich meinetwegen eine erfinderische Geliebte, eine Frau mit besonderer Phantasie oder einfach nur jemand mit einer anderen Kontaktmethode. Aber drück mir um Gottes willen keinen Stempel auf! Das liebe ich nicht.«

»Es tut mir leid, Stephanie!«

»Ich nehme deine Entschuldigung an.«

Henry sah neugierig und erstaunt zu. Er hatte das Gefühl, in der vordersten Reihe zu sitzen und einem unzüchtigen Theaterstück zuzusehen. Sie waren Schauspielerinnen, die ihren Text einübten.

Dawn steckte gerade ihre Pracht wieder in den BüHa, als die Tür aufging. Schnell wandte sie dem Zimmer den Rücken und knöpfte hastig ihren Kittel zu, während Stephanie ihren Block ergriff und sich geschäftig gab.

»Nun gut, also, Miss Johnson. Wenn er erst fünf nach zwölf eingeliefert wurde, dann können wir ihm nicht noch einen extra Tag in Rechnung stellen. Sehen Sie die Sache nicht auch so?«

Dawn strich ihren Kittel glatt und wandte sich um. »Ja, das scheint mir völlig klar, Miss Bell.«

Es war eine Schwesternhilfe, die eingetreten war. Sie war noch ziemlich jung, eine von den Schülerinnen. Sie blickte abwechselnd zu den beiden Frauen und dann zum Bett hinüber. Henry war ziemlich aufgegeilt von der Vorstellung, die ihm die Frauen gewährt hatten. Er preßte seinen Ständer fest zwischen die Beine.

»Was gibt's denn?« fragte Stephanie das Mädchen barsch.

»Besuch für Mr. Tinker, Schwester. Eine Miss McIver, Sie wissen, seine Verlobte.«

Stephanie nickte. »Ich habe davon gehört. Aber er schläft ziemlich fest. Wir können ihn jetzt unmöglich aufwecken, damit er Besucher empfängt.«

Dawn schaffte es, sich wieder zu fangen, wenn auch ihre Wangen noch rot übergossen waren. »Ganz richtig. Sie darf jetzt nicht rein. Vielleicht möchte sie warten, bis er aufwacht.«

Henry seufzte und drehte sich auf den Rücken, wobei er seinen Ständer fest an den Bauch preßte, damit es kein Zelt gab unterm Betttuch. Er verzog die Nase, öffnete die Augen und blinzelte, als wüßte er nicht, wo er im Moment sei. »Was ist los?« brummte er.

Die drei Frauen traten an sein Bett, und sein Kumpel zuckte wieder. Er hätte sie am liebsten ins Bett gezogen. Aber Stephanie beherrschte noch immer die Szene und sagte: »Miss McIver ist da. Kann sie reinkommen? Es ist zwar keine Besuchszeit, aber sie ist ja Ihre Braut, da wollen wir mal nicht so sein.«

»Ja, natürlich.« War er eigentlich wach? In seinen Ohren summte es, so erregt war er. Die Flitterwochen kamen ihm in den Sinn. Die waren ihm durch die Lappen gegangen. Er dachte an die Szene, deren Zeuge er eben gewesen war. Er fühlte seinen heißen zuckenden Micki zwischen den Fingern. Ob er Pam sehen wollte? Was für eine Frage!

»Bis sie hier ist, bin ich ganz wach«, murmelte er, als ob er immer noch verschlafen sei. »Wie spät ist es eigentlich?«

»Kurz vor elf«, sagte Dawn und zog sein Laken am Fußende zurecht. »In einer Stunde gibt es Mittagessen, also können Sie aufbleiben. Wir sagen Miss McIver Bescheid, daß sie reinkommen darf.«

Er nickte und hob den Kopf, weil sie sein Kissen noch aufschütteln wollte. Dann wandte sie sich an die beiden anderen. »Gehen Sie jetzt, bitte, damit ich ihn zurechtmachen kann.«

Die junge Schwesternschülerin tänzelte aus dem Zimmer, und Schwester Stephanie warf einen heißen Blick auf ihre Freundin. »Wir werden das Geschäftliche später erledigen, Miss Johnson. Sie wissen ja, wo ich zu finden bin.«

Dawn blickte nur kurz zu ihr rüber, als sie das Zimmer verließ. Dann drehte sie sich um und sah Henry prüfend an. Ihre Augen wanderten an ihm rauf und runter und über das Bett hinweg, dann legte sie die Stirn in Falten. »Haben Sie wirklich geschlafen?«

»Warum? Ist denn das so wichtig?«

Ihre Augen wurden weit. »Für mich ist es sehr wichtig. Also, haben Sie geschlafen oder nicht?«

Henry schien verärgert. »Lassen Sie meine Braut reinkommen. Ich bin nicht in der Stimmung, tiefsinnige Gespräche zu führen.«

Verärgert wandte sie sich ab und ging zur Tür hinaus. Sie machte kleine Trippelschritte, so als kneife sie ein zu enger Slip.

Er legte sich ins Kissen zurück, und während er auf Pam wartete, dachte er darüber nach, wie und mit welchen Mitteln er Dawn helfen könnte. Oder sollte er sie ihrem Schicksal überlassen und nichts tun?

9

Er stopfte sich noch mal sein Kopfkissen im Rücken zurecht und setzte sich etwas mehr auf in seinem Bett, als das amerikanischste aller Mädchen ins Zimmer trat. Sie war ein herzerfrischender Anblick, wie am ersten Morgen, in ihrem teuren, kleinen Nichts von Kleid, das ärmellos war. Ihre Arme waren sonnengebräunt und zart, ebenso ihre Beine und ihr vollendet geschnittenes Gesicht.

Sie war einfach elegant, es war nichts verkehrt an ihr – abgesehen von ihrer Familie, die fiel ihm auf die Nerven. Er beobachtete sie beim Näherkommen, er mochte das Schwingen und Wiegen ihrer Hüften, ihren flachen Leib und das leichte Wippen ihrer Brüste. Sie gehörte ihm, bis jetzt wenigstens. Als er sie zuletzt gesehen hatte, bestätigte sie es ihm. Er fragte sich nur, ob ihr Vater nicht dazwischengefunkt und sie beeinflußt hatte.

Sie beugte sich übers Bett, noch ein wenig außer Atem, und hielt seine Wange fest, um ihn zu küssen. Sie richtete sich wieder auf, und er betrachtete mit Besitzerstolz ihr schönes Profil: einfach toll!

»Hm!« rief sie aus. »Heute morgen riechst du aber viel besser als gestern. Wie kommt denn das?«

»Ich habe ein langes, heißes Bad genommen. Das tut immer Wunder. Dann habe ich wirklich gut gegessen und Medikamente bekommen, die mich auf Zack bringen sollen. Ein Schuß am Morgen, und ich bin den ganzen Tag auf Draht.«

Sie setzte sich auf den Bettrand, und er legte die Hand auf ihr nacktes Knie. Dank den Modeschöpfern für den Mini! Möge er sich noch lange behaupten! Sie sah auf seine Hand herab und streichelte wieder seine Wange.

»Einen neuen Schlafanzug hast du auch? Gefällt mir. Doktor Greb ist gut zu dir.«

»Er ist sehr aufmerksam.«

»Wie geht es dir nun wirklich, Liebling? Hat man dir etwas über deinen Zustand mitgeteilt?« Sie warf einen verärgerten Blick in Richtung Tür. »Mir wollte man nichts sagen, nur: dein Zustand sei so, wie man das erwarten könne. Wie gut ist denn das, was man bei dir erwarten darf?«

Er lachte, als habe er ihr wirklich zugehört. Tatsächlich war er immer noch schrecklich geil, und sein Ständer, den er zwischen die Beine geklemmt hatte, um ihn zu verbergen, wollte wieder hoch. Er brauchte sie, aber er wollte sie keineswegs schockieren oder vergraulen wie am Vortag. »Ich fühle mich prima, Kleines, und ich habe dich sehr nötig. Verstehst du das?«

Wieder beugte sie sich vor und küßte ihn; er nahm die Gelegenheit wahr und ließ dabei seine Hand vom Knie her den Oberschenkel hochwandern. »Natürlich tu ich das, Liebling. Was glaubst du, wie ich mich des Nachts fühle, wenn ich allein im Bett liege und mir dabei vorstelle, wie es wäre, wenn wir zu zweit drin lägen. Ach, Henry!«

Er packte sie fester am Schenkel, und sie unterbrach ihren Kuß, um auf seine Hand herabzublicken. »Sei vorsichtig, Liebling«, flüsterte sie. »Wie sieht das aus, wenn uns jemand überrascht? Eine Besucherin, die mit einem Patienten im Krankenbett Geschlechtsverkehr ausübt?« Sie kicherte bei dieser Vorstellung, und er lächelte ebenfalls über seine harmlose Verlobte. »Es wäre wohl ein historischer Augenblick, eine Art Premiere für das Southwest Doctors' Hospital.«

»Zweifellos«, murmelte er leise und spielte weiter an ihrem Schenkel herum. »Ich muß dich haben, Kleines. Ich bin halb verrückt geworden, als mir in diesem Bett zum erstenmal klar wurde, daß die Hochzeit verschoben werden muß. Ich hatte mich schon auf unsere Hochzeitsreise eingestellt.«

Sie nagte an der Unterlippe, und ihre Augen füllten sich mit Tränen. »Mir ging's nicht darum, Henry. Du kannst es nicht wissen, wie sehr du mir vergangene Nacht gefehlt hast.«

»Sag's mir noch einmal. Besser noch: Zeig's mir!«

»Nein. Das geht doch nicht.« Sie hustete hinter ihrer weißbehandschuhten Hand, dann fing sie an, die Handschuhe auszuziehen, jeweils einen Finger nach dem anderen. »Daddy macht sich Gedanken darüber, was werden wird.«

»Du meinst mit den Krankenhausrechnungen?«

Sie schüttelte den Kopf, und ihr weizenblondes Haar flog herum. »Nein. Wenn du hier raus bist. Neuer Hochzeitstermin und dies und das ...! Er hat Angst, wir verschwinden einfach so. An sich hast du ja ihm gegenüber noch nichts gesagt. Wolltest oder konntest du nicht?«

»Ja, ich weiß das leider nur zu gut«, sagte er nicht ohne Sarkasmus. »Und du? Machst du dir auch Gedanken um die Zukunft?«

Sie sah ihm direkt in die Augen, und er fühlte, wie er in dem Blau ihrer Augen schwamm und unterging. Er hatte plötzlich das Gefühl, ihm würde gleich einer abgehen, und alles ins Bett – schade um die schöne Ladung! »Nein, ich glaube nicht, daß ich Angst habe. Ich vertraue dir ... und mir auch. Wir werden schon das Richtige tun.«

Er atmete tief durch. »Komm, wir wollen das Richtige jetzt schon tun.«

Sie zog die Stirn in Falten und hob den Kopf: »Und das wäre?«

»Geh mal hin, schließ die verdammte Tür ab und dann komm zu mir ins Bett. Ich brauch dich dringend.«

Sie nahm es auf, als habe er ihr eben aus der Bibel vorgelesen, und sie wägte seine Worte ab, als ob sich hinter ihnen vielleicht eine innere Bedeutung verberge, die aber nicht vorhanden war. Ihn hatte es ganz einfach gepackt – es mußte jetzt sein. Er wollte, daß dieses herrliche Geschöpf einfach zu ihm unter die Decke kroch und daß er von ihr Besitz ergriff. Es wäre herrlich. Nichts einfacher als das.

Sie stand auf, ging zur Tür und drehte den Schlüssel herum. Das Geräusch gab ihm das Gefühl, zu Hause zu sein. Dann stellte sie sich vors Bett und stemmte die Hände in die Seiten. Mit elegantem Schwung warf sie die Handschuhe auf den Nachttisch. »Du hast recht, Henry. Tun wir, was wir beide nötig haben. Es ist nicht gut, wenn wir's noch weiter hinausschieben.« Sie kräuselte die Stirn. »Aber bist du auch schon in der Lage, das ... zu tun?«

Er stellte fest, es fiel ihr immer noch schwer, die Dinge beim Namen zu nennen. Er nickte. »Nach sechs Wochen Wartezeit klappt's bestimmt.«

»Du meinst, trotz Unfall und so? Du hast mir noch gar nicht erzählt, wie es mit deinem Fuß und den Röntgenaufnahmen ist.«

Da erinnerte er sich an La Monique und an den Röntgenraum. »Ein Spezialist wird sich morgen meine Aufnahmen ansehen, aber ich glaube, der Knöchel ist das einzige, was repariert werden muß. Es sticht dort manchmal, aber mehr spüre ich wirklich nicht.«

»Stiche bedeuten, daß es heilt.«

Nun Schluß mit der Fragerei und hopp ins Bettchen, wollte er losballern, aber er brummte lediglich: »Ich fühle mich kräftig und ausgeruht, Kleines. Wenn du nur zärtlich zu mir bist!«

Sie ging im Zimmer hin und her und rang die Hände, dann trat sie ans Fenster und sah hinaus in den sonnigen Sommertag. Er betrachtete ihr scharfgeschnittenes Profil, und sein Henry wurde steifer. Er wollte schon aus dem Bett hüpfen und ihr hinterhergehen, als sie sich umdrehte und zu ihm kam. »Gut, Liebling. Ich fühl's, der Zeitpunkt ist da.«

»Na, das finde ich aber schön!« Er fühlte mit einer Hand, daß er am ganzen Körper feucht war vor Erregung. Sie tat einen Schritt vom Bett weg und fing an, sich auszuziehen. Es war, als bereite sie sich auf ein heiliges Ritual vor. Sie nahm eine Spange aus ihrem Haar, und es fiel offen und locker wie ein Wasserfall auf ihre Schultern herab. Sie beugte sich vor und langte nach hinten zwischen ihre Schultern, um den Reißverschluß aufzuziehen. Sie zog, und er öffnete sich bis zum Po. Als sie sich auszog, leuchteten die weißen Bänder ihres BeHa auf, und dann tauchte der ebenso weiße Slip auf.

Bei jeder anderen hätte diese einfache Unterwäsche blöde gewirkt, doch sie machte Pam nur noch begehrenswerter. Sie war keine Jungfrau mehr, selbstverständlich nicht, aber ihre ganze Persönlichkeit ließ sie trotzdem so erscheinen. So war sie immer für ihn, wenn sie zusammenkamen. Er hatte sie ein paarmal in Stanford gehabt. Ein- oder zweimal, als sie ihn in Berkeley besucht hatte, aber die Gelegenheiten waren doch zusammengerechnet spärlich gewesen, weil immer zu viele um sie herum gewesen waren.

Sie streifte das Kleid von den Schultern und schüttelte es über die Hüften nach unten. Dann schlüpfte sie aus ihren weißen Schuhen, nahm das Kleid vom Boden und legte es über einen Stuhl. Sie blieb vor Henry stehen, damit er sie gründlich betrachten konnte, denn er hatte sie ja wochenlang nicht mehr so gesehen.

Ihr Körper war fehlerlos. Ein einziges Goldbraun. Sie war eine südkalifornische Frau im erregendsten Sinne des Wortes. Groß, sexy, makellos. Ein Mensch, der sich gern und viel im Freien bewegt. Schöner als die Frauen der übrigen Teile des Landes, wegen der Art und Weise, wie sie lebte, spielte und das Leben genoß.

»Willst du mich?« Sie fragte das mit zurückgehaltenem Atem, so als wären sie beide noch Kinder und spielten auf dem Heuboden.

Er grunzte wohlig und preßte seinen immer noch zwischen die Beine geklemmten Geilowitsch. Er versuchte, die Knie über ihm zu schließen, aber das Ding schnellte wie eine Stahlfeder wieder raus und schlug gegen das Bettuch. Ihre Augen erfaßten seine Bemühung und sie lächelte. »Ich glaub's dir.«

»Kannst du auch«, bestätigte er.

Sie drehte sich und faßte hinter sich, um ihren Büstenhalter zu öffnen. Ihre Finger fummelten nervös und etwas irritiert eine ganze Weile an dem Verschluß herum, bis sie ihn endlich auf hatte. Die Enden fielen herab. Sie preßte die Ellbogen seitlich an den Körper.

Sie drehte sich wieder herum, und dann hob sie, langsam und mit Bedacht, ihre Ellbogen an. Die Wäscheteil-Enden lagen über ihren Armen. Als sich ihre Ellbogen hoben, entglitt ihr das Stück Stoff. Es fiel mit einem leisen Geräusch zu Boden. Sie lockerte ihre Ellbogen, um sich für ihn in Positur zu stellen.

Man hätte sie eigentlich in Holz schnitzen und als Galionsfigur an einem Segelschiff anbringen können – so klassisch waren ihre Proportionen. Ihre Brüste waren ebenso makellos wie alles übrige an ihrem Körper. Sie waren ebenso vollständig goldbraun, und er konnte sich in seiner Phantasie ausmalen, wie sie sich sogar in der Abgeschiedenheit ihres eigenen Hauses, vielleicht im Patio der McIvers, an langweiligen oder einsamen Nachmittagen gesonnt haben mußte.

Die Knospen waren hellrosa und ganz klein, ihre Brüste wurden voller, während er sie betrachtete. Sie hoben sich, und die Warzen stellten sich auf. Es war ihm bisher nie so aufgefallen, daß sein Betrachten sie derart erregt hatte.

»O. k.?«

»Ehrlich«, gestand er lächelnd. »Aber nun komm und mach schon. Es ist 'ne große Show, aber . . .«

»Die Königin-Jungfrau treibt man nicht so an«, scherzte sie.

Er übte sich weiter in Geduld und versuchte erneut, seinen Prügel in die Gewalt zu bekommen. Er war wie ein Feuerwehrschlauch, der unter zu hohem Druck steht und sich den Händen zu weniger Feuerwehrmänner entwindet. Aber er gab nicht auf.

Sie schritt um sein Bett und lief für ihn Parade. Es war auf ihre Weise eine Art Liebestanz. Ihre Brüste schaukelten niedlich. Sie waren jung und fest, und er war überzeugt, daß sie noch eine ganze Weile so bleiben würden. Er klebte mit seinen Augen regelrecht an ihrem Körper. In dem Rhythmus, wie ihr Bauch atmete, zog sie ihn ein, und vom

Fenster her spielte das Tageslicht um ihren Nabel. Ihre Beine waren lange, schlanke Stämme, die sich auf wunderbare Weise bis zu ihren Füßen hinab verjüngten.

Bald kehrte sie jedoch wieder ans Bett zurück und griff sich an die Hüften. Ihre Finger spielten mit dem Gummiband des Slips. Stückchen um Stückchen schob sie das Gummiband und danach auch das durchscheinende Material des Slips über Hüften und Schenkel. Sie rollte den Stoff tiefer, bis ihr Unterleib in Sicht kam und darauf das erste blonde Schamhaar auftauchte. »Ah...!« Er fuhr zusammen und wurde sich bewußt, daß er es gewesen war, der den Ausruf getan hatte.

Er schluckte aufgeregt und richtete sich im Bett mehr auf, während sie ihr Ritual fortführte. Bald schon wurde der Slip über ihre Muschi gerollt, und der Wald von Schamhaar kam in Sicht. Er erblickte das goldene Dreieck scharfumrissen, und nun konnte er auch bis zu ihren Vaginalippen hindurchsehen. Sie breiteten sich unbedeckt vor seinen Blicken aus.

Sie machte halt und bot sich ihm dar, die Beine über Kreuz. Sie war wie ein erotisches, aber sehr klassisches Modemodell. Er nickte zustimmend, aber es gab für ihn nichts zu sagen. Er wollte den Akt durch Redereien nicht noch mehr hinauszögern. Wenn sie bloß endlich ihren Podex zu ihm unter die Bettdecke stecken würde, ehe seine Rakete von selbst losging!

Sie rollte den Slip bis zu den Knien runter und noch tiefer, bis sie endlich aus ihm rausstieg. Dann warf sie ihn zu ihren übrigen Kleidungsstücken auf den Sessel, hob den Büstenhalter auf und legte auch ihn sorgfältig zur Seite. Wieder schritt sie einmal ums Bett, und je schneller sie sich bewegte, um so mehr schaukelten ihre Glocken. Er wußte, daß auch sie scharf war. Sie brauchte seinen Kerl, nun warum nicht? Das Leben hatte es ihr auch nicht gerade leichtgemacht. Er wußte, sie hatte sich nicht mit jedem, der ihr über den Weg gelaufen war, eingelassen, wie er das getan hatte.

Sie blieb am Fußende, die Hände in den Hüften, stehen. »Alles in Ordnung so?«

»Vollkommen. Glaub mir, ich laß dich nie im Stich!«

»Ich spreche von Moral«, fuhr sie fort. »Klar, wir haben's schon mal getan miteinander, aber dazwischen liegt die lange Leerlaufperiode, während der wir auf die Hochzeit gewartet haben. Jetzt sind wir dabei, voreheliche Sünde zu treiben.«

»Was für eine Sünde? Wir sind doch verlobt. Was für einen Unterschied machen ein paar Worte, die ein Prediger spricht?« Er wälzte sich auf der Matratze herum. »Pam, mach schon, komm hier rein!«

Sein heiserer Befehlston schien sie zu verletzen. »Henry?«

»Was ist denn jetzt noch?«

»Wenn Abstinenzperiode, dann war sie für uns beide, nicht wahr? Ich meine, du hast es doch nicht mit anderen Frauen getan, seitdem wir verlobt sind?«

Er krümmte sich. »Idiotische Frage. Es gibt doch keine, die dir das Wasser reichen könnte.«

Sie zog die Stirn in Falten. »Die Schwester da draußen, Miss Johnson heißt sie, glaub' ich. Die sah mich irgendwie so komisch an, als hätte ich ihr privates Terrain betreten.«

»Schwestern sind nun mal so«, antwortete er. »Irgendwie komisch. Sie packen die Leute ins Bett, und dann meinen sie, sie wären die einzigen, die wüßten, wie man jemand bequem bettet und was einem guttut. Denk nicht mehr an sie und komm endlich zu mir...«

Sie zögerte: »Na ja...«

»Es geschieht nichts, was du nicht willst.« Das war ein alter Trick, aber er beruhigte mit seiner Logik phantastisch.

Sie kam an den Bettrand und hob das Bettuch an. Sie blickte an ihm herab, und im gleichen Moment schnappte sie nach Luft: »Ach, du meine Güte!«

»Ich hab's dir ja gesagt: Ich bin immer noch so gut bestückt wie eh und je.«

Sein Johnny zeigte auf einen imaginären Punkt zwischen ihren Brüsten, und die Eichel spannte so stark wie ein Luftballon kurz vorm Platzen. Der ganze Schaft klopfte. Er war härter als je zuvor. Henry traute Pam soviel zu, daß sie wußte, wie sie ihn auf Touren bringen und auch befriedigen könnte. So wie sie ranging, gab's keine zweite. Alle übrigen kamen ihm dagegen wie ein Haufen alter Tanten vor.

Endlich bequemte sie sich, ihren exquisiten Po – der ebenfalls der herrlichen kalifornischen Sonne ausgesetzt gewesen war – ins Bett zu legen. Die Matratze gab einladend nach. Er drehte sich zu ihr. Sein Knie stieß an ihren Oberschenkel.

Sie hob das Bettuch an und kroch darunter, streckte sich auf ihrem Rücken aus und sah zur Decke. Ihre Hände hatte sie über den Leib gelegt, außen oben auf der Bettdecke.

»Wird's denn gehen?« fragte sie.

Er wußte nicht recht, wo anfangen. Er war ja nicht mit ihr auf einem

Autorücksitz. Oder im Haus ihrer Studentenverbindung, um sich heimlich-hastig was von ihr zu stehlen, bevor ihre Zimmergenossin und Kommilitonin wieder zurückkehrte. Sie lagen zusammen in einem Bett – in einem abgeschlossenen Zimmer. Sie hatten zwar nicht jede Menge Zeit, aber genug, um »es« tun zu können.

Er drehte sich auf die Seite, aber das Bettuch klebte an seinem feuchten Leib, so daß er es wegstieß. Dann setzte er sich auf und stieß Bettuch wie Wolldecke zu ihren Füßen. So blieb er auf seiner Seite liegen und stützte den Kopf in eine Hand. Dabei betrachtete er sie. Sie lag ganz ruhig da, nur ihr Atem ging unregelmäßig, etwas hastig. Ihre Brüste, nicht übermäßig groß, aber zu ihrem schlanken Körper durchaus passend, hoben und senkten sich mit einem aufregenden Vibrieren. Die Brustwarzen leuchteten dunkelrosa, als ob Glühbirnen drin wären.

Er blickte auf ihren Bauch. Auch er bewegte sich vor und zurück, und ihr Nabel war von einem feinen Kranz heller Härchen umgeben. Es war nicht viel mehr, als wie gelegentlich auf einer Frauenwange ist, aber das schräg einfallende Sonnenlicht traf darauf und ließ es aufleuchten.

Er beugte sich zu ihr und küßte ihre Lippen. Sie waren fest und reif. Er strich mit den Lippen an ihrem Hals entlang, dann knabberte er in ihrer Halsgrube, die diesen Angriff an die Zentrale im Kopf weitergab. Während er saugte und knabberte, strich ihre Hand sanft über seinen Schenkel und landete auf dem Bauch. Jedesmal, wenn er was tat, was sie aufs neue erregte, drückte sie ihn dort. Bald krallten sich ihre Finger in seinen Bauch, und ihr Daumen bohrte sich in seinen Nabel.

Henry: »Oh, wie kannst du raffiniert sein...!«

Pam: »Keinesfalls, Liebling. Ich bin nur total in dich verliebt. Und deshalb inspirierst du mich.«

Diese Worte wurden so zwischen den Zähnen hervorgestoßen, während sie sich küßten. Nun ging er mit dem Gesicht zur Brust, und er drang mit dem Mund in die Falte zwischen der Kugelpracht. Er bohrte sich hinein; hier war es warm und feucht wie in einer Sauna. Nase und Mund rochen und saugten in dem Einschnitt auf und ab. Er fühlte, wie dabei die Brüste an seinen Wangen entlangglitten. Er schnaufte vor Geilheit, das, was er tat, steigerte sein Verlangen, aber es machte ihm nichts aus, sich zu überanstrengen.

Er umkreiste mit den Lippen eine Brust und saugte an dem harten

Knospengold, nahm es ganz in den Mund. Er umspielte es mit der Zunge, bis es unter diesen Berührungen knorpelig wurde. Dann preßte er seinen Mund fest drauf und sog daran. Sie schnappte nach Luft, ihr Körper bewegte sich rhythmisch.

»Himmel, Henry!« Sie riß seinen Kopf von ihrer Brust weg und setzte sich auf. »Ich kann das nicht länger aushalten. Du machst mich wahnsinnig!«

»Das war fast meine Absicht, Liebling. Ich will dich so geil machen, damit es ein gemeinsames Spiel wird.«

Sie stöhnte und versuchte, ihr Gleichgewicht wiederzufinden. »Laß mich jetzt mal machen, bis ich die Richtung habe.«

Er sah sie einige Augenblicke lang an, während er einen Finger um ihre Brustwarze legte. »O. k. Tu's mal«, sagte er. »Ich hab' nichts dagegen, auch von dir wieder mal auf 199 gebracht zu werden.«

»Wieder?« Sie sah ihn lauernd an.

»Wie wir's seinerzeit in jener Nacht in Nordkalifornien machten. Die Nacht, in der du durchgedreht hast. Erinnerst du dich?«

»O ja.«

Er lag auf dem Rücken, sie beugte sich über ihn, ihr Busen schleifte über seine Rippen hin. Die Kurve ihrer Hüfte war vollendet schön, wie sie sich jetzt vor seinen Augen darbot. So sah sie aus wie das Weib an sich. So reif und heiratsfähig. So bereit, ihre Rolle zu spielen in dem Akt, den aufzuführen sie auf Erden war.

Er berührte ihre Hüfte, aber sie nahm seine Hand weg. »Du bist doch krank. Nun gut, ich will dich pflegen, Liebling.«

Er nickte und legte die Hände neben sich.

Sie küßte ihn wieder, und ihre Lippen waren wie ganze Teiche voll winziger, zappelnder Fische, als sie über seinen Mund glitten. Er konnte jeden Nerv spüren. Sie war geradezu elektrisch, wurde verrückt vor Begierde. Sie knabberte an seinen Lippen, und ihre Zunge zählte seine Zähne ab, dann schoß sie in seinen Rachen und züngelte wie ein Wurm darin herum, der weiß, was er sucht. Er wollte sich aufrichten, aber sie schob ihn wieder runter. Sie war einfach fabelhaft.

Sie küßte seine Augen, seine Nase, seine Ohren, den Rest der Beule auf seiner Stirn. Sie glitt auf seiner Brust hinunter und küßte seine Brustwarzen. Dann war sie im Nu runter an seinem Nabel. Sie betrachtete die frischvernarbte Wunde auf seinem Bauch und küßte sie Stück für Stück ab.

Erst küßte sie eine, dann die andere Hüfte. Dann fuhr sie mit dem

Kopf zwischen seine Beine, und die Schamhaare umwucherten ihre Nase. Es war zum Verrücktwerden, das Ganze. Das war seine Frau, ganz sein Fall, sie jagte ihn mit ihrer verhaltenen Leidenschaft die Wände hoch. Er nahm sich vor, sie niemals lange Zeit allein zu lassen, wenn sie erst mal verheiratet wären, damit sie sich nicht dem Milchmann oder dem Briefträger an den Hals warf.

»Pam! Um Himmels willen!«

Sie hielt inne und sah ihn von unten her fragend an: »Etwas verkehrt, Liebling?«

»Nein, das nicht, aber...«

»Na, dann ist es ja gut. Bitte, sei ruhig und genieße. Wenn mich die Dämonen befallen, dann darfst du dir die Früchte meiner Leidenschaft pflücken. Schön, wie?«

Er seufzte und ließ sie weitermachen. Sie kroch jetzt auf allen vieren, um sich mit seinen Beinen zu befassen. Sie küßte seine Füße und wechselte dann wieder hinauf zu seinen Knien. Dann rauf bis oben an die Oberschenkel. Ihr Mund glitt auf die Innenseite. Niemand von all den vielen anderen hätte ihn je so weit getrieben, ohne daß er explodiert wäre. Sein Henry kostete ein enormes Gefühl aus, als er sich noch immer streckte, um irgendwie, irgendwo Kontakt mit ihrem Körper zu erlangen. Er wackelte wie ein Betrunkener, der nach festem Halt sucht, nach seiner Haustüre sucht, um endlich ins Warme zu kommen. Der Ständer zuckte, und noch mehr Blut strömte aus den dafür verantwortlichen Organen in den bereits zementharten Prügel.

Ihm wurde schon fast schwindlig vor Erregung. Sie versuchte, kühl zu bleiben und sich zu beherrschen, aber ihm war es unmöglich, kühl zu bleiben – angesichts eines Stromes glühender Lava. Sie dampfte, und Feuchtigkeit perlte ihr aus allen Poren. Sein Mädchen stand in Glut, und es war an der Zeit, daß er was unternahm, um sie daraus zu befreien – und sein eigenes, übervolles Reservoir von Samen abzulassen. Er packte sie an den Schultern und stieß sie zur Seite. Sie funkelte: »Was machst du da? Ich will weitermachen!«

»Spar dir's für später«, raunzte er. Er war fest überzeugt, dies schon einmal zu jemand anders gesagt zu haben, denn ihm kam der Verdacht, daß es hier im Krankenhaus jede Menge Bläser gab, eine ganze Damen-Blaskapelle. »Ich will nicht, daß du dich jetzt damit unten bei mir beschäftigst!«

Sie setzte sich auf ihre Hacken und stützte die Hände auf die

Schenkel. Ihre Brüste bebten. Sie schnaufte wie eine Lokomotive.
»Du bist komisch.«

»Wieso?«

»Du willst alle fünf Minuten was anderes. Jetzt, wo ich vor Geilheit fast verrückt bin und gierig darauf, alles zu tun, was dich und mich noch mehr erregt und was dir sonst auch Spaß gemacht hat, da befiehlst du mir aufzuhören.«

Einen Augenblick lang dachte er über ihre Worte nach. »Ich will mal sagen, es ist deshalb, weil wir beide ja heiraten wollen. Es ist völlig in Ordnung, wenn mir mal Mann und Frau sind, aber im Augenblick möchte ich deine Lippen da unten an meinem Johnny nicht haben. Besonders wenn du mich nachher zum Abschied küssen willst, wenn du wieder weggehst.«

Sie lächelte und neigte den Kopf zur Seite. »Ich glaube, ich hab' dich gern, weil du das gesagt hast. Aber ich bin wirklich ziemlich in Fahrt jetzt, Liebling. Los, wir wollen Dampf ablassen!«

Sie legte sich wieder neben ihn, und ihre Hände griffen nach seiner Pracht. Sie packte sie und bewegte sie hin und her wie eine Peitsche. Das Ding prickelte und war kurz vorm Abschuß. Er umfaßte ihr Handgelenk und stoppte sie. Er wollte nicht so schnell kommen. Es war zu schön, als daß man es in ein paar Minuten hätte verschwinden dürfen. Er wollte es ihr gerade klarmachen, als sich die Türklinke bewegte und jemand versuchte, ins Zimmer zu kommen.

Pam erstarrte wie er. Sie sahen sich an, bis es diskret klopfte. Sie krabbelte auf ihre Füße und zischte: »Was machen wir jetzt?«

»Geh mal hin und hör mal, was die wollen – aber von drinnen durch die Tür. Laß sie abgeschlossen!« zischte er zurück.

Sie kroch zur Tür, ihr Podex bebte, ihre Brüste wackelten. Immer noch auf vollen Touren, legte sie ein Ohr an die Tür und schnitt Grimassen in seine Richtung. Das nochmalige Anklopfen ließ sie hochfahren. »Was ist los?« fragte sie mit schriller Stimme.

»Was geht da drinnen vor?« fragte jemand von draußen. Es klang wie La Monique, aber er war sich nicht sicher.

»Es ist Besuchszeit«, antwortete Pam. »Man sagte uns, wir seien dann ungestört.«

Es gab eine Pause. »Ich habe hier einige Röntgenaufnahmen, die möchte ich prüfen und mit seinem Körper vergleichen.« Ja, das war die Röntgenassistentin. Direkt aus ihrem Röntgenpuff. »Darf ich mal kurz reinkommen?«

»Kommen Sie in einer halben Stunde wieder«, forderte Pam sie auf. »Wir besprechen gerade unsere Hochzeit. Verstehen Sie denn nicht, wie wichtig das für uns ist?«

Längeres Schweigen. »Nun ja . . . gut, aber es ist gegen die Krankenhausvorschriften. Besucher haben nur Gastrechte.«

»Vertrauen Sie mir«, erwiderte Pam. »Ich bin in dreißig Minuten fertig, dann können Sie Ihren Patienten wiederhaben.«

»Wirklich?« Ellens Frage klang eigenartig.

Pam starrte Henry an, dann antwortete sie: »Aber selbstverständlich.«

Fast eine ganze Minute blieb sie noch mit dem Ohr an der Tür stehen, dann kroch sie wieder ins Bett zurück. Sie kniete sich neben ihn, und er schob sich auf die Seite, bis seine Hüfte an ihr Knie stieß. »Gut gemacht, Baby«, sagte er rauh-belegt und griff nach ihr.

»Nenn mich jetzt nicht Baby«, fuhr sie ihn an und stieß seine Hand weg. »Was hat die eigentlich gemeint?«

»Weiß ich das? Was soll der Quatsch?«

»Ich habe das Gefühl, die hatte mehr im Sinn als ihre Röntgenaufnahmen. Sie wollte sich deinen Körper ansehen – gut, aber mit anderen als medizinischen Motiven.« Sie schnaufte erregt und hob den Kopf. »Ehrlich, ich habe auf dem Gang draußen eine Anzahl Schwestern gesehen, die sahen so aus, als ob sie ihre Patienten ganz gern so verwöhnen, daß sie sich verführen lassen.«

»Du drehst ja schon fast durch vor Geilheit«, sagte er rachgierig. »Los, komm, reiß dich zusammen! Und dann machen wir einen neuen Anlauf!«

»Nein, ich denke nicht daran.«

Sie stieg aus dem Bett und griff nach ihren Sachen. Er sah tatenlos zu, wie sie ihr Höschen überzog, dann stieg er aus dem Bett. Er torkelte zwar ein wenig, aber das hier war jetzt ein Ernstfall, und deshalb war er fähig zu laufen – er versuchte verzweifelt, ihr seine Unschuld zu beweisen. Er packte sie an den Handgelenken und hielt sie von seinem Körper entfernt. »Nun komm schon, Kindchen. Mach's uns beiden nicht so schwer. Bring dich nicht selbst um dein Vergnügen!«

»Spielst du mir 1001 Nacht vor?« schlug sie zurück.

10

Wie hieß sie denn bloß noch? Er zerbrach sich den Kopf darüber, als sie an sein Bett trat. Sie war eine richtige Wikingerin, der Koloß mit dem verwirrend schönen, blonden Haar und einem Körper, der über 1,80 m groß war. Die große Schwedin.

Sie war hoch über ihm, als er zu ihr aufsah. Es war, als ob man zur Spitze des Mont Everest aufblickte. Es gab 'ne Menge interessanter Dinge, die aus dieser eindrucksvollen Front herausragten, und ihn verlangte danach, sie zu erklettern. Sicher war es möglich, diese Frau zu erobern.

Da ging ihm ein Licht auf: »Ursula Lundblad«, sagte er laut, sich erinnernd.

»Ganz recht, Mr. Tinker«, antwortete sie. Sie lächelte, und eine Flut von Elfenbein warf ihr Licht auf ihn. »Wir haben uns bisher so wenig gesehen, das heißt genauer: Sie haben von mir noch nicht viel gesehen. Ich habe oft reingeschaut, aber da haben Sie immer geschlafen. Sie schlafen viel.«

Er starrte nur. Es gab soviel zu sehen. Wieder zogen ihn ihre sexbetonten Körperstellen besonders an, die eigentlich überall waren. Er schätzte, daß ihre Brust mindestens 1,10 m Umfang hatte. Ihre Hüften waren die personifizierte Empfängnis. Sie waren der Prototyp für die Frauen der Welt. Ihre Beine waren lang und prall von Muskeln. Nicht plump, sondern lang und stark und mit ausgeprägten Vastusmuskeln. Groß genug, um einen Mann zu zermalmen, der ihr nicht zusagte oder entsprach. Ihr goldenes Haar war langsträhnig wie Schnüre und hing ihr über die Schultern herab. Ihr Gesicht rundete den attraktiven Eindruck ab. Es war das Gesicht eines Bauernmädchens. Üppiger Mund und kräftige Nase. Große Augen. Die Lippen voll und schmollend. Ihre Augenbrauen bildeten feste Linien über den Augen. Auch ihre Hände und Finger waren ausgesprochen männlich, und ihre Schultern und Arme schienen kräftig genug, einen Mann so zu umarmen, daß sie ihm dabei sämtliche Knochen brach. Kurz: eine wahrhaftige Walküre.

Trotz all dieser furchterregenden Zurschaustellung von Kraft war der überwiegende Grundzug des Ganzen totale Sexualität. Sie verkörperte weibliche Männlichkeit. Sie war auf Erden, um Männer zu erfreuen. Sie besaß einen herrlichen Körper und den inneren Antrieb, ihn voll und ganz einzusetzen. Alle diese Dinge las er in ihrem sinnlichen Gesicht und in der Art, wie sie vor ihm stand. Sie war bereit.

»Da ich jetzt schläfrig bin, mach mal, daß ich wach werde.«

Es kam keine Antwort, da fielen seine Augen wieder zu. Als er ein Rascheln hörte, machte er sie wieder auf. Sie knöpfte ihre Schwesterntracht auf und schälte ihre beachtlichen Schnullis aus ihr heraus. Sie lächelte, als sie sah, wie er sie mit den Augen verschlang.

»Ja, Ursula wird dich schon wachkriegen.«

Er schluckte, als sie ihren Rock aus hatte. Sie trug nichts unter der weißen Baumwolle. Nichts als nackte Ursula Lundblad.

Die Uniform war dahin. Ihre Schuhe waren ausgezogen. Das weiße Häubchen war vom goldenen Haar runtergewischt worden. Sie stand in seinem Bann, beide warteten. Jetzt machte es ihm nichts mehr aus, seine Augenlider offenzuhalten, und auch sein Kumpel wuchs.

Er hatte noch nie einen Körper wie den ihren gesehen. Ein mächtiges Ding, das. Überlebensgroß fast und vollkommen. Heroisch, eine Heroine. Etwas zum Bildhauern in Bronze, um es dann auf dem Trafalgar Square neben den großen Löwen und dem Nelson aufzustellen. Er lächelte, und sie lächelte zurück. Die weiße Reihe ihrer Zähne schmeckte nach großer Kraft. Sie trat einen Schritt auf ihn zu und lächelte noch einmal. In Sekundenschnelle hatte sie ihm seinen Schlafanzug ausgezogen und beiseite geworfen.

Ihre Brüste waren massig und hingen schwer aufs Bett herab. Eine lag mit der Spitze auf der anderen, so daß sich die beiden blutroten Warzen fast küßten. Sie wirkten wie riesige Erdkugeln, und fast erwartete er, daß sie aufglühen oder aufleuchten müßten, wenn sie mal erregt war. Der Einschnitt zwischen ihnen war tief und dunkel. Ihre Rippen lagen unter einer Muskelschicht, und ihr Bauch hatte da, wo der Nabel war, eine tiefe Mulde. Er sah die Narbe von einer Blinddarmoperation gerade oberhalb des Schamhaaransatzes.

Ihre Lenden schienen auf der Suche nach einem Fuß in jeder Richtung zu sein, und ihre Vulva war unter einer üppigen Haardecke wie unter einem Strohdach verborgen. Die Schenkel waren noch mehr mit Muskeln bepackt, und es kribbelte ihn schon in den Fingern, dazwischenzufahren.

»Magst du das?«

Er nickte. »Schon. Nur der Prophet kommt nicht zum Berg...«

»Also, du willst kneifen? Du meinst, ich – der Berg – muß kommen?«

»Es ist ein Wortspiel, mehr symbolisch nur...«

Sie lächelte und streckte die Hand aus, packte ihn im Nacken und zog seinen Kopf an ihren Hals. Er hätte sie nicht zurückhalten können oder sich dagegen wehren, selbst nicht in der unwahrscheinlichen Situation, in der er es nicht gern gehabt hätte. Sein Kopf war von ihrem Kinn begraben, sie streichelte ihn. Ihr anderer Arm kam ebenfalls in seinen Nacken und streichelte ihn dort. Ihre wunderbaren Hüften hoben sich und lehnten sich gegen ihn. Sie zog ihn ganz zu sich herum, daß er sie voll ansehen mußte.

»Ist sehr gut«, schnurrte sie, »Urmutter ist gut zu dir, kleiner Junge.«

»Haaa!« Sein Sprechen ging dumpf in ihrem Fleisch unter.

Sie drückte seinen Kopf tiefer, und bald war sein Gesicht in den Kissen der Lust begraben. Sie ließ ihn nur ab und zu mal Luft schnappen, doch nur ganz kurz. Sie hob ein Bein und wickelte es um seine Hüfte, so daß ihr Fuß über seinem Arsch baumelte. Sie trat ihn sanft mit dem Hacken und spielte mit ihrem Fuß in seiner Kerbe.

»Vertrauter Jagdgrund, Schwester?« platzte er vorlaut heraus in ihren Busen.

Sie schaukelte mit den Schultern und drehte ihren Rücken so, daß eine Brustwarze in seinen Mund sprang. Die war riesig groß und füllte ihm den Mund, so daß er es kaum schaffte, das viele rote Fleisch mit seinen Lippen zu bearbeiten.

Sie löste seinen Mund von ihrer Warze, und als er aus den Titten auftauchte, küßte sie ihn. Sie hielt die Lippen weit geöffnet, und ihre Zunge schoß aus ihrem Mund hervor wie eine auf Vormarsch befindliche Armee. Sie bohrte sich damit tief in seinen Hals. Er würgte, bis sie ihn losließ. »Du magst mich ja nicht.« Ihr Ton verriet Enttäuschung. Er war eben ein ungezogener und nichtsnutziger Bengel.

»Himmel! Ich liebe dich, Eisberg! Hoch die Wikinger!«

Sie lachte und küßte ihn zärtlich. Wieder glitt ihr Fuß gekrümmt durch seine Kerbe, dann legte sie sich so zurück, daß er endlich einen Blick auf ihre Grotte tun konnte. Sie machte die Beine breit, und er konnte ihre Spalte sehen. Sie war lang, schlüpfrig und offenbar in der Lage, alles in sich aufzunehmen, was er in ihre Tiefen hineinpraktizieren wollte.

Er tastete sich über ihren Bauch runter, aber sie drehte sich, schnappte zu und fing seine Hand. Ich fürchtete, jeden Moment seine Knochen krachen zu hören. »*Ich bin die Urmutter, ich tue hier alles, nicht du!*«

Er seufzte, als ihre Arme seine Schultern fester umfingen. Sie rollte sich wieder auf den Rücken, und er machte die Bewegung mit, bis er ganz auf ihr drauf lag. Sie berührten sich an Schultern, Knien und Hüften. Ihre Haut war heiß und goldfarben wie ein ausgezeichnet gebackener Pfannkuchen. Er hätte gern Ahornsirup über sie gegossen und einen kräftigen Biß in sie hinein getan.

Henry sah hinab in ihr saftiges Gesicht. Sie hatte Jahrhunderte von nordischem Blut in sich, Generationen, die ihr Kraft und Würde gaben. Er sah Erik den Roten und all seine wikingischen Kameraden, wie sie die Meere durchpflügten, die Kontinente eroberten, plünderten und lebten! Wenn Ursula ein Mann gewesen wäre, dann wäre sie ein Wikinger des zwanzigsten Jahrhunderts geworden.

Aber Ursula war eine Frau, eine totale Frau.

Sie biß ihn in die Nase, und er war keineswegs überrascht, als ein winziges Stückchen Haut dabei abging, als sich ihre Zähne wieder lösten. Er versuchte, sie auch zu beißen, aber sie drehte ihr Gesicht schnell weg. Deshalb bohrte er seine Zunge in ihr Ohr, und er spürte, wie sie davon bis ins Innerste erzitterte. Jawohl, sie war verwundbar, wenn er nur ihre verletzlichen Punkte ausfindig machen könnte. Verborgen unter dieser Oberfläche der Kraft, unter diesen Muskeln, gab es empfindliche Nervenstränge, die ganz bestimmt entsprechend reagieren würden.

Sie wickelte ihre Arme um seine Taille und zog ihn fest an sich, so daß ihre Hüftknochen aufeinanderstießen. Sein Typ war hart, aber er wurde schmerzhaft zur Seite gedrückt – er schob sich in die kompakte Weichheit ihrer Blinddarm-Narbe. Wenigstens, so glaubte er, in die nähere Umgebung derselben. Er wußte: das war fest und prickelnd – und er würde, wenn sie ihn noch stärker drückte und rieb, seinen Bolzen in irgendein geeignetes Ziel abschießen.

Sie hatte anscheinend kapiert, und mit einem zarten Druck schob sie ihn ein paar Zentimeter tiefer, bis sein Henry zwischen ihre Beine sprang; er glitt an den Toren ihrer Vagina vorbei – zwischen den Schenkeln durch, so daß er mit der Spitze das Laken berührte. Dann stieß sie ihm ihr Knie zwischen die Schenkel und preßte seine Eier gegen seinen Damm.

Dieses Gefühl war sensationell. Er sah Sternchen, rote und grüne Lichter, und kam sich wie in einer startenden Rakete vor. Für einen Moment schwanden ihm die Sinne, und er sah nichts mehr. Es explodierte fast im Kopf, und sein Prick wollte es ihm unten gleichtun.

»Ich bin drauf und dran abzuschießen«, kündete er flüsternd an.

»Das ist herrlich. Bei mir kommt's auch, Henry.«

Sie küßte ihn, aber dann fing sie an, ihn mit ihren Lippen zu bepfeffern. Sie küßte sein Gesicht wohl hundertmal ab, sie ging runter an seinen Hals und hielt ihn wie eine Puppe, um weitere Küsse auf seinen Mund zu pflanzen.

Wieder rutschte er an ihr runter, und wieder wirkten ihre Brüste einladend wie Kissen. Sie wurden breit und platt unter seinem Gewicht, doch nicht überall, denn sie besaßen in sich doch ziemlich viel Stabilität und Elastizität. Sogar ihr Bauch wurde nicht überall einfach platt, sondern klopfte gegen den seinen, so daß er ständig ein angenehmes Gefühl des Rollens und Tanzens hatte.

Er ruckte höher und versuchte, seinen Johnny in ihre Spalte hineinzumanövrieren. Doch offenbar hatte er das zu früh getan, denn sie griff ihn und legte ihn zur Seite. Dann richtete sie sich auf und faltete die Schenkel unter sich über Kreuz, wie bei einem überlebensgroßen weiblichen Buddha. Sie war ganz und gar weiblich, aufnahmebereit, die Muschi geöffnet, so daß er ausgedehntes Rosa zur Gesicht bekam. Und all das viele blonde Schamhaar! Es war zwischen ihren Beinen so massiert wie Wolken über einem Bomberziel.

»Was ist denn nun?« fragte er rauh-belegt. »Ich bin doch abschußreif, das mußt du doch spüren.«

»Ich weiß. Aber ich will noch nicht.«

Er hob die Augenbrauen in vorsichtigem Erstaunen. »Wie willst du das verhindern?«

»Du wirst mich einfach nicht berühren, lieber Henry. Nur ich werde dich berühren. Ich – nur ich werde dich anfassen, und deshalb kann ich den Augenblick deines Orgasmus bestimmen.«

Er leckte sich die Lippen. »Dann bestimme ihn doch schon.«

Sie befahl ihm, sich so aufzusetzen, wie sie dasaß, und sie sahen sich jetzt an, Knie an Knie. Dann legte sie ihre Hände auf seine Knie und glitt damit aufwärts über seine Schenkel. Er zitterte und summte dabei, und sie lachte über seine Reaktion. Das ärgerte ihn, und er beschloß, sie am Boden zu zerstören, wenn er an seinem Orgasmus gehindert würde. Zumindest, wenn sie das über längere Zeit täte. Laß sie doch glauben, sie bringe mich nicht auf die Palme. Er kreuzte die Arme über der Brust und sagte: »Ich bin ein eiskaltes Idol. Ich errege mich nicht.« Sie legte ihre kräftigen Finger um seinen Freund. Er seufzte: »Ich bin doch geil.« Er kam nicht dran vorbei, es zuzugeben.

Sie lachte und zog ihre Hände wieder von ihm zurück. Da ging er in die Knie und rammte seinen Kopf in ihre Brüste. Sie grunzte nicht einmal. Sie gab nicht einen Zentimeter nach. Sie schaukelte nur seinen Kopf hin und her und schob sein Gesicht auf ihren Bauch runter.

Wieder saugte er mit erhobenem Kopf an ihren Knospen, so daß er ihr ins Gesicht sehen konnte. Sie streichelte und liebkoste seinen Hinterkopf. Er ließ die Brustwarze fahren und rutschte runter auf ihren Bauch, um seine Nase tief in ihren Nabel zu tauchen. Seine Nase verschwand völlig in dieser Oase. Er wechselte und ließ seine Zunge in die Vertiefung wandern. Wieder erbebte sie irgendwo in ihrem Innersten und fuhr fort, seinen Kopf zu streicheln.

»Süßer kleiner Junge«, sagte sie schmeichelnd. Er gab einen Brummton von sich und flitzte weiter mit seiner Zunge in ihrem Nabel herum, und wieder erschauerte sie. Sie packte ihn an den Ohren und hob sein Gesicht empor. »Henry?«

»Was willst du?«

»Du weißt, was ich will. Die Wikingerin will, daß man sie bedient.«

»Fahr zur Hölle, Wikingerin.«

»Komm schon; tu, was du tun mußt!«

»Dich lecken?«

»Ja, genau.« Sie lächelte.

Nichts leichter als das, denn das Ding befand sich ja gleich unterhalb seines Gesichts. Er seufzte und stutzte, aber weshalb zauderte er eigentlich? Schließlich hatte sie ihm ja liebevoll einen Einlauf verpaßt, und wenn er nett zu ihr war, könnte sie jede Menge Leidenschaft über ihm abladen.

Er steckte seine Nase tief in ihr Schamhaar und hätte sich gewiß gewundert, wenn es nicht gut gerochen hätte. »Du hast dich wohl eingespraytt«, brummte er in ihren Wald hinein.

»Ja. Es heißt ›Nebel der Leidenschaft‹. Magst du's?«

»Offen gestanden: schrecklich gern«, antwortete er.

Er wühlte seine Nase tiefer hinein, bis es drinnen feucht und schlüpfrig wurde. Wie beim Sand, der feuchter wird, je näher man dem Ufer kommt. Endlich gelangte er an die Spitze ihrer Schamspalte, und da wurde es sehr glatt und roch scharf nach Moschus. Ihr Eigengeruch – der aus ihrem Innersten quoll – übertönte den Leidenschaftsnebel.

Er streckte die Zunge aus und raspelte über die Falte. Sie atmete tief und zitterte. Ihre Finger in seinem Nacken schienen ein wenig von ihrer Kraft verloren zu haben.

Er flitzte mit der Zunge umher, da wurden ihre Finger zu Krallen und zerkratzten seinen Nacken. Sie murmelte etwas Unverständliches. Etwas aus ihrer Heimat. Wahrscheinlich ein primitives, geiles Lied. Gleich über seinem Kopf bebten ihre Brüste, ihre Warzen wischten durch seine Haare. Sie wurde immer heißer.

Er ging noch etwas tiefer und war nun mitten auf ihrer Qualle. Sie war ganz rosa und glänzte und saftete, als er mit Mund und Nase hineinstieß. Da war viel Platz drin, und er wetzte hin und her mit seiner Zunge. Dann hob er den Kopf. Seine Zunge hakte er fest unter den oberen Teil ihrer Schamlippen, dann ging er suchend hin und her.

»Agh!« Sie wurde fast irre und kämpfte dagegen an, aber er wußte, daß sie kurz vorm Kommen war.

Er hatte ihre intimste, ihre verwundbarste Stelle entdeckt, und zwar um den Preis, daß er dazu erst an ihr runtergehen mußte. Er knautschte den Kopf noch ein paarmal mehr, und dann schwankte sie bereits wie ein Schiff in Seenot.

Sie verkrallte sich mit den Fingern in seinen Haaren und versuchte, sich daran festzuhalten, als es losging. Er hörte, wie sie prustete und blubberte, dann umklammerten ihre Lippen seinen Mund, daß er daran zu ersticken glaubte. Er hob den Kopf, und es reichte, einige Züge verbrauchter Luft einzuatmen, ehe sich ihre Lippen wieder schlossen. Er löste einen pausenlosen Orgasmus in ihr aus, bis ihre Hüften gegen sein Gesicht schlugen und er Angst hatte, sie könnte ihm seine Nase in Fetzen schlagen.

Dann schwang sie zurück, ihre Beine streckten sich, daß ihre Füße unten über den Bettrand hinausragten. Ihr Haar fiel über das Bett wie ein Fluß von Gold, ihre Arme hingen schlaff herunter. Er saß da und starrte sie an.

Sie rang nach Luft, ihre zitternden Brüste hoben und senkten sich wie Zwillingsblasebälge. Ihr Gesicht glänzte von Schweiß, und ihre eisblauen Augen dampften, als sie zur Decke blickte. Ihre Unterleibsmuskeln zuckten immer noch, und ihre Vagina schnappte noch ein-, zweimal, ehe sie sich wieder gefangen hatte.

Ihre Knie pumpten langsam, und er hätte schwören können, daß sie sich auf diese Weise selbst noch einmal einen zweiten Orgasmus beibrachte, bevor sie sich völlig verausgabt hatte. Sie lächelte und hob das Gesicht, bis sie ihn erkennen konnte. Er berührte sie am Kinn, dann nahm er einen Zipfel des Bettuches und wischte sich selbst sauber. Es war viel angenehmer gewesen, als er sich das vorgestellt hatte.

»Du bist ein netter Junge, Henry.«

»Unbefriedigt, aber nett«, krächzte er. »Ich habe meinen Torpedo immer noch unter Feuer.«

»Das können wir unmöglich so lassen.«

»Keine Frage.«

Sie zog sich hoch, bis sie aufrecht sitzen konnte. Einen Augenblick lang ruhte sie sich auf seinen Schultern aus. Dann griff sie nach seinem Rohr. Er brannte lichterloh, sie brauchte also nicht viel mehr zu tun, als ihren Finger auf seine Eichel zu legen. Das wirkte wie ein Knopfdruck an der Kanone.

Er feuerte ab.

Sein Samen schoß hervor. Beim nächsten Schuß hob er die Hüften, und die Ladung traf sie mitten zwischen ihre Brüste. Sie hatte Spaß dran, kicherte bei jedem Spritzer und brummte enttäuscht, als das Spiel schon zu Ende war. »War das alles?«

Er nickte, sein Hals war wie ausgetrocknet. »Die Show ist vorbei, Kindchen. Keine Munition mehr.«

Sie schwang ihr Bein aus dem Bett und berührte den Boden mit erstaunlicher Grazie für jemand, der so lang war wie sie.

11

Es war spät am Nachmittag, und Dawn hatte bereits frei. Sabrina Grabowski war diejenige, die in sein Zimmer trat, um es ihm zu sagen.

»Sie haben Besuch«, rief sie leise mit ihrem mitteleuropäischen Akzent. »Ihre Verlobte mit ihrer Familie. Wollen Sie sie empfangen?«

»O. k., laß sie reinkommen.«

Im nächsten Augenblick füllten die McIvers den Raum, an ihrer Spitze Pam. Sie rannte ihm mit ausgestreckten Armen entgegen.

Sie küßte ihn auf die Wange und trat einen Schritt zurück. »Liebling, du siehst gut aus. Und ist das nicht herrlich? Dr. Greb sagte uns, morgen nachmittag würdest du entlassen!«

Ehe er ihr antworten konnte, beugte sich Mrs. McIver wie eine Glucke über ihn und küßte ihn ab. Auf die andere Wange. Der Admiral stellte sich so vor ihm in Position, als sei er ein feindlicher Zerstörer. Grabowski brachte einige Klappstühle herein, und sie setzten sich im Halbkreis um seinen Sessel. Der Admiral sah zu den Fenstern hin.

»Gefällt dir der Ausblick, mein Junge?« schnarrte er. Er trug einen schmucklos-einfachen, blauen Anzug, der fast wie ein Uniformrock geschnitten war. Er paßte genau zu seinem eisgrauen Bürstenhaarschnitt. »Für hundert Dollar pro Tag sollte er es jedenfalls.«

»Er gefällt mir schon«, antwortete Henry ausweichend. Er hatte keine Lust, sich mit dem alten Mann zu streiten. Nicht heute.

»Du scheinst mir immer mager und müde«, sagte Mrs. McIver.

Sie nickte mit ihrem hübschen Gesicht, aus dem er ablesen konnte, wie Pam wohl mal in 25 Jahren aussehen dürfte. »Hat man dir hier nicht genug Schlaf gewährt?«

»Ich liege doch die meiste Zeit im Bett.«

»O Mutter! Vater!« rief Pam aus und sprang auf. »Laßt ihn doch mal zufrieden! Wir sollten doch wirklich froh sein, daß er hier nicht mehr länger zu bleiben braucht.«

Er blickte zu ihr auf, und wie gewöhnlich war sie auch jetzt wieder das typisch amerikanische Mädchen, das man gern haben mußte. Sie sah aus, als hätte sie sich gerade zwei Stunden lang unter der Dusche saubergeschrubbt, sich dann gepudert und die attraktivsten Sachen aus ihren Kleiderschrank angezogen. Sie trug ein anderes teures Nichts heute. Den Rock kurz, die Bluse ärmellos, so daß man jede Menge gesunder, blühender nackter Haut sehen konnte.

Er spürte, wie ihn eine Welle von Sinnlichkeit durchflutete. Ihr Anblick gab ihm ein herrliches Gefühl. Er wollte endlich leben. Nur ein bißchen. Er wollte was wagen. Er wollte es wenigstens einmal versuchen. Er beschloß, es mit ihr zu probieren.

Er hob ihr seine Arme entgegen und winkte mit den Fingern, bis sie auf ihn zutrat. Dann, während Mutti süßsauer lächelte und Vati Admiral erstarrte, setzte sie sich ihm auf den Schoß. Es schien unschuldig genug, denn der Schlafanzug bedeckte wesentlich mehr von ihm, als es das Krankenhemd getan hatte.

Langsam legte sie einen Arm um seinen Nacken und ließ ihre linke Brust an seine Brust streichen. Der Admiral räusperte sich. Henry hatte es gern, den Druck ihrer weichen, warmen und schweren Hinterbacken auf seinen Oberschenkeln zu spüren. Er mochte es auch gern, wenn sein Kerlchen gegen ihren Po pochte, und er wußte, daß sie ihn spürte. Der Admiral räusperte sich ein zweites Mal.

»Nun, mein Junge, wie ist das mit dir? Jetzt, wo du nun also aus dieser Goldmine entlassen werden wirst, für welche Kursroute hast du dich entschieden?«

Henry sah an Pams Brust vorbei und versuchte, das strenge Gesicht des Admiralschwiegervaters in spe anzupeilen. »Ich bin mir noch nicht sicher. Ich glaube, ich muß wohl erst mal sehen, welchen Weg mein Fuß einschlägt, wenn ich dieses Haus hinter mir habe. Nicht sehr weit wahrscheinlich, nicht bis der Gipsverband ab ist. Der Arzt sagte, er wird ihn in einer Woche abnehmen, wenn ich zur Nachuntersuchung kommen muß.«

»Das ist mir nicht genug«, sagte der Admiral kurz angebunden. »Ein Schiff braucht ein Steuer und eine furchtlose Besatzung, die es zum Ziel führt.«

»Aber ich bin kein Schiff.«

»Unsinn. Die Lektionen, die man in der Navy an Bord eines Schiffes lernt, kann ein Mann auf jede Situation seines zivilen Lebens anwenden«, sagte er unbeherrscht. Er blickte zum Horizont, und die Blicke seiner Frau folgten ihm.

Während der Admiral weiterdröhnte, war Henry in der Lage, mit seiner Hand am Bauch entlang zwischen Pams Po und seinem Schnucki hindurchzugleiten. Er fummelte an seiner Hose, bis der Stoff nachgab und er raus war und gegen ihr enggespanntes Sommerkleidchen stieß. Sie rutschte hin und her, während er den Atem anhielt. Er war bereits völlig da.

»Ganz bestimmt tun einem jungen Mann ein paar Jahre in Uniform gut«, blubberte der Admiral. Er vermied es, dabei Henry in die Augen zu sehen, und das war gut so.

»Nicht für jeden von uns, Sir«, antwortete Henry, »einige von uns können auch auf andere Weise unserem Land dienen.«

»Wie denn das?« wollte der alte Herr wissen.

Henry war stark beschäftigt. Seine vagabundierende Hand zerrte und fummelte an ihrem Rocksaum, der bereits hoch über ihren Slip gerutscht war. Sie hob sich für einen Moment ganz wenig an, damit er ihn von unten her leichter hochschieben konnte, aber so, daß sich im Anblick ihrer Eltern nach außen hin und nach vorne nichts veränderte.

Sein Schwengel schob sich jetzt gegen den dünnen, glatten Stoff ihres seidenen Slips, und das Gefühl dieses Materials geilte ihn nur noch stärker auf. Pam hatte rote Flecken auf den Wangen, sie wandte sich um und sah ihn direkt an. Ihre Blicke sagten ihm, das wäre doch Wahnsinn und viel zu gefährlich. Aber sie sagten ihm auch, daß sie es gern mochte.

»Nun?«

Henry fuhr zusammen. »Sir?«

»Wie denn sonst würdest du deinem Vaterland dienen wollen?«
Henry dachte darüber nach. »Oh, im Friedenskorps.«

»Ach, das ist doch nur Drückebergerei, wenn du mich fragst. Zieh eine Uniform an und greif dir eine Knarre! Ein Finger am Abzug spricht für Onkel Sam lauter als Brückenbau in Afrika, wenn dich meine Meinung dazu interessiert.« Die Kieferknochen des Admirals zuckten, je stärker er sich innerlich mit seinem Thema befaßte.

»Ja, ich könnte es sogar so arrangieren, daß du eine entsprechende Stellung bekämst. Leutnant zur See Henry Tinker! Wie würde dir das denn gefallen?«

Henry war sprachlos und erstaunt zugleich angesichts der Tatsache, daß Pam in der Lage war, mit ihrem Po ganz unmerkliche Bewegungen vorzunehmen. Sie rutschte ganz geringfügig vor und zurück, aber das bewirkte, daß ihr Slip langsam von ihrem Popo glitt. Sie tat so, als wolle sie von seinem Schoß runterrutschen, und setzte sich dann richtiger auf ihn, wobei sie ihren Slip auf einen Rutsch um ein ganzes Stück runterschieben konnte.

Es würde nicht mehr lange dauern, dann rieb sich Haut an Haut, und die Familie McIver – mit Ausnahme von Miss McIver – merkte davon nicht die Bohne. Sicher würden sie's dann doch bald merken, aber er war zu geil, um etwas darauf geben zu können. Er wollte Pam jetzt haben, und es befriedigte ihn auf eine merkwürdige Weise, ihre Blüten in Gegenwart ihres Vaters zu pflücken.

»Äh!«

Henry zuckte erneut zusammen, und ihr Slip fluppte dadurch unter die Schußlinie seines Teils mit einem Geräusch, das kaum hörbar war. »Sir?« schallte seine Antwort wenig später.

»Verdammt noch mal, mein Junge...!«

»Oskar!« schaltete sich Mrs. McIver mit Zurückhaltung dazwischen.

Er wurde rot. »Ich habe dich gefragt, wie es dir gefallen würde, Leutnant zur See zu werden. Ich kann das Pentagon anrufen, und ich kriege das in Null Komma nichts durch.« Er versuchte, mit den Fingern zu schnalzen, aber es gelang ihm nicht. »Selbstverständlich hättest du es dann nicht nötig, alle Voraussetzungen mitzubringen und Ausbildungslehrgänge durchzumachen, wie das sonst in der Flotte nötig ist.«

Henry hörte nicht mehr so genau hin. Sein Oskar stach jetzt in die Kerbe zwischen Pams Backen hinein, und er war geneigt zu wetten, daß auch Pam ihrem Vater kaum die rechte Aufmerksamkeit schenkte. Sie überraschte ihn, als sie sich ihrem Vater zuwandte, ihn als seine gute, aufmerksame Tochter freundlich anlächelte und sagte: »Henry ist wirklich nicht an der Navy interessiert, Vater. Ich habe dir das schon ein dutzendmal gesagt.«

Der Admiral blubberte, und Pams Mutter flüsterte ihm was ins Ohr, während Henry mit den Hüften wackelte und fühlte, wie sein Henry, vorbei an warmem, dichtem Haar, in ihre Dose rutschte. Ah, jetzt war er in willkommenem Abstand zu Pams typisch amerikanischem Butterfaß. Er schob ihre Hüfte von der Seite auf seinen Bauch zu, so daß die anderen nichts sehen konnten, und dann spürte er ihre Tore direkt über seinem Prügel.

Der Admiral fuhr fort. »Nun zur Hochzeit, Schwiegersohn. Wir haben beschlossen, daß du in drei Wochen, wenn du wieder auf dem Posten bist, zum Altar schreiten kannst. Mrs. McIver wird in der Lage sein, bis dahin die neuen Einladungen aus dem Haus zu bekommen, und die Zeitungen können ebenfalls benachrichtigt werden.« Er lächelte Pam zu. »Wäre dir's so angenehm, Liebling?« Er war stolz auf seine hübsche Tochter.

Sie lächelte ebenso süß zurück, obwohl ihr Loch dabei soviel Dampfkraft erzeugte, daß man damit ganz Cincinnati hätte erleuchten können. »Ich muß es aber noch mit Henry besprechen, Vater. Schließlich betrifft es ihn ja auch. Du kannst ihn nicht so herumkommandieren, wie du das mit deiner Pazifikflotte getan hast.«

»Ja, zum Donnerwetter, wir haben aber damit den Krieg gewonnen, oder haben wir das nicht? Wir haben die Japse zum Teufel gejagt!«

»Oskar!« rief Mrs. McIver erneut tadelnd, und wieder drängten sich die beiden flüsternd aneinander.

Henry fühlte, wie ihre Beine ein wenig auseinandergingen, und er blickte in seinen Schoß hinunter. Von überall im Zimmer, ausgenommen vielleicht direkt von seinem Sessel her, erschien die Szene völlig unschuldig. Ihr Rock saß hoch, aber jedermann weiß, daß Miniröcke ohnehin stets hochrutschen, und keiner stößt sich mehr daran. Ihre Knie waren acht Zentimeter auseinander, aber sie saß immer noch wie eine Dame da, aufrecht, wachsam, steif und ordentlich. Nur ihre erröteten Wangen verrieten sie, aber wenn ihre Mutter dies bemerkt haben sollte, dann dürfte sie wahrscheinlich glauben, daß ihre Tochter lediglich vor Aufregung über die bevorstehende Hochzeit etwas erhöhte Temperatur bekommen habe.

Henry schloß die Augen und schluckte, während seine Eichel durch ihr Tor in sie eindrang wie ein U-Boot, das von einer überlangen und gefährlichen Patrouillenfahrt glücklich heimkehrt. Dieses Gefühl war so warm, so sicher; er konnte die Muskeln an den Wänden ihrer Vagina einzeln spüren, die ihn dazu drängten, noch tiefer einzudringen.

»Ich nehme an, der Junge braucht noch mehr Zeit zum Nachdenken«, räumte der Admiral ein. »Seine Zukunft, die Heirat und der Unfall...«

»Sehr richtig, Vater«, schnurrte seine Frau beifällig.

»Und die Polizei ist ein wenig eingeschnappt über die Vorladung gewesen.« Der Admiral seufzte wie ein müdes Schlachtschiff. »Trotzdem hat er doch auch wieder genug Zeit zum Ausruhen gehabt und auch zum Nachdenken die letzte Woche, nicht wahr, mein Junge?«

Henry war im siebenten Himmel. Pams Muschi schien für ihn geradezu passend und wie geschaffen. Immer noch wurde er von ihren Muskeln weiter in sie hineingezogen, und sie schnurrte dabei tief in ihrem Hals mit einem feinen Ton, den nur er hören konnte.

Auf feuchter, glatter Bahn glitt er leicht in sie hinein, bis er in seiner ganzen Länge drinnen war. Sie war dabei immer tiefer gerutscht, und als sie sich entspannte und die angespannten Pobacken weich und breit machte, glitt er noch ein paar Zentimeter tiefer in sie hinein und stieß gegen das Steißbein.

Er seufzte.

»Was war denn das?« wollte der Admiral wissen.

Henry sah ihn an. »Ich ruhe mich eben aus, Sir.« Er leckte seine Lippen. »Ja, ich habe ziemlich viel nachgedacht hier im Krankenhaus, allerdings dürften Sie auch erstaunt sein, wenn Sie sehen könnten, wie sehr die Schwestern hier einen Mann wie mich auf Trab halten.«

Das hätte er lieber nicht sagen sollen. Er hatte offenbar vergessen, daß Pam bei ihrem letzten Besuch so furchtbar eifersüchtig auf Grebs weibliche Garde gewesen war. Und jetzt hatte er damit einen großen Bock geschossen. Er schielte ihr ins Gesicht, und seine Augen flehten sie an, bloß nicht sauer zu werden jetzt und alles zu ruinieren.

Ihre Augen antworteten ihm. Sie versuchte ihm mitzuteilen, er sei auf Bewährung entlassen, daß sie die Sache hier zunächst mal hinter sich bringen wollten, das andere würden sie dann später besprechen und behandeln – wenn sie unter sich wären; dann würden die Spielchen in Zimmer 401 aufs Korn genommen werden.

»Nun, und bist du schon zu irgendeinem Entschluß gekommen?« fragte Admiral McIver. Seine Stimme klang so, als ob er Vorsitzender eines Kriegsgerichts wäre.

Henry zuckte die Schultern, und sein Typ glitt eine Winzigkeit aus Pam raus, so daß er Schwierigkeiten hatte, klar zu denken. »Noch nicht, wie ich Ihnen bereits andeutete. Ich muß hier erst raus sein und die Dinge von draußen betrachten.«

»Wir werden sie dann zusammen betrachten, Liebling«, schnurrte Pam und hing ihm mit dem Gesicht am Hals.

Sie fing jetzt an, mit ihren Pobacken zu kneten, und diese geringe Auf- und Abwärtsbewegung reichte völlig aus, den gewünschten Effekt zu erzielen. Er konnte bereits spüren, wie der Samen in seinen Eiern hin- und herflutete, der gierig darauf lauerte, von all seinen herausgeforderten Sinnen vorwärts-, herausgetrieben zu werden.

»Na, dann betrachte sie noch eine Weile«, sagte der Admiral rauhen Tones. »Aber denk dran, der Sieg wartet nicht auf eine Nation, die sich verspätet.«

Mrs. McIver kicherte: »Wer lange schläft und schnell rennt, kommt früher ans Ziel.«

»Emilie, lachst du mich etwa aus?« spritzte er erbost heraus.

Henry spritzte auch ab. Er fühlte, wie der Abschuß ganz tief in seinen Lenden losging und durch seine Röhre schoß. Er fühlte, wie er für den Bruchteil einer Sekunde in seiner Eichel stoppte, und in diesem Moment erzeugte Pam komische Töne in ihrem Hals.

»Was ist denn los mit dir, Liebes?« fragte ihre Mutter.

Jahre später noch war er verblüfft über die Tatsache, daß sie ihre Stimme so gut in der Gewalt hatte. »Nichts, Mutter. Es hat mich hier unten nur was gestochen. Es wird sicher gleich wieder vorbei sein.«

Dann kam es bei Pam, und sie legte auch den anderen Arm um seinen Hals, was wie eine zufällige Freundschaftsgeste aussah. In Wirklichkeit hing sie an ihm, als müsse sie sterben, während seine Samenstöße wie Schrotschüsse gegen ihren Uterus klatschten. Sie keuchte und quiekte kurz.

»Du wirst was Warmes essen, wenn wir zu Hause sind, Liebling«, sagte Mrs. McIver. »Wahrscheinlich hast du dich gestern beim Baden im Meer erkältet.«

Pam nickte. »Ich … Ich … mein Gott, mir – ich … mir ist – oh!«

»Nun, doch noch was Schlimmeres, Liebling?« fragte Mutter.

»Nein, nichts. Ich war vielleicht wirklich zu lange im Wasser, das ist alles. Überdies sollten wir uns nicht um meine kleinen Unpäßlichkeiten soviel Kopfzerbrechen machen, wenn wir schon jemanden besuchen, der wirklich krank ist, oder?«

Henry war mit seiner Schlußaktion beschäftigt, und seine Gesäßmuskulatur zuckte rhythmisch mit jedem seiner Stöße. Er stieß mit seinem Rohr aufwärts, und er genoß es; er wußte und war überzeugt, daß sein Mädchen die beste Muschi besaß, in die er jemals eingeladen worden war. Bald war er übern Berg, sozusagen, und fing an, in sich zusammenzusacken. Mrs. McIver stellte es auch schon fest.

»Du hast recht, Liebling. Sieh doch mal, wie müde Henry auf einmal aussieht! Oskar, du hättest ihm nicht so viele Fragen stellen sollen!«

Henry winkte schwach mit der Hand, die seinem schnell schlapp werdenden Henry ähnlich sah. »Das ist schon in Ordnung so. Aber ich werde wahrscheinlich vor dem Abendessen tatsächlich noch ein Nikkerchen machen müssen. Das ewige Herumliegen hier macht ja den stärksten Mann zum Kind.«

»Herum*lügen*«, korrigierte Pam mit strengem Mund. »Herum*liegen* ist etwas anderes.«

Mrs. McIver gluckste. »Du meine Güte, wer wird denn jetzt Sprachprobleme wälzen wollen!«

Pam hob sich ein wenig an, damit Henrys Henry in seine Hose zurückgleiten konnte. Dann stand sie auf, wobei sie so kühl und ordentlich wirkte, wie wenn sie gerade erst hereingekommen wäre. Nach eiligem Aufwiedersehen und ein paar Küssen auf die Wange gingen die McIvers zur Tür hinaus. Pam sah sich noch einmal um, während ihre Eltern bereits draußen waren.

»Denk dran, Liebling, *lügen*, nicht *liegen*. Ganz besonders in Zimmer 401.« Ihre Augen schossen Pfeile ab.

Selbstverständlich war es wieder ein herrlicher Sonnentag. Südkalifornien war langweilig von Mai bis Oktober, was das Wetter betraf. Jeden Tag dasselbe. An manchen Tagen mehr Smog als an anderen, aber keine Wolken, ganz bestimmt kein Regen, nur immer 22 Grad am Tage und sechzehn Grad in der Nacht.

Dawn kam mit dem Frühstück rein. Wie der zum Tode Verurteilte durfte er sich seine Mahlzeit heute selbst zusammenstellen. Ihm war's gleich, deshalb brachten sie ihm Schinken und Eier und einen Pott Kaffee. Er spielte lustlos mit dem Essen herum, und so nahm sie ihm den Rest bald weg.

Dann stand er auf und ging zu seinem Sessel am Fenster. Die Autobahn zeigte viel Betrieb, und die Wanzen rasten meistens in südlicher Richtung, in Richtung Stadtzentrum. Wahrscheinlich würde es auch am Strand wieder sehr voll werden heute, denn auch in diese Richtung sah man viele Autos fahren.

Dawn kehrte bald darauf wieder zurück. »Was nun, Tiger?«

»Darauf warten, daß es zwei Uhr nachmittags wird, denk' ich.«

»Sollten wir uns geschmeichelt zeigen, daß es dir leid tut, uns zu verlassen?« fragte sie, als sie vor ihm stand. Sie sah frisch und wirkungsvoll aus wie immer. Ihr braunes Haar glänzte vom Bürsten, und ihre Augen waren klar und wachsam. Er konnte es immer noch nicht glauben, daß sie eine Bläserin und bisexuell war, aber das Leben war nun mal voll von kleinen Geheimnissen.

Wieder zuckte er die Schultern. »Vielleicht bin ich glücklich, ich weiß es nicht. Ich kann mich ja nun nicht noch länger hier unnütz herumtreiben. Der Admiral ist bereits ziemlich sauer über die hohe Krankenhausrechnung.«

»Du kannst nicht behaupten, du hättest nicht für hundert Dollar pro Tag entsprechende Aufmerksamkeiten erfahren.« Um ihre Lippen spielte ein vielsagendes Lächeln.

»Ich werde dir eine Quittung schicken«, brummte er.

»Oller Miesepeterich«, murmelte sie, als sie ging.

Er lehnte sich zurück und schloß die Augen. Selbstverständlich war er müde, dank der Raketen des Southwest Doctors' Hospital. Er hatte sich ihnen wenig erkenntlich gezeigt. Aber er wußte, daß er körperlich sofort wieder o. k. wäre, sobald er bloß diesen verdammten Gipsverband los wäre. Das Ding wurde allmählich schäbig, es war längst nicht mehr weiß, und er vermutete, daß es darunter auch stank.

Dann schwamm Ursula ins Zimmer. Er blinzelte die schwedische Amazone an, das mütterliche Weib, die die zweite Nachtschicht hatte, wobei sie ihn in die Geheimnisse der wikingschen Tradition eingeweiht hatte. Sie berührte seine Wangen, ihre Titten wabbelten ihm unter der Nase, und ihr goldblondes Haar strich ihm um seine Schultern.

»Du bist heute aber spät dran mit Feierabend«, sagte er. Es war nämlich schon acht Uhr durch, wo sie für gewöhnlich nach Hause ging.

Sie nickte. »Ja, das stimmt. Aber das hier ist auch ein außergewöhnlicher Anlaß. Sie sind alle noch da, sogar Schwester Grabowski, die auf der Mütterstation übernachtet hat, als sie um Mitternacht mit ihrer Schicht fertig war.«

Er zog die Stirn in Falten: »Was geht denn hier vor?«

»Das wirst du bald sehen.« Sie küßte ihn auf den Mund und zog seinen Kopf an ihre Brüste. Sie roch nach Stärke, nach Weib und nach Antiseptikum.

Dann war sie weg, und er verfiel ins Grübeln. Welche bizarren Spielchen sollten sich denn heute morgen noch auf Zimmer 401 abspielen? Ganz klar, Greb wollte wohl nicht, daß ihm dieser Tag – sein letzter – langweilig würde. Er hatte recht.

Greb kam jetzt selbst herein, gleich hinter ihm Ellen La Monique. Sie trabten bis zu seinem Sessel, Greb setzte sich, während Ellen an seine Schulter gelehnt stehen blieb.

Henry starrte sie an: »Nun, was ist los?«

Greb machte ein langes Gesicht. »Ich schätze, das Krankenhaus wird kaum noch in der Lage sein, dich länger zu piesacken, Freund Immergeil. Die Leute hier um mich herum, das heißt, diese Damen, die sich ja nicht durchs medizinische Studium gemogelt haben, sagen mir alle, du seiest o. k. Du wirst also um vierzehn Uhr entlassen und kommst in einer Woche ambulant wieder. Dann wollen wir den Gips abmachen.«

Nächste Woche? Das kam ihm doch ziemlich lange vor. »Kann denn nicht irgendwer anders den Gipsverband abmachen? Ich muß vielleicht verreisen.«

Der Arzt neigte den Kopf zu Henry. »Selbstverständlich kannst du ihn im Keller selbst aufsägen, aber dann muß irgend jemand anders gleich ein paar Röntgenaufnahmen machen, sobald er ab ist. Eben zur abschließenden Kontrolle.«

La Monique trat vor und berührte Henry am Handrücken. »Ich glaube, es wäre besser, wenn du zu diesem Zweck zu mir in den Röntgenraum kämst, Teuerster. Du weißt ja, wie gut wir da miteinander zurechtgekommen sind. Ich hatte dich richtig in meiner Linse.«

Greb fragte: »So bald schon wieder weg aus dieser Stadt? Ich dachte, die Hochzeit sollte erst in ein paar Wochen stattfinden?«

Henry schüttelte den Kopf. »Alles findet immer erst in ein paar Wochen statt. Ich weiß aber nicht, was morgen geschieht oder später geschehen wird. Ich weiß nur, daß ich keinem versprechen kann, ich sei nächste Woche noch in der Stadt oder auch in zwei Wochen von jetzt an.«

Greb sah aus, als wolle er sich am liebsten noch mehr in Henrys Zukunft vertiefen, aber da ging die Tür auf, und Dawn steckte ihren Kopf herein. »Ist es nicht Zeit?«

Greb zog die Stirn in Falten, aber dann nickte er: »O. k., fangt an mit der Musik!«

Alle hintereinander kamen sie herein, die bis jetzt noch nicht dagewesen waren: Dawn, Ursula, Sabrina und Stephanie. Sie trugen diverse Päckchen, die mit Geschenkpapier umhüllt waren, und es gab sogar einen Kuchen. Es sah aus wie eine Geburtstagsparty.

Sabrina war die letzte, die eintrat, und sie schloß die Tür mit einem entschiedenen Ruck. Dann umringten sie ihn alle und füllten seinen Schoß mit den Paketen. Eine stellte den Kuchen auf den Tisch und begann, ihn aufzuschneiden. Stücke davon wurden herumgereicht, die Mädchen fingen gleich an zu essen, die Glasur klebte an ihren Lippen, und Henry starrte sie nur immer wieder erstaunt an. Greb schüttelte den Kopf über den Kuchen und das ganze Theater und klopfte gegen seinen kleinen Sporthut.

Er winkte Henry. »Los, ran an den Speck! Die Mädchen haben nicht den ganzen Tag Zeit, und sie haben sich in Unkosten gestürzt, um dir diese Sachen zu verehren.«

Die Mädchen kicherten und flüsterten, verwundert darüber, wie schnodderig ihr Doktor sein konnte, und Henry machte sich endlich daran, die Päckchen aufzuknoten. Das meiste waren Kleidungsstücke, und ihm wurde plötzlich bewußt, daß sie ein bißchen weiter als er gedacht hatten. Er hatte ja nichts anzuziehen, wenn er aus dem Krankenhaus entlassen war. Denn seine Motorradkluft war ja bei dem Unfall in den Eimer gegangen.

Unter den Sachen war eine Strickhose aus Jersey und ein dazu passendes Jackett. Eine Art Klubjacke, goldfarben und sehr keß. Dann ein Apachenhalstuch und ein Seidenhemd. Auch ein Paar Schuhe war dabei. Er schaute hinein, und es war tatsächlich seine Größe. Er blinzelte in ihre strahlenden Gesichter.

»Wie habt ihr das bloß geschafft?«

La Monique antwortete: »Sie haben dir die Maße im Schlaf abgenommen, sogar deine Füße haben sie gemessen.«

Henry seufzte. »Lieber Gott, wann habe ich denn hier mal geschlafen!«

Sie kicherten wieder und aßen ihren Kuchen auf. Sie brachten auch Henry ein großes Stück und balancierten den Pappteller auf der Sessellehne. Es waren noch mehr Päckchen da mit Unterwäsche, Socken, einem Halstuch mit Klip und mit Manschettenknöpfen.

Das kleinste Paket enthielt eine Flasche. Er sah sie sich an und und drehte sie hin und her. Da waren wohl an die tausend Pillen drin, Pillen in allen Farben und Größen. Er glaubte, einige Arten wiederzuerkennen.

»Mit freundlichen Empfehlungen der Abteilungsapotheke des Southwest Doctors' Hospital und dank der diebischen Langfinger meiner Mädchen«, scherzte Greb. »Ich bestand darauf, daß sie eine kleine Liste mit hineintaten, auf der all die verschiedenen Arten und Farben beschrieben sind für den Fall, daß einige drunter sein sollten, die du als zivilisierter Mensch, als medizinischer Laie noch nicht ausprobiert haben solltest.«

Henry lächelte schwach. »Das ist mehr als ein Geschenk. Das ist eine nette Aufmerksamkeit.« Er öffnete das Glas und reichte es herum.

La Monique hielt ihre Hand hoch. »Geize mit deinem Vorrat!« Sie langte in ihre Kitteltasche und zog ein flaches Stanniolpäckchen hervor, in dem vielleicht Aspirin hätte sein können, aber es war was anderes. Jede der Schwestern griff zu, und sogar Greb nahm eine. »Scheiß was drauf, ich bin ja nicht im Dienst.«

Henry nahm eine und dann noch eine zweite.

»Irgendwer könnte mir mal Wasser aus der Kanne reichen«, bat Henry.

»Wir spülen die schnell runter, dann können wir diese unsere müde Welt wohl hoffentlich mit anderen Augen ansehen.«

»Mach das letzte Päckchen auch noch auf, Dummerchen«, sagte Dawn vorlaut.

»Beeil dich«, fügte Stephanie hinzu. Sie wirkte nervös, und er vermutete, die Lesbe bediene sich des öfteren mit diesem Stoff. Sie hatte wohl ihr kleines festes Quantum regelmäßig nötig.

Ursula und Sabrina kamen ihm entspannt genug vor. Sie hatten jede Menge Kraft von Natur aus in sich. Sie waren gespannt darauf, wie die Party weitergehen würde, und hatten die Pillen nur genommen, um keine Spielverderber zu sein. Er lächelte überrascht, als Ursula ein wikingisches Zeichen gab. Sogar die stolze Sabrina versuchte zu flirten.

Er öffnete das Päckchen. Nun war ihm klar, warum es so schwer war, als ihm nämlich zwei $^9/_{10}$-Liter-Flaschen einer klaren Flüssigkeit in den Schoß fielen. Ein weiteres Päckchen enthielt eine Flasche mit zwei Liter Orangensaft. Er studierte das Etikett auf der Flasche mit der klaren Flüssigkeit. Es war 1:90 normalstark. Krankenhausalkohol, hochprozentig, fast rein und zweimal so stark wie der stärkste Bourbon-Whisky.

Er schürzte die Lippen zu einem leisen Pfeifen, und wieder kicherten die Mädchen ungeduldig. Greb winkte: »Los, ich werde mal den Barkeeper spielen.«

Er stand auf und erteilte ein paar Anordnungen. Dawn rannte ins Bad und kehrte mit einem Tablett voller Gläser zurück. Jemand anders ging weg und kam wenig später mit einem Kübel voll Eis zurück. Greb mischte das Zeug halb und halb. Jeder bekam einen Drink in die eine Hand und in die andere eine Pille.

Greb erhob sein Glas, und die anderen taten es ihm gleich. Henry bemerkte, daß er sentimental wurde, und zwinkerte heftig. Es war ja idiotisch, ihn hier wie einen Vagabunden einzukleiden, aber ihm wurde doch das Herz weich.

»Auf unseren Patienten«, toastete Greb mit feierlichem Gesicht. »Auf Henry Tinker, der uns ebenso gute Medizin schenkte, wie wir ihm gaben. Prost, Gesundheit, viel Glück, und möge er seinen Frieden wirklich finden.«

Irgend jemand kicherte, und Greb grollte. »Und wer hat jetzt schmutzige Gedanken?«

»Hör mal zu, Milton«, rief Stephanie aus, nachdem sie das halbvolle Glas von den Lippen genommen hatte. »Jetzt wollen wir aber doch mal endlich den dritten Gang bei dieser Party einlegen, nicht wahr?«

12

Jetzt war es zwei Uhr und Zeit zu gehen. Er nahm den übriggebliebenen Kuchen, den er in einen Karton gepackt hatte, in die Hand und steckte das Glas mit den Pillen in die Tasche. Zum letztenmal blickte er sich im Zimmer um, lächelte und trat auf den Flur hinaus.

Sie hatten sich längs der Wand aufgestellt bis hin zum Empfang wie Stabsoffiziere, die ihren General verabschieden. Er ging an Dawn vorbei, an Stephanie, Sabrina, La Monique und an Ursula. Greb stand am Ende der Reihe und nickte nur.

Henry meldete sich ab, und als er die Formulare unterschrieben hatte, stand plötzlich Pam neben ihm. Sie sah aus wie ein Blüte aus einem Garten, etwas Besonderes wie immer, und sein Herz sprang auf vor Freude bei ihrem Anblick.

Sie gingen den Gang hinunter, und als sie eben den Ausgang erreicht hatten, rief sie jemand an. Es war eine, die Henry nicht kannte. Sie rannte hinter ihnen her und händigte ihnen einen Umschlag aus. Als sie rausgingen, riß er ihn auf, und sein Blick fiel auf den Strafbescheid wegen rücksichtslosen Fahrens.

Er schob ihn Pam in die Hand, und sie verzog das Gesicht. »Es tut mir leid. Das konnte Vater leider nicht abbiegen.«

Sie waren halb die Außentreppe runter, als ihnen ein Mann entgegenkam und sie ansprach. Er war in Zivil, aber er zückte einen bundesamtlichen Ausweis. Dann reichte er Henry einen weiteren Briefumschlag und verschwand.

Er zwinkerte Pam zu. Sie sah so gut aus – so sexy und zugleich so vorteilhaft und gesund –, daß ihm alles andere völlig egal war. Er öffnete auch diesen Umschlag, und drin war der Gestellungsbefehl der Musterungsbehörde in San Francisco. Er zeigte in ihr und steckte ihn dann zu den Pillen in seine Tasche.

Sie blieben am Fuß der Treppe stehen, und sie lehnte ihre Hüfte zärtlich-einladend gegen ihn. »Was willst du jetzt anfangen?«

Er zuckte die Schultern.

»Sobald die Polizei mit dir fertig ist, hat dich die Armee am Kanthaken. Wenn du nach Kanada willst, dann gehe ich mit dir. Oder nach Mexiko. Mir ist das gleich.«

Er grinste in ihr typisch amerikanisches Gesicht. »Mir auch. Wir wollen irgendwohin gehen und was trinken, ja? Dann können wir alles in Ruhe besprechen.«

Bitte beachten Sie
die folgenden Seiten:

Erotisches im Ullstein Buch

Lonnie Garfield-Barbach
For yourself
Ullstein Buch 20182

Lynn Barber
Mehr Spaß mit Männern
Ullstein Buch 40082

Alex Comfort
Joy of Sex –
Freude am Sex
Ullstein Buch 20148

More Joy of Sex
Ullstein Buch 20200

ein Ullstein Buch

Marquis de Sade

Justine
oder
Vom
Mißgeschick
der Tugend

Ullstein Buch 30124

Das meistverlegte und meist-
gelesene Werk des berüch-
tigten Marquis de Sade
(1740–1814) ist ein Thesen-
roman. An Hand der
Schicksale der beiden gegen-
sätzlichen Schwestern Justine
und Juliette, die, ganz auf
sich gestellt, ihren Weg durch
die Welt machen müssen,
sucht der Roman die Un-
sinnigkeit traditioneller
Moralvorstellungen nachzu-
weisen, indem er die Tugend,
personifiziert in Justine,
ständiger Verfolgung und
Peinigung aussetzt, die
Lasterhaftigkeit hingegen
triumphieren läßt.

**Die Frau
in der Literatur**

Cyprian Ekwensi

Jagua Nana

Ein zeitkritisch-erotischer
Roman des modernen Afrika

Ullstein Buch 30195

Die Legende vom Lieben
und Leiden einer modernen
afrikanischen Kurtisane,
zugleich ein in grellen Farben
gezeichnetes Bild west-
afrikanischer Gesellschaft in
Nigerias Hauptstadt Lagos.
Die Titelheldin, genannt
»Jagua« nach Linie und
Rasse des teuren englischen
Sportwagens, ist gebannt von
Lust und Laster und
Verruchtheit der Reichen.
Cyprian Ekwensi gehört zu
den bedeutendsten afrika-
nischen Autoren von heute.

Die Frau
in der Literatur

Ashley Thirleby

Das Tantra
der Liebe

Eine Einführung in die
altindische Liebeskunst

Ullstein Buch 20221

Dieses Buch breitet die
Liebes-Weisheit der klassischen Tantra-Meister vor
uns aus. Es zeigt, wie sich
Mann und Frau in den
»Sieben Nächten des Tantra«
Schritt für Schritt über die
wachsende Sensualisierung
ihrer Körper, durch die Fülle
spielerischer Liebesrituale zu
einer Erlebnisfähigkeit
erheben können, die sich auf
andere kreative Lebens-
bereiche übertragen läßt.
Vor allem aber bietet es
Mann und Frau verblüffende
Wege zu körperlich und
geistig erfüllter Partner-
schaft.
Mit zahlreichen, teils farbigen
altindischen Illustrationen.

ein Ullstein Buch